GAUTHIER FERRIÈRES

Gérard de Nerval

LA VIE ET L'OEUVRE

1808-1855

Avec un portrait d'après NADAR, gravé par Ed. LOEVY

PARIS

ALPHONSE LEMERRE, ÉDITEUR

23-33, PASSAGE CHOISEUL, 23-33

M DCCCCVI

Gérard de Nerval

C'était bien lui, ce fou, cet insensé sublime...
Cet Icare oublié qui remontait les cieux,
Ce Phaéton perdu sous la foudre des dieux,
Ce bel Atys meurtri que Cybèle ranime !

GÉRARD DE NERVAL — *Le Christ aux Oliviers.*

Gérard de Nerval

GAUTHIER FERRIÈRES

Gérard de Nerval

LA VIE ET L'OEUVRE

1808-1855

Avec un portrait d'après NADAR, gravé par Ed. LOEVY

PARIS

ALPHONSE LEMERRE, ÉDITEUR

23-33, PASSAGE CHOISEUL, 23-33

M DCCCCVI

A la Mémoire d'Albert Sorel

Fidèlement

G. F.

GÉRARD DE NERVAL

CHAPITRE PREMIER

Le Valois. — Naissance de Gérard. — Ses parents, son grand-père, son oncle. — Montagny. — Antiquités romaines et celtiques. — Occultisme et mystagogie. — La mère de Gérard. — Souvenirs de la Ligue. — Musique et légendes. La Fête du Bouquet Provincial. — Le Voyage à Cythère de Watteau. — Les jeunes filles. — Idylles et pastorales. — 1815 : le retour du père ; Napoléon entrevu. — Les études de Gérard : il entre au lycée Charlemagne. — Vacances à Montagny. — Nouvelles idylles. — Sylvie. — Visite chez la tante à Othys. — Adrienne. — Le rêve et la réalité. — Poésie.

L'été dernier, tout occupé de ce livre et désirant dès l'origine placer mon personnage dans le cadre qui lui convient, je résolus de revoir le Valois, sans lequel on ne pourrait se faire une idée vivante et précise de Gérard de Nerval.

Tout le monde connait cette quatrième partie de l'Ile-de-France que l'on appelait le Valois et qui, aujourd'hui, se trouve à peu près inscrite dans le département de l'Oise. C'est un pays fertile et charmant, tout coupé d'eaux vives reflétant dans leur cours limpide la cime mouvante et variée des hautes forêts qui le ceignent. Certaines rivières y portent des noms de fleurs et de saisons, tels que l'*Automne* et la *Troène* : les autres n'ont pas un nom moins doux : c'est la *Nonelle* et la *Thève* qui se promènent nonchalamment ici pour tourner plus loin la roue agile des moulins, et se reposer enfin dans les étangs de Chaâlis ou de Commelle, mirant dans leur sommeil la façade d'un château ou les ruines d'une abbaye.

Au sein de cet immense paysage, la gloire de l'ancienne France chante encore sa légende dorée. Il n'est pas un nom de bourg, au hasard, qui n'ait sa beauté et ne réveille tout un monde de souvenirs. C'est Estrées qui berce dans sa mémoire les noms entrelacés d'Henri IV et de Gabrielle ; c'est la Ferté-Milon où Racine enfant flânait dans les prairies ; Chantilly où Louis XIV et Condé coururent le cerf à travers la forêt inondée de clair de lune ; Ermenonville où Rousseau rêva et mourut.

Pour moi, c'est à ce dernier lieu que je décidai de me rendre. Je déjeunerais tout près du château, à l'auberge de la *Croix d'or* que Gérard hanta si souvent ; de là, sans trop m'arrêter aux

ruines factices du parc et à la tombe vide de
Rousseau, je traverserais le *Désert*, me repo-
sant parfois, parmi les roseaux, aux bords si
frais des clairs étangs; j'écouterais, dans le silence et la solitude, le chant des oiseaux et le
coassement isolé des grenouilles, et, après une
promenade magnifique dans les bois peuplés
d'écureuils, à travers la haute fougère et les
bruyères toutes roses, je relirais *Sylvie* dans les
ruines si fines et si élégantes de Chaâlis, pour
revenir enfin par Borest et Senlis.

Mais, auparavant, il me fallait voir Montagny,
petit hameau où Gérard passa toute son enfance. Personne ne va à Montagny : pour quoi
faire? Les touristes qui veulent visiter Ermenonville descendent du chemin de fer au Plessis-
Belleville d'où une voiture les conduit directement. Pour moi, c'était un simple détour de
six kilomètres à travers un des plus riants pays
qu'on puisse voir.

La matinée était chaude et belle. L'immense
azur du ciel semblait dissous dans la lumière où
partait de temps en temps, comme une fusée,
le cri d'une alouette qu'on ne voyait pas. On se
sentait bien là au cœur de l'ancienne France.
Personne sur le chemin. J'étais heureux, je me
surprenais à chanter tout haut de ces vieilles
chansons qui tiennent si bien compagnie, et il
me semblait que tout le passé qu'elles évoquent

ressuscitait avec elles et que je devenais moi-
même un autre homme. Quel bonheur! sans
doute j'allais croiser bientôt quelque beauté
royale célébrée par Ronsard, une fine Valois,
toute vêtue de perles et de velours et venant
de Chaâlis ou de Chantilly à l'amble de sa ha-
quenée blanche; peut-être encore quelque soldat des gardes françaises retournant au village
en chantant victoire, et traînant un peu la
guêtre le long des routes. Enfin, après une
douce montée dans un chemin tout bordé d'a-
voines et de blés magnifiques, vrai grenier de
la France, je vis saillir tout à coup, au-dessus
d'une houle dorée, toute piquée de la pourpre
vive des coquelicots et du bleu plus rare des
bluets, un haut clocher de pierre ajouré :
c'était Montagny, où le souvenir de Gérard
nous conduit, et où nous allons enfin nous
arrêter.

Et cependant c'est à Paris, au 96 de la vieille
rue Saint-Martin que naquit Gérard de Nerval.
Son père, Étienne Labrunie, était un de ces
hardis enfants de la Révolution qui s'engagèrent
spontanément en 1792, au moment où la patrie
fut déclarée en danger. Il avait seize ans, étant
né à Agen le 12 juillet 1776. Un bataillon de
fédérés passait par la ville en chantant, c'était
en juillet, il faisait beau; sans regrets, le jeune
homme quitta la boutique de tapissier de son

père et suivit ces soldats jusqu'à Soissons où ils formèrent le 18ᵉ bataillon des fédérés nationaux qui fut dirigé sur Lille assiégé. Là, Étienne Labrunie reçut un éclat d'obus à la partie postérieure du pied gauche, ce qui nécessita son congé qu'il obtint à Haubourdin. Mais, libre, il ne se souciait guère de rentrer chez ses parents contre le gré desquels il était parti sans doute, et qui avaient même sollicité son congé à cause de sa jeunesse. Arrivé à Toulouse, il s'enrôla dans la 3ᵉ compagnie franche des chasseurs de cette ville qui fut incorporée dans la 5ᵉ brigade d'infanterie légère de l'armée d'Espagne. Le 25 octobre 1792, nous le trouvons au 8ᵉ bataillon de cette même brigade. Il s'y distinguait par sa bonne conduite, quand il eut la jambe gauche fracturée complètement à un combat d'avant-poste (8 pluviôse an 2). Cette blessure, assez grave, amena un raccourcissement des muscles fléchisseurs qui déformèrent complètement le pied en fermant les orteils, et le 29 ventôse an 3 (19 mars 1795), Étienne Labrunie fut réformé, avec une pension de 112 fr. 50. Alors, il vint à Paris et s'y livra à l'étude de la médecine qu'il aimait. Pendant sept ans, il est interne pharmacien à l'hôpital Saint-Louis, puis, pendant six ans, à l'École de Médecine, où on le reçut docteur en brumaire 1806. C'était une situation, et il songea bientôt à s'établir. Le 1er juillet 1807, il épousa une demoiselle Marie-Marguerite-Antoinette Laurent, et, moins d'un an après, le 22 mai 1808, à huit heures du soir, il leur naquit un fils qui fut Gérard de Nerval. Les témoins étaient P.-Ch. Laurent, linger, aïeul maternel de l'enfant, et Gérard Dublanc, pharmacien, rue Saint-Martin, 98 *.

Mais les études longues et dispendieuses de la médecine avaient à peu près épuisé les moyens d'existence d'Étienne Labrunie. A bout de ressources pour nourrir sa famille, il alla trouver son compatriote Lacépède qui était alors tout-puissant. Celui-ci lui conseilla de reprendre, comme médecin, du service aux armées, et le recommanda chaudement. L'effet ne se fit pas attendre : le 8 juin 1808, Étienne Labrunie était nommé médecin adjoint à la Grande Armée, et, le 22 décembre suivant, médecin ordinaire à l'armée du Rhin **. Sa jeune femme devait l'accompagner, et l'on se

* Maurice Tourneux. *L'Age Romantique.*

** Ses notes sont excellentes : « bon médecin, propre à son art, zélé, laborieux, bonnes mœurs » ; mais on remarque son indépendance de caractère : « paraît peu subordonné. » Son signalement est celui-ci : « 1 m 733, front haut, yeux gris, nez aquilin, bouche moyenne, menton rond, cheveux et sourcils chatains, visage ovale. (*Archives du Ministère de la Guerre*, ainsi que tous les autres renseignements sur le père de Gérard.)

trouva bien embarrassé par le pauvre nouveau-né. Par bonheur, un vieil oncle de la mère habitait alors Montagny. Une vie de campagne et d'air pur fut jugée très salutaire pour l'enfant, si bien qu'il se réveilla un matin, sans savoir pourquoi ni comment, sur les genoux d'une nourrice qui lui chantait de vieilles chansons du xvi⁰ siècle.

Le Valois est donc la véritable patrie de Gérard, celle dont la poésie agreste, frappant à la fois tous ses sens, émut et forma sa jeune âme. Plus tard, aux heures de détresse et d'égarement, il venait souvent s'y retremper comme aux sources vives de son intelligence et de son cœur, et il tint même à établir, dans une page restée célèbre, comment un cheval échappé d'une pelouse qui bordait l'Aisne, et perdu par son grand-père dans la forêt de Compiègne, fut son seul titre à l'existence.

« Cela se passait vers 1770, dit-il ; mon grand-père était jeune alors. Il avait pris le cheval dans l'écurie de son père, puis il s'était assis sur le bord de la rivière, rêvant à je ne sais quoi, pendant que le soleil se couchait dans les nuages empourprés du Valois et du Beauvoisis.

« L'eau verdissait et chatoyait de reflets sombres ; des bandes violettes striaient les rougeurs du couchant. Mon grand-père, en se retournant pour partir, ne trouva plus le cheval qui l'avait amené. En vain il le chercha, l'appela jusqu'à la nuit. Il lui fallut revenir à la ferme.

« ... Le lendemain matin, mon grand-père descendit de sa chambre et rencontra dans la cour son père, qui se promenait à grands pas. Il s'était aperçu déjà qu'il manquait un cheval à l'écurie. Silencieux comme son fils, il n'avait pas demandé quel était le coupable : il le reconnut en le voyant devant lui.

« Je ne sais ce qui se passa. Un reproche trop vif fut cause sans doute de la résolution que prit mon grand-père. Il monta à sa chambre, fit un paquet de quelques habits, et, à travers la forêt de Compiègne, il gagna un petit pays situé entre Ermenonville et Senlis, près des étangs de Chaâlis, vieille résidence carlovingienne. Là, vivait un de ses oncles, qui descendait, dit-on, d'un peintre flamand du xvii° siècle. Il habitait un ancien pavillon de chasse aujourd'hui ruiné, qui avait fait partie des apanages de Marguerite de Valois.

« ... Mon grand-père aida le vieillard à cultiver ce champ, et fut récompensé patriarcalement en épousant sa cousine. »

La noce, digne des versets de la Bible, eut lieu un peu avant la Révolution. Le jeune homme, Pierre Laurent, portait l'épée, et son épouse reçut, avec le prénom de Laurence, ceux de la reine Marie-Antoinette. Peu de temps après, tourmenté sans doute par l'idée d'améliorer sa situation, le couple vint à Paris, et nous le trouvons établi *linger* dans le quartier Saint-Martin au moment où lui naquit une première fille, qui fut la mère de Gérard de Nerval.

Cependant, Gérard qui était âgé de dix-huit mois au départ de ses parents, n'avait plus d'autre famille que de jeunes tantes, sœurs de sa mère, et que son oncle, un de ces robustes vieillards comme en peignit Greuze, aux longs cheveux blancs flottants, à la culotte et à l'habit bruns, aux bas bleus et aux souliers à boucles, et dont la maison se reconnaissait de loin dans la campagne à sa façade jaune et à ses contrevents verts. Il fit donc ses premiers pas dans un intérieur rustique aux vieux meubles tout polis par les soins et par les années. On y voyait, à côté de la haute horloge à gaine, une vaste armoire de noyer, à portes pleines, et les murs étaient couverts d'estampes galantes, d'après Boucher, Fragonard et Moreau, ces dernières représentant toute une série des scènes d'*Émile* et de la *Nouvelle Héloïse*.

C'est que l'oncle était un de ces libres penseurs comme en connut tant le xviiie siècle, qui les appelait « libertins ». Il citait avec autorité Voltaire, Diderot, d'Alembert, toute l'*Encyclopédie*, et il avait eu l'honneur, bien des fois sans doute, de croiser le misanthrope Rousseau herborisant par les solitudes prochaines d'Ermenonville. Habitant d'un pays où le soc rencontrait parfois, en *traçant*, des poteries étrusques, des monnaies d'empereurs et de vieilles épées rouillées, il s'occupait, pour se distraire, d'antiquités romaines et celtiques, et, souvent, conduisant Gérard à la fontaine du hameau, il lui montrait Mars et Vénus, Neptune et Amphitrite, sculptés sur le fronton avec le dieu Pan qui souriait dans sa barbe de pierre à travers la viorne et les aristoloches; si bien que l'Olympe et tous ses dieux inspirèrent d'abord beaucoup plus de vénération à l'enfant qui en apprenait l'histoire que les pauvres images chrétiennes de l'église.

Un jour, embarrassé au milieu de toute cette théogonie et se sentant devant elle un impérieux besoin d'unité, il demanda brusquement ce que c'était que Dieu.

— Dieu, c'est le soleil! répondit l'oncle.

Cela n'empêchait pas Gérard d'aller à la messe le dimanche et d'être initié, par une de ses tantes, aux simples pratiques du christianisme. L'église de village, avec un cimetière à ses pieds, le son des cloches réjouissant l'air peuplé d'hirondelles, des cantiques aussi naïfs que les vitraux derrière lesquels ils résonnaient, cela eût suffi à une imagination aussi vive que

l'était celle de Gérard. Malheureusement, cette
dernière influence fut encore combattue par
une masse de mauvais livres qu'il avait trouvés,
en furetant, dans le grenier où l'oncle les avait
relégués depuis longtemps, et qui parlaient tous
de l'Occultisme et de la mystagogie chère aux
Illuminés du xviii⁰ siècle. Séduit par leur obscurité autant que par leurs mystères, il en dispu-
tait avidement la science aux rats et à l'humi-
dité, contractant ainsi, bien à son insu, une
véritable maladie morale sur laquelle il nous
faudra revenir plus tard, hélas! pour en constater tous les funestes effets.

Encore, si les tendresses maternelles étaient
venues le distraire et le rafraîchir; mais non!
Livré aux soins des paysans et des domestiques,
entre un perroquet bavard et un carlin à la mine
écrasée, il savait seulement que, pareille aux
femmes des anciens Germains, sa mère était
tout là-bas, près de son père, à la Grande
Armée. Étienne Labrunie était alors chargé du
service des hôpitaux militaires en Autriche.
Son zèle ne se démentait pas un instant. A
Dantzig, à Linz, où l'encombrement des troupes
était le plus considérable, il avait fait seul le
service pendant plusieurs mois. Le 7 avril 1810,
il rejoignait l'armée d'Allemagne, arrivait le
6 juin à Glogau, passait à Stettin en 1811, et,
l'année suivante, partait en Russie. Mais Gérard

ne savait presque rien de tout cela. De temps
en temps, sa mère écrivait seulement de rapides
lettres des bords de la Baltique, des rives de la
Sprée ou du Danube, et toutes portaient le nom
et la date d'une victoire mémorable.

En entendant lire ces lettres où le nom de
l'Empereur éclatait par endroits comme une
fanfare, l'enfant se pénétrait inconsciemment
d'un sentiment de merveilleux et du goût des
lointains voyages. Un jour, on n'écrivit plus !
La pauvre femme était morte à vingt-cinq ans,
en Russie, d'une fièvre qu'elle gagna en traversant un pont où sa voiture faillit être renversée
au milieu des cadavres. Elle fut ensevelie en
Silésie, dans le cimetière catholique de Gross-
Glogow, et, ses portraits ayant été perdus ou
volés, Gérard ne connut jamais rien d'elle. Plus
tard, il sut seulement qu'elle ressemblait à une
gravure du temps, d'après Prudhon ou Fragonard, qu'on appelait la *Modestie*. Il sut encore
qu'elle chantait en s'accompagnant sur la gui-
tare, selon la mode de l'époque, des romances
sentimentales que son père redisait en pleurant,
et il avait même retenu ce passage de l'une
d'elles :

> Mamma mia, médicate
> Questa piaga, per piétà !
> Mélicerto fu l'arciero
> Perchè pace in cor non ho !...

Qu'était devenu Étienne Labrunie depuis la mort de sa femme? Pendant un an, on n'eut plus de ses nouvelles. Il avait été fait prisonnier à Wilna, le 10 décembre 1812, après avoir reçu, à la même jambe gauche, une nouvelle blessure qui avait fortement attaqué le tendon d'Achille, ce qui rendait très difficile le mouvement du pied. Il était alors traité à l'hôpital de la Charité de Wilna. C'est ce qu'apprit, par l'intermédiaire du ministère de la guerre, son oncle Duriez, conseiller référendaire à la Cour des Comptes, rue Saint-Denis, 73, division des marchés : « Nous voudrions savoir, avait-il demandé, s'il existe ou non, attendu que son épouse, ma nièce, étant décédée, *il serait nécessaire d'établir et de surveiller les droits de leur enfant, qui est un beau et charmant garçon âgé de cinq ans.* »

Ainsi le deuil et la solitude entourèrent le berceau de Gérard. Mais, à cet âge, on se console vite, et aucun pays n'était plus propre à le distraire en exaltant son imagination.

Tout le passé y subsistait encore, et on l'aimait dans le souvenir des princes du moyen âge et de la Renaissance, particulièrement des Valois et des Médicis qui y avaient fait du bien. Pendant les guerres de religion, qui avaient laissé là de cruelles traces, tout le pays était dévoué à la Ligue; ce *parpaillot* de Béarnais y était autant haï qu'étaient estimés messieurs de Mayenne, d'Épernon, le cardinal de Lorraine et ce bon duc de Guise, et l'impression en était si vivace que, dans l'enfance de Gérard, la Saint-Barthélemy était encore, dans certaines localités, la fête patronale, et qu'il n'était pas rare d'entendre dire aux vieux : « Cette grande madame Catherine de Médicis... à qui on a tué ses pauvres enfants ! »

L'architecture des vieux châteaux y avait été respectée autant que le permirent les guerres civiles ; la musique même n'avait pas été gâtée par l'imitation des opéras parisiens ou des romances de salons, et Gérard dira plus tard à ce sujet : « On en est encore, à Senlis, à la musique du xvi⁰ siècle, conservée traditionnellement depuis les Médicis. L'époque de Louis XIV a aussi laissé des traces. Il y a, dans les souvenirs des filles de la campagne, des complaintes d'un mauvais goût ravissant. On trouve là des restes de morceaux d'opéras, du xvi⁰ siècle peut-être — ou d'oratorios du xvii⁰ siècle. »

Mais on trouvait surtout ces belles légendes des aïeux, transmises de mémoire en mémoire, telles que la *Complainte de Jean Renaud*, de *Saint Nicolas*, du *Duc Loys*, de la *Jeune fille de la Garde*, et ce sont elles que chantaient les enfants et les jeunes gens en se rendant, à travers les fleurs et les blés, à la *Fête du Bouquet*

Provincial, une des rares fêtes ancestrales qui subsistent encore aujourd'hui. Elle consiste en des joutes d'archers, car tout le monde est tireur d'arc dans le pays. Les enfants s'exercent, tout petits, à ficher des flèches dans la paille, et, au fond de la moindre chaumière, on voit, à côté de l'horloge rustique, des trophées d'arcs et de flèches, quelquefois des flèches d'honneur, au-dessus d'une carte de tir rouge et verte. Le village où habite le vainqueur de la fête conserve le bouquet un an et le rend, en grande pompe, au vainqueur de l'autre village. C'est du moins ce qui se passait à l'époque où Gérard faisait partie d'une de ces compagnies d'archers et assistait comme tireur à cette fête dont il sut évoquer plus tard, si délicieusement, toute la naïve beauté : « Le cor et le tambour résonnaient au loin dans les hameaux et dans les bois ; les jeunes filles tressaient des guirlandes et assortissaient, en chantant, des bouquets ornés de rubans. Un lourd chariot, traîné par des bœufs, recevait ces présents sur son passage, et nous, enfants de ces contrées, nous formions le cortège avec nos arcs et nos flèches, nous décorant du titre de chevaliers, — sans savoir alors que nous ne faisions que répéter, d'âge en âge, une fête druidique survivant aux monarchies et aux religions nouvelles. »

Toute cette joyeuse jeunesse accourait des

villes voisines, de Chantilly, de Compiègne, de
Senlis. Une année surtout, la fête eut un caractère qui se grava profondément et pour toujours
dans l'esprit de Gérard : « Après la longue promenade à travers les villages et les bourgs, dit-
il, après la messe à l'église, les luttes d'adresse
et la distribution des prix, les vainqueurs
avaient été conviés à un repas qui se donnait
dans une île ombragée de peupliers et de tilleuls,
au milieu de l'un des étangs alimentés par la
Nonette et la Thève. Des barques pavoisées
nous conduisirent à l'île, — dont le choix avait
été déterminé par l'existence d'un temple ovale
à colonnes qui devait servir de salle pour le
festin... La traversée du lac avait été imaginée
peut-être pour rappeler le *Voyage à Cythère,* de
Watteau. Nos costumes modernes dérangeaient
seuls l'illusion.

« L'immense bouquet de la fête, enlevé du
char qui le portait, avait été placé sur une
grande barque ; le cortège des jeunes filles
vêtues de blanc qui l'accompagnaient, selon
l'usage, avait pris place sur les bancs, et cette
gracieuse *théorie* renouvelée des jours antiques
se reflétait dans les eaux calmes de l'étang qui
la séparait du bord de l'île si vermeil aux rayons
du soir avec ses halliers d'épine, sa colonnade
et ses clairs feuillages. »

Longtemps après, parcourant ces lieux témoins de son enfance et y retrouvant la même fraîcheur d'impressions, Gérard a pu écrire, et non sans quelque raison peut-être : « Le *Voyage à Cythère*, de Watteau, a été conçu dans les brumes transparentes et colorées de ce pays. C'est une Cythère calquée sur un îlot de ces étangs créés par les débordements de l'Oise et de l'Aisne, — ces rivières si calmes et si paisibles en été. »

Dans ce décor de *fête galante* qui eut une telle influence sur son développement intellectuel, la prime jeunesse de Gérard se passa tout entière avec des petites filles, de ces mignonnes paysannes du Valois qu'on eût cru sorties du Hameau d'opéra-comique de la Reine, à Trianon. Toutes avaient le charme que donne un beau sang, dans ces pays où la qualité des eaux est égale à la pureté de l'air qui vient des grands bois, et toutes aimaient Gérard qui n'était pas moins beau avec son sourire enfantin qui rappelait celui de sa mère, et ses cheveux blonds, mollement ondulés sur la hauteur précoce de son front. L'une d'elles courait et minaudait toujours, et le dimanche, au printemps, se tressait, en chantant, des couronnes de marguerites. Gérard lui plaisait et elle l'appelait « son petit mari ». Mais, hélas ! pendant ce temps, l'amoureux volage était épris des charmes d'une Fanchette aussi jolie sans doute que celle que

Chérubin embrasse si fort sous les grands marronniers, dans le *Mariage de Figaro*, et il conçut même un jour l'idée singulière de l'épouser selon les rites des aïeux : « Je célébrai moi-même le mariage, dit-il, en figurant la cérémonie au moyen d'une vieille robe de ma grand'mère que j'avais jetée sur mes épaules. Un ruban pailleté d'argent ceignait mon front, et j'avais relevé la pâleur ordinaire de mes joues d'une légère couche de fard. Je pris à témoin le Dieu de nos pères et la Vierge sainte, dont je possédais une image, et chacun se prêta avec complaisance à ce jeu naïf d'un enfant. »

Les vieilles forêts de Chantilly ou de Villers-Cotterets et les grands prés paisibles coupés d'étangs et de rivières abritaient ces amours ingénues, sinon dignes de *Daphnis et Chloé*, du moins de ces idylles récentes de M. de Florian, où les moutons portent au cou des rubans roses. On jouait, on se promenait dans les bois à l'heure où le loup n'y est pas ; les petites filles dansaient en chantant une danse singulière qui rappelait celle des jeunes filles grecques dans les îles de l'Archipel, et cela finissait toujours par des baisers qui n'osaient pas encore se poser sur les lèvres. On pêchait aussi des écrevisses sous les vieux ponts moussus de la Nonette et de la Thève, et nul n'hésitait à plonger pour cela ses jambes nues dans l'eau fraîche et coulante. C'est ainsi que Gérard manqua un jour de se noyer pour ne pas paraître poltron devant la petite Célénie qui avait si peur des garde-chasse et des loups. Follement enivrée de la senteur des prés, avec un beau rire dans ses joues à fossettes, c'était le génie du pays que cette petite fille. Elle apparaissait à Gérard comme une nymphe des eaux, couronnée d'ache et de nénuphar, ou comme une nixe germanique, avec son jupon court très souvent mouillé dans les rivières où il fallait lui cueillir des iris et des myosotis « aux bords marneux des étangs de Commelle ou parmi les joncs et oseraies qui bordent les métairies de Coye ». Elle connaissait tous les vieux châteaux du pays, toutes les grottes profondes perdues dans les bois ; aucune légende ne lui était étrangère, et souvent, assise sur quelque roche ou dolmen druidique, « petite Velléda du pays des Sylvanectes », elle en racontait l'histoire aux bûcherons et aux jeunes bergers. C'étaient de délicieuses chansons où la fable et l'histoire étaient naïvement mêlées et que dominaient de leurs lacs d'amour les noms de Biron et de Marie de Loches, de Henri IV et de Gabrielle dont on voyait la tour se découper au loin, vers Ermenonville. Ermenonville ! encore un lieu qui devait marquer dans son esprit, comme le nom et les doctrines de Rousseau marquaient alors dans toutes les pensées. La tombe vide du philosophe se reflète dans l'eau tranquille du lac, toute blanche, à travers le frissonnement des hauts peupliers, et le vieil oncle y conduisait souvent Gérard pour lui montrer le *Désert* factice, le banc des vieillards et surtout le *Temple de la philosophie*. Tous ces souvenirs, unis à la beauté et à la variété des sites, échauffaient à la fois son cœur et son imagination, et il grandissait ainsi, insoucieux, sans se douter même, au bruit toujours plus proche du canon, qu'un immense empire s'écroulait autour de lui.

Un jour cependant, c'était en 1815, il jouait avec ses petites compagnes devant la porte de son oncle, quand trois officiers parurent sur la route. Ils avaient l'air sombre et farouche des vaincus, et l'or noirci de leur uniforme brillait à peine sous leur capote. Le premier embrassa Gérard avec une telle effusion qu'il s'écria : « Mon père !... tu me fais mal !... » C'était son père, en-effet. Le 1er juin 1814, le licenciement général de la Grande Armée l'avait laissé sans emploi, et il revenait à son fils pour lui apprendre ce qu'il appelait « ses devoirs ».

Ce sont donc les destinées mêmes de la France qui influaient sur celles du pauvre Gérard. Ce n'était jusqu'ici qu'un enfant, presque un petit paysan, sachant à peine quelle gloire brillait pour tous dans le soleil qui mûrissait

devant lui les vergers, et il allait devenir brusquement un de ces êtres dont Musset a exprimé
l'inquiétude et la tristesse vagues dans sa *Confession d'un enfant du siècle*. Là-bas, au *Champ
de Mai*, sous l'amoncellement de l'orage prêt à
fondre, Napoléon réunissait l'élite amoindrie
de ses derniers héros. Emmené par son père,
Gérard vit ce spectacle sublime dans la loge des
généraux. Il avait sept ans, et l'Empereur ne
semble pas avoir fait sur lui l'impression qu'il
fit, au même âge, à Victor Hugo, quand il le
vit dans une grande fête, au Panthéon :

Passer, muet et grave, ainsi qu'un dieu d'airain.

Peut-être manquait-il, ce jour-là, le chapeau
et la redingote, qui eussent mieux frappé la
foule que le costume d'apparat dans lequel
Napoléon voulut paraître ; car c'est en habit de
soie, en manteau de pourpre et en toque à
plume blanche qu'il distribua aux régiments
qui allaient partir pour la frontière du Nord
des étendards dont les enseignes d'or étince-
laient au soleil.

Hélas! *L'Aigle n'était plus dans le secret des
dieux !* Quinze jours après il s'abattait pour toujours dans la plaine de Waterloo, et les cosaques
traversaient Paris sur leurs rapides cavales.

Peu de temps auparavant, le 20 mai 1815,

Étienne Labrunie avait demandé sa retraite au
prince d'Eckmühl, alors ministre de la guerre,
la fondant sur le motif de sa blessure reçue à
Wilna : « J'ose me confier aux bontés de Votre
Excellence, disait-il, pour une solde de retraite
dont dépend mon existence. » Malheureusement, il avait perdu tous ses papiers au moment
où on le fit prisonnier, et les certificats qu'il
possédait n'étaient pas assez réguliers pour
fournir absolument la preuve de sa dernière
blessure ; mais, disait une note, « les services
seuls suffiraient pour motiver l'augmentation
de la pension ». Néanmoins, on le fit attendre
encore, et c'est seulement le gouvernement des
Bourbons qui lui liquida sa retraite, à la date
du 31 août 1815. Étienne Labrunie avait servi
huit ans, six mois et sept jours, pour lesquels
il obtenait une pension annuelle de quatre cent
quatre-vingt-seize francs. Avec ce maigre revenu, joint à quelque argent qui lui revenait de
sa femme, il s'installa à Paris, dans le quartier
du Marais, avec l'intention de se vouer à l'éducation de son fils. Gérard fit de rapides progrès
sous sa surveillance ; il étudiait à la fois, non
seulement le grec et le latin, mais encore l'allemand, l'italien, l'arabe et le persan ; il avait
maintenant Anacréon, Ovide, Gœthe pour
poètes favoris, et plus encore, peut-être, le
Tasse et Guarini, dont il retrouvait dans *Aminta*

et le *Pastor fido* toutes les pastorales qu'il venait de vivre. Son écriture était belle, au point de rivaliser avec les anciens manuscrits ; il apprenait encore l'art dramatique, le dessin, la musique, la danse, toutes choses qui eussent fait de lui un être accompli sans les dangers de sa première éducation ; mais, vivant constamment dans la société des jeunes filles et des femmes, les identifiant avec les créations de ces mêmes poètes, et ayant reconnu et désiré mille fois, dans leur aimable et blanc cortège, toutes les grandes amoureuses, les pures et les impures : Lesbie, Éléonore, Charlotte, Marguerite, comme il reconnaissait et sentait souffrir en lui, tour à tour, Ovide, le Tasse, Faust, Werther, tous leurs amants, il en avait subi une délicieuse et morbide influence qui l'entourait comme un cercle magique dont il ne pourrait plus sortir, influence faite à la fois pour tous ses sens par tous leurs charmes : parfum, couleur, ligne, musique. Cela lui avait donné un éternel et inapaisable besoin de tendresse qui était depuis longtemps de l'amour et qu'il allait traîner toute sa vie comme une blessure, à la recherche d'un idéal fait de toutes ces fictions, et qu'en sa pureté et sa naïveté il avait placé trop haut, trop en dehors de l'humanité pour le réaliser jamais.

Le père ne fut pas long à s'apercevoir des

dangers d'une pareille existence, et il se décida
à reprendre son fils près de lui, à Paris, pour
lui faire suivre les cours du collège Charlemagne. Malheureusement, s'il coupait court à
de certains dangers, il ne s'apercevait pas que
Gérard travaillait beaucoup trop, maintenant
que la campagne ne pouvait plus le distraire de
ses études. Déjà délicat de sa nature, il veillait
une partie de la nuit sous la direction d'un
soldat qui les servait, son père et lui, et qui le
réveillait avant l'aube pour le promener sur les
collines voisines de Paris, le faisant déjeuner
de pain et de crème dans les fermes et dans les
laiteries.

Cela durait jusqu'aux vacances, époque à
laquelle Gérard revenait avec joie à Montagny,
y retrouvant ses cousines et ses petites amies,
grandies et transformées comme lui. S'il ne
jouait plus tout à fait comme naguère, se troublant davantage à l'idée de les embrasser, il leur
adressait de longs poèmes, imitant pour elles
tout ce que Byron et Thomas Moore contien-
nent de plus amoureux; puis prenant le chemin
de Loisy, hameau voisin de Montagny, il allait
se reposer auprès de Sylvie. C'était une des
plus belles filles du pays, naïve et malicieuse à
la fois, quelque chose comme un Greuze retouché par Fragonard, et Gérard l'avait connue
jadis, bien avant les autres, quand elle n'était

encore qu'une enfant, vive, fraîche, avec des yeux noirs, un profil régulier, et la peau légèrement hâlée, « malgré son chapeau de paille dont le large ruban flottait pêle-mêle avec ses tresses de cheveux noirs ». Ils couraient tout le jour ensemble, à travers la bruyère et les hautes fougères, allaient boire du lait dans les fermes, et l'on disait à Gérard : « Qu'elle est jolie, ton amoureuse, petit Parisien ! »

Aujourd'hui que devenue jeune fille elle faisait de la dentelle pour les ateliers de Chantilly, Gérard ne connaissait pas de joie plus pure que d'aller la surprendre à sa fenêtre où le pampre s'enlaçait au rosier, chantant sa chanson favorite au bruit des fuseaux sonores :

> La belle était assise
> Près du ruisseau coulant,
> Et dans l'eau qui frétille
> Baignait ses beaux pieds blancs.
> Allons, ma mie, légèrement !
> Légèrement !

Pauvre Sylvie ! délicate, les mains fines, qui aurait-elle aimé au village, de tous ces gars en blouse, à l'âme et aux doigts rudes ? Elle ne pensait qu'au « petit Parisien », et chaque année, aux vacances, quand il revenait à Loisy, vêtu d'un habit court à l'anglaise qui faisait rire les paysans, elle seule le trouvait beau et bien

mis, et lui la retrouvait chaque fois plus charmante, avec quelque chose d'athénien dans ses
traits réguliers et placides. Fous et enfants,
comme hier, ils couraient encore les grands
bois qui n'avaient plus de secrets pour eux, et
Sylvie emmenait Gérard chez sa grand'tante, à
Othys. La bonne vieille habitait une petite
chaumière de pierres inégales, revêtue de hou-
blon et de vigne vierge. Tant de jeunesse entrant chez elle, c'était le feu dans la maison !
« Vois, la tante, disait Sylvie en montrant Gérard et en trépignant de joie, c'est mon amoureux, il est blond, il a de jolis cheveux fins ! »
Et pendant qu'une délicieuse omelette chantait
en se dorant pour eux dans la poêle, ils fure-
taient partout. Un jour, étant montés dans la
chambre haute, ils découvrirent, au fond d'un
tiroir toujours fermé, les habits de noce de la
tante et de son défunt mari dont les anciens
portraits souriaient au mur dans leur cadre
ovale. Vite, ils s'amusèrent à les revêtir ! « Mais
finissez-en ! Vous ne savez donc pas agrafer une
robe ? » disait Sylvie à Gérard qui l'aidait avec
maladresse ; peut-être eût-il été plus habile en
l'aidant à se chausser, mais elle ne voulut
jamais le lui permettre ! Pendant qu'il revêtait
l'habit de noce du garde-chasse, elle continua
toute seule à s'attifer, posant du rouge ici, là
de la poudre et des mouches, et ainsi trans-

formés en mariés de l'autre siècle, ils descendirent tous deux le vieil escalier de chêne de la maison.

La tante poussa un cri en les voyant. « Oh ! mes enfants ! » dit-elle. « Et elle se mit à pleurer, puis sourit à travers ses larmes. C'était l'image de sa jeunesse, cruelle et charmante apparition !... Elle retrouva même dans sa mémoire les chants alternés, d'usage alors, qui se répondaient d'un bout à l'autre de la table nuptiale, et le naïf épithalame qui accompagnait les mariés rentrant après la danse. Nous répétions ces strophes si simplement rythmées, avec les hiatus et les assonances du temps ; amoureuses et fleuries comme le cantique de l'Ecclésiaste : — Nous étions l'époux et l'épouse pour tout un beau matin d'été. »

Telles sont les fraîches et touchantes idylles que Gérard vivait avec Sylvie. Il n'aimait qu'elle, ne voyait qu'elle, jusque-là ; mais, hélas ! la crise n'était pas loin ! et amolli et dénudé jusqu'aux fibres par ces délices intimes auxquelles s'ajoutait la nature, il était maintenant mûr pour la ressentir.

Cela eut lieu à la fin d'une de ces journées de vacances. Le temps s'était passé à folâtrer sur l'herbe d'une grande pelouse encadrée d'ormes et de tilleuls, devant un vieux château du temps de Henri IV, dont le soleil incendiait

les toits pointus couverts d'ardoise et les hautes
verrières toutes resplendissantes dans les briques
rouges de la façade.

« Des jeunes filles dansaient en rond sur la
pelouse en chantant de vieux airs transmis par
leurs mères, et d'un français si naturellement
pur, que l'on se sentait bien exister dans ce
vieux pays du Valois où, pendant plus de mille
ans, a battu le cœur de la France. »

Gérard était le seul garçon dans cette ronde
où il avait amené Sylvie. Tout à coup, suivant
les règles de la danse, il se trouva placé au milieu du cercle avec une jeune fille blonde,
grande et belle, qu'on appelait Adrienne, et qu'il
avait à peine remarquée jusque-là. « Nos tailles
étaient pareilles, dit-il ; on nous dit de nous
embrasser, et la danse et le chœur tournaient
plus vivement que jamais. En lui donnant ce
baiser, je ne pus m'empêcher de lui presser la
main. Les longs anneaux roulés de ses cheveux
d'or effleuraient mes joues. De ce moment, un
trouble inconnu s'empara de moi. La belle devait chanter pour avoir le droit de rentrer dans
la danse. On s'assit autour d'elle, et aussitôt,
d'une voix fraîche et pénétrante, légèrement
voilée comme celle des filles de ce pays bru-
meux, elle chanta une de ces anciennes romances, pleines de mélancolie et d'amour, qui
racontent toujours les malheurs d'une princesse

enfermée dans sa tour par la volonté d'un père qui la punit d'avoir aimé. La mélodie se terminait à chaque stance par ces trilles chevrotants que font valoir si bien les voix jeunes, quand elles imitent par un frisson modulé la voix tremblante des aïeules.

« A mesure qu'elle chantait, l'ombre descendait des grands arbres, et le clair de lune naissant tombait sur elle seule, isolée de notre cercle attentif. — Elle se tut, et personne n'osa rompre le silence. La pelouse était couverte de faibles vapeurs condensées, qui déroulaient leurs blancs flocons sur les pointes des herbes. Nous pensions être en paradis. — Je me levai enfin, courant au parterre du château, où se trouvaient des lauriers, plantés dans de grands vases de faïence peints en camaïeu. Je rapportai deux branches, qui furent tressées en couronne et nouées d'un ruban. Je posai sur la tête d'Adrienne cet ornement, dont les feuilles lustrées éclataient sur ses cheveux blonds aux rayons pâles de la lune. Elle ressemblait à la Béatrice de Dante qui sourit au poète errant sur la lisière des saintes demeures.

« Adrienne se leva. Développant sa taille élancée, elle nous fit un salut gracieux, et rentra en courant dans le château. — C'était, nous dit-on, la petite-fille de l'un des descendants d'une famille alliée aux anciens rois de France ;

le sang des Valois coulait dans ses veines. Pour
ce jour de fête, on lui avait permis de se mêler
à nos jeux ; nous ne devions plus la revoir, car
le lendemain elle repartit pour un couvent où.
elle était pensionnaire. »

Gérard avait donc enfin rencontré son idéal !
Il était là, devant lui, vivant dans cette
Adrienne qui réalisait, en les synthétisant, tous
ses désirs, tous ses rêves, toutes ses aspirations
antérieures. On eût dit que l'âme entière du
pays avait pris corps tout à coup à ses yeux, et
qu'il venait de voir, de sentir et de respirer à la
fois tous les parfums de ses fleurs et de ses forêts,
tout l'or de ses moissons, tous les murmures et
toute la clarté de ses sources, dans la chevelure,
les yeux, le teint, la voix de cette jeune fille.

Malheureusement, pareille chose n'est qu'un
moment et ne se rencontre qu'une fois à peine,
et pour Gérard ce moment allait décider de
toute la vie. En effet, cette délicieuse vision
d'Adrienne entrant dans son cœur avec la
magie de l'heure et de l'endroit, venait d'imprimer en lui, fortement, un idéal d'amour
d'autant plus difficile à retrouver qu'il l'identifiait avec tout ce que le moment, lune, arbres,
château, lui suggéraient d'antérieur, le rendant
ainsi, dans cette jeune fille, amoureux, non
seulement de l'amour, mais encore du passé.

Pendant ce temps, Sylvie pleurait à côté de

lui, jalouse de la couronne donnée à la belle chanteuse. Il y avait là, dans le chant de l'une et dans les larmes de l'autre, le symbole de toute sa vie, et Sylvie était la douce réalité, le bonheur possible, le calme, qui pleurait sur l'avenir du pauvre Gérard, devinant peut-être ce qui l'attendait à la poursuite d'une telle impossibilité.

Peu après cette journée, Gérard fut rappelé à Paris pour y reprendre ses études. Il y emportait, dans un esprit et un cœur déjà troublés, la double image de Sylvie et d'Adrienne. Mais, hélas! à travers les austères études, cette dernière restait seule triomphante! elle avait absorbé, effacé tout le reste, et présidait à toutes ses joies et à toutes ses douleurs. Évoquée et adorée à toute heure dans les palais enchantés de son imagination, y changeant sans cesse de nom et de costume selon les nécessités du rêve, elle devenait de plus en plus un fantôme d'amour, une forme inconsistante pareille à la sylphide incantée par Chateaubriand dans les ombres féodales de Combourg; seulement, lui ne pourrait jamais s'en délivrer; le philtre qu'elle lui avait versé était trop fort, et plus tard, en 1831, se rappelant la chanson d'Adrienne et l'entendant résonner du fond de son passé, bien loin, comme dans les espaces sonores d'une autre existence, il disait :

Il est un air pour qui je donnerais
Tout Rossini, tout Mozart et tout Webre,
Un air très vieux, languissant et funèbre,
Qui pour moi seul a des charmes secrets.

Or, chaque fois que je viens à l'entendre,
De deux cents ans mon âme rajeunit ;
C'est sous Louis Treize... Et je crois voir s'étendre
Un coteau vert que le couchant jaunit,

Puis un château de brique à coins de pierre,
Aux vitraux teints de rougeâtres couleurs,
Ceint de grands parcs, avec une rivière
Baignant ses pieds, qui coule entre les fleurs,

Puis une dame, à sa haute fenêtre,
Blonde aux yeux noirs, en ses habits anciens...
Que dans une autre existence peut-être
J'ai déjà vue, et dont je me souviens !

CHAPITRE II

Le Collège Charlemagne. — Théophile Gautier. — Premiers vers et premiers succès de Gérard. Le libraire Touquet. — La traduction de *Faust*. Un billet de Gœthe. — Berlioz. — Le *Mercure de France*. — Jules Janin, Harel : essais dramatiques. Sciences occultes. — Poètes allemands et poètes de la Pléiade. — Le père de Gérard ; ses mécontentements. — Entrée de Gérard dans la Bohème. — Son portrait par Th. Gautier. — Bataille d'Hernani. — Le *Petit Moulin Rouge*. — Bouzingo et bouzingots. — Gérard à Sainte-Pélagie. — Fantaisies.

En entrant au collège Charlemagne, Gérard avait remarqué bien vite, parmi tous les élèves, un enfant frileux et malingre, au teint bizarrement olivâtre, qui s'appelait Théophile Gautier. Externes libres tous deux, ils ne tardèrent pas à se sentir bons camarades, souffrant de la même nostalgie précoce qui venait, pour Gérard, de sa liberté et de son amour perdus, pour Théophile, du mal des pays méridionaux où il était né, et où le soleil dore le front de glace des Pyrénées.

Tout le monde sait combien cette camaraderie devint par la suite une solide et constante amitié ; et, cependant, si les deux jeunes gens se sentaient unis par de secrètes affinités, ils étaient au début, bien loin de se rencontrer quant au caractère. Théophile, qui voulait être peintre et qui prenait des leçons dans l'atelier de Rioult tout en suivant les cours du collège, avait déjà en lui tous les éléments du fervent romantique qu'il allait être, ce qui déplaisait fort aux professeurs qui le taxaient de barbarie et d'africanisme. Il imitait par exemple, dans ses vers latins, les styles dits de décadence, et étudiait, jusqu'à les savoir par cœur, Villon et Rabelais, Ronsard et Théophile de Viau. Gérard, lui, était tout différent. C'était un excellent élève, ornement de tous les palmarès, ce que l'on appelle un « fort en thème » avant de l'appeler un jeune bourgeois. Ses devoirs étaient de bonnes copies sans hardiesses et bien sages, comme lui, de celles que le maître souligne d'un invariable « très bien ! » et qui recueillent chaque année une ample moisson de lauriers universitaires. Il rimait déjà, certes, mais un peu comme Daniel Jovard rime dans les *Jeune France* avant sa conversion. Ses vers étaient soigneusement recopiés sur de beaux cahiers reliés et dorés sur tranches, et des en-tête et des culs-de-lampe naïvement dessinés à

la plume les agrémentaient*. C'étaient des
poèmes sur la *Quotidienne, l'enterrement de la
Quotidienne, la bataille de Mont-Saint-Jean, le
Cinq Mai*, tous sujets passionnant alors l'opi-
nion publique. Aussi, loin d'inspirer de l'inquiétude aux professeurs, Gérard était donné
par eux en exemple à ses camarades. C'était le
moment où Béranger et Casimir Delavigne se
partageaient l'admiration unanime, et le jeune
poète leur payait son tribut en les imitant.
C'est ainsi qu'il écrivit, sous l'inspiration des
Messéniennes, la *France guerrière, élégies nationales*, une plaquette in-8" de trente-deux pages
qu'il eut le bonheur de voir publier chez Ladvo-
cat, et ensuite chez Touquet, à trois éditions
rapidement écoulées. Cela n'était pas mal pour
un débutant de seize ans, et les élèves de Charlemagne, fiers de voir un de leurs condisciples
« imprimé », purent se passer, durant les ré-
créations, les feuilles libérales où l'on faisait
son éloge. Gérard, d'ailleurs, ne tarissait pas.
Après de nouvelles *élégies nationales, Napoléon*,
la *Mort de Talma*, vinrent des *Satires politiques* assez avancées. Le jeune homme avait
bien changé en un an ; il avait presque rattrapé,
quoique avec des nuances, son ami Théophile.
Maxime du Camp prétend que, même dès cette

---

* Collection Henry Houssaye.

époque, il était loin d'être indemne du cerveau, et il croit le prouver en nous le montrant se rendant parfois à l'île Louvier qui existait encore, tout encombrée par les chantiers d'un marché au bois. « Là, dit-il, à l'aide des bûches et des cotrets, il s'y construisait une hutte, dans laquelle il vivait plusieurs jours de suite, allant acheter sa nourriture chez les fruitières du voisinage et courant le long des piles de bois, sans en être empêché par les ouvriers, auxquels il payait à boire. » Cela peut être la plaisanterie d'un collégien exalté par la lecture de *Robinson,* et non pas nécessairement l'acte d'un fou. La faute en est d'ailleurs au père qui se souciait sans doute bien peu de son fils pour le laisser disparaître ainsi pendant plusieurs jours. Ce genre de vie n'empêchait pas Gérard de travailler ; de cette époque date un Mémoire sur les *Poètes du seizième siècle,* dont il a recueilli plus tard quelques fragments dans la *Bohème galante.* Ce Mémoire fut présenté à l'Académie et n'obtint pas le prix. « Je n'avais droit alors, dit Gérard, d'aspirer qu'aux prix du collège ; je fus cependant si furieux de ma déconvenue que j'écrivis une satire dialoguée contre l'Académie, qui parut chez Touquet. » Cette satire était intitulée : l'*Académie ou les Membres introuvables.* On y voyait un des « incurables » de la Coupole, c'est ainsi que Gérard les appelle, qui, ne trouvant plus de candidats, supplie le pauvre du pont des Arts de se présenter. Le pauvre, aussi méfiant qu'ignorant, veut savoir en quoi consistera son métier; l'académicien lui en fait une peinture telle qu'il refuse au nom de l'honnêteté, et par amour de l'indépendance. Cette pièce, pour laquelle l'éditeur, effrayé de la hardiesse primitive, exigea de nombreux remaniements, eut deux éditions dans la même année 1826 : « Ce n'était pas bon, reprend Gérard, et cependant Touquet m'avait dit, avec ses yeux fins sous ses besicles ombragées par sa casquette à large visière : « Jeune homme, vous irez loin. » Le destin lui a donné raison en me donnant la passion des longs voyages. » Puis vint un « tableau politique à propos de lentilles » : *Monsieur Dentscourt ou le Cuisinier d'un grand homme*, signé de M. Beuglant, poète, ami de Cadet Roussel; et, peu après (1828, in-32), la *Couronne poétique*, de Béranger, sorte d'Anthologie du poète de *Lisette* et du *Dieu des bonnes gens*, précédée d'une Ode dithyrambique dont les strophes eussent réjoui plus tard M. Homais, et que les Jeune France firent plaisamment expier à son trop lyrique auteur.

Mais cela importait peu à Gérard, qui n'était aucunement vaniteux et avait beaucoup trop de projets en tête pour s'occuper de ses erreurs passées. Une œuvre importante allait d'ailleurs mettre le sceau à sa réputation, c'est la traduction du *Faust* de Gœthe, paruc en cette même année 1828.

A cette époque, tous ceux qui avaient suivi Napoléon à travers l'Europe avaient rapporté dans leurs foyers des connaissances linguistiques variées ; le père de Gérard, familiarisé particulièrement avec la langue allemande par son long séjour en Prusse et dans les provinces du Danube, initia son fils à toutes ses difficultés. On s'en aperçut vite à l'originalité savoureuse de cette traduction, et personne n'osa plus rire quand le grand Gœthe lui-même l'eut consacrée en envoyant à Gérard ce précieux billet : « Je ne me suis jamais si bien compris qu'en vous lisant. » Certaines parties de l'œuvre, les chansons, les chœurs, sont traduites en vers. Berlioz les trouva si brillantes qu'il demanda à Gérard la permission de les mettre en musique, trouvant là, peut-être, une première idée de la *Damnation de Faust*, où il les reprit plus tard.

Le livre eut rapidement plusieurs éditions, et son immense retentissement eut pour premier effet d'ouvrir à son auteur les portes du *Mercure de France*. Cette revue était alors sous la direction de Paul Lacroix, le bibliophile Jacob ; Gérard y écrivit d'assez nombreux articles, mais on ne peut suivre la trace de sa collaboration encore obscure et impersonnelle, les articles de débutants n'étant pas signés. On n'y retrouve que quelques fragments d'un drame en prose, *Nicolas Flamel*, œuvre qui porte la forte et récente empreinte de Gœthe, Satan y apparaissant à Nicolas Flamel dans la tour Saint-Jacques, comme Méphistophélès apparaît à Faust dans le cabinet d'étude de Leipzig.

A la même époque, Gérard fit la connaissance de Jules Janin, qui devint par la suite un de ses meilleurs amis, Gérard ne se faisant que des amis partout où il passait. Le futur « grand critique » avait alors la direction littéraire de la collection des classiques français publiée par l'abbé Guillon, qui fut plus tard évêque du Maroc et aumônier de la reine Marie-Amélie. Gérard désirait beaucoup travailler à cette collection. Pour les mêmes raisons que précédemment, on ne peut retrouver là aucune trace de sa collaboration, et, cependant, son ami Georges Bell[*], à qui nous empruntons ici ce qu'il tenait de Gérard lui-même, n'hésite pas à affirmer qu'il y a travaillé.

[*] BELL (Joachim Hounau dit Georges), né en 1827, auteur d'études historiques, politiques et scientifiques, et de notices sur *Gérard de Nerval, Pradier, Méry, David d'Angers, Alex. Dumas*, etc. On lui doit aussi plusieurs drames et romans.

Mais ce sont là de menus détails à peine intéressants. Gérard visait plus haut. Jules Janin était alors l'hôte de Harel, à l'Odéon ; connaître Janin et en être apprécié, c'était s'ouvrir le cabinet du directeur ; Gérard le savait bien, lui qui avait la tête pleine de combinaisons dramatiques de tout ordre, mêlant le moyen âge et l'Orient selon les règles nouvelles formulées dans la préface de *Cromwell*. Il présenta donc à Harel *Villon l'écolier*, pièce légendaire qui a disparu, et où « le moyen âge passait tout entier, avec ses croyances naïves, ses anges, ses démons et ses mœurs pleines d'excentricité, mais aussi de poésie[*]. »

Cette première pièce échoua auprès du directeur. Peut-être Harel conseilla-t-il au jeune auteur de l'oublier, promettant d'abord, quitte à ne pas tenir ensuite, de lui monter sa prochaine œuvre qui ne pourrait manquer d'être meilleure. Cette conjecture paraît vraisemblable quand on voit Gérard apporter peu de temps après, au comité de lecture de l'Odéon, la *Dame de Carouge*. Ce drame en vers venait d'être fait en collaboration avec Théophile Gautier. On y voyait un esclave sarrasin, Hafiz, ramené des croisades, tomber amoureux de la femme de son maître, et introduire ainsi,

[*] Georges Bell.

dans le donjon féodal, toutes les passions farouches de l'Orient. La *Dame de Carouge* eut le sort de *Villon l'écolier*. Gérard, qui en trimballa longtemps le manuscrit dans ses poches, finit par le perdre, comme les autres. Le sujet, inspiré peut-être par les *Orientales* qui venaient de paraître, fut repris plus tard par Alexandre Dumas dans *Charles VII chez ses grands vassaux*. « Notre sarrazin Hafiz, dit Gautier, était le précurseur d'Yaqoub, mais il ne lui fut pas donné de montrer aux feux de la rampe sa figure teintée de jus de réglisse comme celle d'Othello. »

Il faut mentionner encore *Tartufe chez Molière*, un acte en vers où figurait, à côté de son maître, la servante Laforêt, et surtout un Mystère en octosyllabes, comme la plupart de ceux du moyen âge, le *Prince des Sots*, dont Théophile Gautier fit le prologue, et qui avait pour acteurs principaux « Satan et un ange jouant ensemble des âmes aux dés ».

Tout cela a été perdu, et la curiosité, sinon la littérature, doit le regretter. On y verrait à quel point le moyen âge était dans l'air, même avant l'apparition du roman de *Notre-Dame de Paris*, Victor Hugo n'ayant guère écrit encore, dans ce genre, que quelques ballades : *le Sylphe, les deux Archers* et *la Ronde du Sabbat*. Gérard était d'ailleurs porté depuis longtemps,

et par sa nature même, vers ces temps mystérieux et mystiques.

Nous nous souvenons des livres trouvés un
jour dans le grenier de l'oncle, à Montagny.
Le genre d'études qu'ils renfermaient passion-
naient plus que jamais Gérard. La théosophie,
la kabbale, la magie et la nécromancie, Nostra-
damus, Cazotte, Saint-Martin, Swedemborg,
tout le monde invisible et supra-naturel, l'occupaient déjà beaucoup plus que les monotones
réalités de la vie, et il y apportait une curiosité
sérieuse et réfléchie. Aussi devint-il rapidement, sous l'influence de ces études, l'être bizarre et charmant qu'il resta toute sa vie. Les
sylphes, les follets, les gnomes, tous les génies
de l'air se pressaient aussi nombreux en ses
rêveries et en sa conversation que dans l'esprit
du docteur Faust, et, nul ne doutait qu'il pût,
comme lui, faire paraître Hélène dans ses incantations, et enfermer Satan dans le *penta-
gramme* cabalistique. Ainsi s'explique l'intérêt
qu'il a pu donner à une fantaisie qui parut
à cette époque dans le *Cabinet de Lecture*, et
qui s'appelait la *Main de Gloire* avant de s'appeler la *Main enchantée,* titre sous lequel nous
la connaisons aujourd'hui.

Entre temps, Gérard, toujours fidèle au
génie de l'Allemagne, traduisit des pièces choi-
sies de ses poètes : Gœthe, Schiller, Uhland,

Klopstock, Burger, etc., et en fit un recueil qui parut au commencement de 1830, ainsi qu'un choix des poètes de la Pléiade, Ronsard, Du Bellay, etc., avec une introduction.

Voilà de quelle manière occupait ses loisirs ce jeune homme qui, comme la plupart des Romantiques, comme Gautier qui a écrit la matière de plus de trois cents volumes, a toujours passé pour être paresseux comme une couleuvre. Il n'avait pas encore vingt-deux ans alors, et sa destinée s'annonçait, souriante, sans autre tristesse que les refus de Harel; mais le père, qui avait fermé les yeux tant qu'il considérait les travaux de son fils comme un passe-temps de jeunesse, s'alarma dès qu'il comprit qu'il s'agissait au contraire d'une vocation irrésistible. Gérard venait cependant d'être mis par sa majorité en possession de la dot de sa mère, ce qui lui permettait de se livrer librement à ses goûts; mais M. Labrunie l'entendait difficilement ainsi! C'était d'ailleurs un original et un misanthrope; depuis la chute de l'Empire, il ne voyait ni n'entretenait volontiers personne, avait la dureté et la sécheresse d'un chirurgien habitué à amputer les membres sur un champ de bataille, et, comme tel, méprisait les poètes et les artistes qu'il tenait pour gens fainéants et inutiles. De tout temps il avait rêvé pour son fils une carrière honorable et régulière ; le voir médecin ne lui eût pas déplu, mais, devant son vif désir de visiter tous les pays qu'il ne connaissait pas, il avait consenti, apparemment, à le satisfaire, et, de concert avec la famille, il le destinait à la diplomatie.

Gérard, lui, paraissait n'en rien savoir et continuait à se livrer clandestinement, et avec plus d'ardeur que jamais, à ses travaux favoris, expliquant ainsi les manies de mystère et d'obscurité qu'on lui reprocha si souvent plus tard. Le pseudonyme lui était nécessaire pour ne pas nuire aux démarches diplomatiques que l'on faisait en sa faveur, et puis, cela le dispensait de poser : « Je ne prenais, disait-il, dans l'éloge ou le blâme de ceux qui avaient la bonté de s'occuper de moi, que ce qui me convenait, sachant bien qu'un jour ou l'autre on me découvrirait, et qu'alors je n'aurais qu'à me montrer pour être reconnu [*]. »

C'est ainsi qu'il signa du seul nom de M. Gérard sa traduction de *Faust*, et qu'il écrivit tour à tour sous des pseudonymes tels que Fritz, Aloysius Block, Lord Pilgrim, etc., noms qu'il changeait dès que sa personnalité commençait à percer sous le masque. Gardons-nous donc de prendre trop pour une folie romantique de

---

[*] Georges Bell.

jeune homme l'idée qui lui fit changer à cette époque son nom de Labrunie en celui de *Nerval*, nom d'ailleurs charmant qu'il ne quittera plus qu'une fois, nous verrons à quel propos, et sous lequel il va devenir promptement célèbre. Gérard était beaucoup trop fin et trop discret pour approuver les manies qui transformaient Auguste Maquet en Augustus Mac Kaët, et Théophile Dondey en Philothée O'Neddy, et il s'est certainement moqué de ce ridicule autant que Gautier qui inventa Elias Wildmanstadius. Convaincu d'avoir indisposé son père par la résolution de se consacrer tout entier aux lettres, il n'y voulut sans doute pas exposer le nom paternel pour lequel il avait le plus profond respect, et risqua celui-là qu'il ne devait qu'à lui-même, comme son talent, et qu'il prit d'un petit champ appartenant à la famille et estimé quinze cents francs, après avoir hésité d'abord entre *Gerval* et *Nerval*.

Le père de Gérard était en effet profondément froissé; les journaux écrivaient à ce moment sur son fils : « M. Gérard ne sera ni receveur général, ni colonel, ni maître des requêtes. » Et c'est bien là ce qu'il ne pouvait supporter, tandis que Gérard répondait à cet entrefilet qu'il considérait comme un éloge : « Je suis heureux de l'avoir inspiré. » De ce jour, le père de Gérard se désintéressa peu à peu de son fils;

il ne cessa pas pour cela de le voir, mais froidement, comme on voit un étranger de connaissance. Pauvre Gérard qui n'avait même jamais reçu un baiser de sa mère et qui, habitué à mille caresses féminines, là-bas, à Montagny, n'avait plus maintenant que de l'indifférence dans le cœur de son propre père !

C'est donc un peu malgré lui qu'il fut poussé dans la bohème. Heureusement qu'il embrassait insoucieusement la vie avec toute l'ardeur de ses vingt-deux ans ! Le moment était d'ailleurs bon pour la jeunesse ! La préface de *Cromwell* venait de la révolutionner tout entière en plantant sa bannière de liberté sur la brèche du classicisme. A ce signal, tout un bataillon de peintres et de poètes avait arboré, à la grande indignation des fronts chauves et des mentons glabres, les vastes sombreros de feutre et les riches pourpoints à la Véronèse, chassant devant lui les pâles ombres d'Hippolyte et de Théramène, qui jetaient leur glaive en fuyant, comme Horace à la bataille de Philippes. Déjà dans les ateliers et dans les cénacles, tout en récitant *la Chasse du Burgrave* ou *le Pas d'armes du roi Jean*, on se répétait que là-bas, dans sa modeste maison de la rue Notre-Dame-des-Champs, le maître préparait dans l'ombre une lecture retentissante. Gérard ne se faisait pas faute de propager ces bruits, jouissant déjà de l'intimité de Victor Hugo qui l'aimait; mais, les services rendus et la besogne faite, tandis que son ami Gautier essayait chez le tailleur Gaulois ce magnifique gilet rouge taillé en pourpoint de la Renaissance, silencieux et réservé, il rentrait en lui-même et écrivait, entre autres choses, dans un journal qui existe encore : « L'homme de lettres jouirait-il de cette indépendance s'il pouvait ouvrir son âme au désir de la fortune et au vil intérêt? Non : l'intérêt et la liberté se combattent. Homme de lettres, si tu as de l'ambition, ta pensée devient esclave et ton âme n'est plus à toi... Si tu t'occupes de fortune, tu te mets toi-même à l'encan; crains de calculer bientôt le prix d'une bassesse et le salaire d'un mensonge. Si ton âme est noble, ta fortune est l'honneur... Si elle ne te suffit pas, renonce à un état que tu déshonores. »

A travers cette profession de foi quelque peu déclamatoire, comme du mauvais Rousseau, et qui, comme telle, eût enchanté l'oncle de Montagny, on peut reconnaître dès maintenant cette sincérité et ce désintéressement profond que rien n'affaiblira, et qui font de Gérard de Nerval une figure charmante et tout à fait à part dans l'histoire des lettres.

Le temps était venu pour lui des grandes amitiés, de celles que l'on rencontre rarement,

et qui ne défaillent jamais, parce qu'elles nous
rapprochent en nous découvrant sans cesse l'un
à l'autre, et qu'elles prennent leurs liens dans
ce qu'il y a de plus élevé et de meilleur en
nous *. Gérard était d'ailleurs l'être le plus
digne de ces amitiés. C'était déjà le « bon Gérard », titre rare qui lui resta toujours, car, dit
Théophile Gautier qui l'a connu plus que
personne à cette époque, jamais homme n'a
mieux mérité cette épithète : « Cette bonté
rayonnait de lui comme d'un corps naturellement lumineux, on la voyait toujours et elle
l'enveloppait d'une atmosphère spéciale; il
semblait vraiment qu'on obligeât Gérard en lui
demandant service; il vous remerciait presque
d'avoir songé à lui et il partait aussitôt, allant
de l'Arc de l'Étoile à la Bastille, du Panthéon
aux Batignolles, pour proposer à quelque journal l'article d'un camarade sans argent ou s'in-
former du motif qui le faisait rester si long-

* Dans des notes jetées au hasard sur un carnet et publiées
par l'*Artiste*, je trouve ces deux pensées charmantes sur l'amitié :
« C'est une erreur de croire que la présence seule prouve
l'amitié. En amitié comme en amour, il faut liberté et confiance. — Les bêtes s'aiment de près, les esprits s'aiment de
loin. »
« J'ai toujours distingué deux sortes d'amis : ceux qui
exigent des preuves et ceux qui n'en exigent pas. — Les uns
m'aiment pour moi-même et les autres pour eux. Tous deux
ont raison, mais je n'ai pas tort. »

temps sur le marbre ; il marchait de ce pas ailé pareil à celui de l'autruche, soulevé de terre à chaque instant et que le meilleur cheval arabe suivrait à peine. » — Après cette citation du meilleur et du plus illustre des amis de Gérard, le moment est venu de présenter l'admirable portrait qu'il en a encore tracé : « C'était alors, dit-il, un jeune homme doux et modeste, rougissant comme une jeune fille. Il avait le visage d'un blanc rosé, animé d'yeux gris où l'esprit mettait son étincelle dans une douceur inaltérable. Son front, que laissaient voir très haut de jolis cheveux blonds d'une finesse extrême et pareils à une fumée d'or, était d'une admirable coupe, poli comme de l'ivoire et brillant comme de la porcelaine. Jamais voûte mieux arrondie, plus noble et plus vaste ne fut préparée par la nature pour la pensée humaine. Le nez était fin, de forme légèrement aquiline, la bouche gracieuse avec la lèvre inférieure un peu épaisse, signe de bonté ; le menton bien accusé et frappé d'une fossette. Tel le représente, mais plus viril déjà, un médaillon de Jehan Duseigneur, daté de 1831. Ce médaillon, devenu très rare, est le seul portrait de Gérard à cette époque que nous connaissions. Il était habituellement vêtu d'une sorte de redingote d'étoffe noire brillante, aux vastes poches, où, comme le Schaunard de la *Vie de Bohème,*

il enfouissait une bibliothèque de bouquins ré-
coltés çà et là. cinq ou six carnets de notes et
tout un monde de petits papiers sur lesquels il
écrivait d'une écriture fine et serrée les idées
qu'il prenait au vol pendant ses longues promenades. » — « C'était sa manière de composer. Plus d'une fois nous lui avons entendu
exprimer le désir de cheminer dans la vie le
long d'une immense bandelette se repliant à
mesure derrière lui, sur laquelle il noterait les
idées qui lui viendraient en route de façon à
former au bout du chemin un volume d'une
seule ligne. Cet esprit était une hirondelle
apode. Il était tout ailes et n'avait pas de pieds,
tout au plus une imperceptible griffe pour se
suspendre un moment aux choses et reprendre
haleine; il allait, venait, faisait de brusques
zigzags aux angles imprévus. montait, descendait, montait plutôt, planait et se mouvait dans
le milieu fluide avec la joie et la liberté d'un
être qui est dans son élément. »

C'est de cette manière rapide et inattendue
qu'il apparut, un matin de février 183o, dans
l'atelier de Rioult, où Gautier faisait sa palette
au milieu de ses camarades. Homme de confiance de Victor Hugo, et sergent recruteur
chargé de trouver des hommes pour la bataille
d'*Hernani*, Gérard avait cette fois dans ses
poches une liasse de petits carrés de papier

rouge timbrés du mot espagnol : *Hierro !* C'é-
tait là comme le mot de passe des conjurés dans
la pièce qu'ils allaient défendre : *Ad augusta
per angusta !* En détachant six et les tendant à
Gautier : « Tu réponds de tes hommes? lui
dit-il. — Par le crâne dans lequel Byron buvait
à l'abbaye de Newstead, j'en réponds! dit Gautier. » Et, se tournant vers ses camarades : « N'est-
il pas vrai, vous autres? » On lui répondit d'un
même cri : « Mort aux perruques*! » La lutte
fut chaude, comme chacun sait, dans cette mémorable soirée du 25 février 1830; mais, avec
de pareils sentiments, la victoire devait forcément rester à la nouvelle école; et Victor Hugo
écrivit tout de suite à Gérard, comme Napoléon
à ses hommes le lendemain d'Austerlitz : « Gérard, je suis content de vous! » Cette missive
impériale donnait à Gérard ses grandes entrées
chez Victor Hugo, et c'est ainsi qu'assisté de
Pétrus Borel il put y présenter Théophile Gautier, rouge et balbutiant, mais cependant plein
de confiance, comme Aymerillot devant Charlemagne.

Tous ces jeunes amis maintenant ne se quit-
taient plus; l'admiration commune de Victor
Hugo les unissait, et c'est en son honneur qu'ils
célébraient ces orgies inoffensives dont *l'His-*

* Maxime du Camp : *Théophile Gautier.*

toire du Romantisme nous a gardé le souvenir. Cela se passait le plus souvent au *Petit Moulin Rouge*, un cabaret voisin de la barrière de l'Étoile, dont le patron Graziano servait de modèle aux artistes tout en leur préparant d'excellents stufati napolitains. Pour imiter les diableries de Childe-Harold à Newstead-Abbey, et peut-être aussi en souvenir de *Han d'Islande*, on imagina une fois de boire comme eux dans le crâne des morts. Gérard, malgré son sérieux précoce, se prêtait volontiers à ces parodies ; pour la circonstance il déroba même, dans la collection anatomique de son père, un crâne qui passait pour avoir été celui d'un tambour-major tué à la Moskowa, et qui, monté en coupe, fut passé à la ronde.

Ces réunions étaient, on le voit, bien inoffensives, et quoiqu'on en ait cru à l'époque, la politique militante y était pour fort peu de chose. En réalité, les *Ordonnances* de Juillet étaient aussi inconnues et indifférentes aux *Jeune France* que leur était familière et sacrée la préface de *Cromwell*. Cela ne les empêchait pas, il est vrai, d'exalter la cause populaire. Ceux-ci étaient Montagnards, celui-là Girondin ; on trouvait même parmi eux des adhérents au Fouriérisme et au Saint-Simonisme ; mais, ce républicanisme sentimental prenait naissance dans le culte de l'Art dont ils rêvaient

le règne futur, et il leur semblait qu'un jour la
Religion devait, dans ses conditions d'extério-
rité, être remplacée par l'Esthétique. Gérard,
lui, était républicain plus nettement et plus
simplement, la société de son père, au milieu
des souvenirs et des débris de l'Empire, l'ayant
enrôlé dès l'enfance, et un des premiers, sous
la bannière libérale. Plus tard, quoique plus
indifférent, il le resta encore, par cet amour des
petits et des humbles qui le distingua toujours.
Hors cela, les pouvoirs établis, les ministres, le
roi, lui étaient aussi inconnus, plus peut-être,
que le Dharma-Rajah du Boutan, et, comme
Pétrus Borel, républicain lycanthrope et basi-
léophage, il se fût bien gardé d'appeler Louis-
Philippe : « un homard n'ayant point de sang
dans les veines, mais une carapace couleur de
sang répandu »; son bon goût s'y opposait.
Avec lui, on n'eût jamais parlé non plus de
bouzingots, et, en réalité, il n'y eut jamais de
bouzingots ni de *bouzingotisme*. C'est une mauvaise plaisanterie du cru des bourgeois, dira
plus tard Philothée O'Neddy *, comme la fameuse ronde dansée autour du buste de l'auteur d'*Athalie* au cri de : « Racine est un polis-
son! » — Voici la vérité. Certain soir d'hiver
« où quelques artistes et poètes s'étaient mis à

* Lettre à Charles Asselineau, 1875.

parodier les soupers et les nuits de la Régence, étant raffinés, truands et talons rouges tout à la fois », la ville se trouvait en rumeur pour des motifs qu'ils ignoraient d'ailleurs profondément. Il s'agissait du complot de la rue des Prouvaires, qui avorta péniblement dans la nuit du 1ᵉʳ au 2 février 1832. Gérard et ses amis traversaient l'émeute « comme les épiciers d'Alexandrie », en raillant, et surtout en chantant une certaine chanson bachique dont le refrain était : *Nous avons fait* ou *Nous ferons du bouzingo,* c'est-à-dire du bruit. Un instant après, les rues voisines étaient cernées, et les municipaux extrayaient de la foule bruyante des curieux quatre ou cinq *Jeune France* parmi lesquels Gérard de Nerval qui, après une nuit passée au « violon » de la place du Palais-Royal et une comparution devant le juge d'instruction, se trouva écroué, sous la prévention de « complot contre la sûreté de l'État ».

> Dans Sainte-Pélagie
> Sous ce règne élargie.

Pendant ce temps, les bourgeois s'emparaient du mot *bouzingo,* et affirmaient dans leurs feuilles que les jeunes républicains venaient de prendre le nom de *Bouzingots (sic)* qui, ainsi créé, leur resta en effet. Il n'y avait plus rien à faire! « Ces ânes de bourgeois, disait Gautier, ils ne savent même pas comment s'écrit *bouzingo!* Pour leur apprendre un peu d'orthographe, nous devrions bien publier à plusieurs un volume de contes que nous intitulerions bravement : *Contes du bouzingo!* »

La proposition fut acclamée, et l'on parla de se mettre de suite à l'œuvre, hélas! sans Gérard qui purgeait sa peine. Pourquoi fut-il ainsi gardé en prison, quand tous ses camarades furent lâchés le lendemain? On n'a jamais pu le savoir, et il n'en parla jamais qu'avec réticences. Peut-être avait-on pris des renseignements qui, étant donné ses satires passées, sa plume malicieuse et son républicanisme, le firent garder à vue. En effet, sous le pseudonyme incendiaire du *Père Gérard, patriote de 1789, ancien décoré de la prise de la Bastille,* il avait envoyé des adieux ironiques aux députés de la législature de 1830 :

> Allez-vous-en, vieux mandataires,
> Allez-vous-en chacun chez vous !

Puis, désespéré par l'avortement de la liberté de Juillet, « femme au buste divin et dont le corps finit en queue », il dédiait à Victor Hugo, le 16 octobre 1830, *les Doctrinaires,* ode où il suppliait le poète de ne plus chanter Napoléon, ce qui eût été dommage, au moins pour la poésie française, et dans laquelle il reprochait à l'Empereur, entre autres choses,

> D'avoir répudié deux épouses sublimes,
> Joséphine et la Liberté.

C'était bien assez pour un gouvernement qui s'alarmait au point de faire garder Chateaubriand par M. Gisquet. Aussi Gérard fut-il conduit, sous escorte, rue du Puits-de-l'Ermite, dans cette vieille prison qui, de Béranger à Jean Richepin, a vu passer à peu près toutes les réputations tapageuses du siècle.

Les détenus politiques, dont Gérard se trouvait être, occupaient la plus belle partie de la prison. Il y avait le quartier des carlistes et des républicains. Chacun de ces partis se subdivisait en nuances particulières ; toutefois, l'union était parfaite, et la *Marseillaise*, le *Chant du Départ* et le *Ça ira* alternaient paisiblement avec *Richard, ô mon roi!* et *Vive Henri IV!* La première nuit fut très comique. Gérard se trouvait là, au dortoir, avec une quarantaine de camarades qui se mirent en devoir de représenter, à grand spectacle, la Révolution de 1830. On y voyait Charles X et ses ministres tenant conseil ; puis, venait la prise de l'Hôtel de ville, une soirée de la cour à Saint-Cloud, le gouver-

nement provisoire, La Fayette, Laffitte. « Le
bouquet de la représentation était un vaste combat des barricades, pour lequel on avait dû renverser lits et matelas ; les traversins de crin,
durs comme des bûches, servaient de projec-
tiles. » Gérard, qui s'obstinait à rester couché
au milieu de la bataille, reçut quelques écla-
boussures et assista à la victoire qui fut procla-
mée à une heure du matin aux accents de la
Marseillaise chantée en chœur.

Le lendemain, au réveil, le tour de corvée
tombant sur lui, Gérard se fit remplacer pour
cinq sous, comme au service militaire, puis,
curieux et amusé, s'initia davantage aux mœurs
de la prison. A la cantine, les prisonniers politiques avaient seuls le droit d'entrer et de se
mettre à table ; ils échangeaient les victuailles
avec les voleurs pour des livres, et, là, le parti
légitimiste, qui nourrissait libéralement ses dé-
fenseurs, amoncelait des montagnes de pâtés,
de volailles et de bouteilles sur une grande table
où, selon le vers de Victor Hugo,

> Toujours, par quelque bout, le festin recommence.

Gérard était tranquille ; comme plus tard
Musset à la prison des Haricots, il écrivait son
Mie Prigioni et disait, invoquant la liberté dans
un rythme cher à Ronsard :

Oiseau qui fends l'espace,
Et toi, brise, qui passe
Sur l'étroit horizon
De la prison,

Dans votre vol superbe,
Apportez-moi quelque herbe,
Quelque gramen, mouvant
Sa tête au vent !

Qu'à mes pieds tourbillonne
Une feuille d'automne
Peinte de cent couleurs
Comme les fleurs !

De temps en temps, le *panier à salade* venait chercher quelques-uns des prisonniers qui n'étaient que *prévenus*, et les conduisait au Palais de Justice, devant le juge d'instruction. Gérard dut y comparaître deux fois. Enfin, lui qui avait dit :

Faites-moi cette joie,
Qu'un instant je revoie
Quelque chose de vert
Avant l'hiver !

fut élargi avant le printemps sur une ordonnance de non-lieu. La prison lui était devenue si agréable qu'il faillit donner le spectacle d'un prisonnier mis en liberté par force. C'est du moins ce qu'il affirme beaucoup plus tard dans

un article publié par *l'Artiste**; et nous nous
permettons de croire qu'il s'amusait un peu en
l'écrivant, sachant combien la cage torturait ce
nomade. Toujours dehors, car le cabinet lui
était insupportable au point d'obstruer ses
idées, il avait un peu de ce délicieux *Passant*
que Coppée nous montrera plus tard, et, comme
lui, il eût pu dire :

> Depuis l'enfance, étant d'un naturel nomade,
> Je voyage : ma vie est une promenade.

Le démon des grands voyages le tourmentait
déjà, et, en attendant le moyen de les réaliser,
il errait à toute heure et partout dans la ville,
au Pont-Neuf, sur les quais, aux Halles, à
Montmartre; dans quelque coin pittoresque de
ce vieux Paris qu'il aimait et où on était sûr
de le rencontrer, admirant un détail d'architecture et marchandant parfois, chez les brocanteurs, quelque objet curieux ou rare qu'il
enfouissait aussitôt dans sa poche pour l'y oublier. Car il avait de l'argent et vivait assez lar-
gement depuis sa majorité. Il fut même assez
riche pour être électeur pendant quatre ans, de
1830 à 1834. Le superflu était d'ailleurs la
chose la plus nécessaire à sa nature toute aristo-

* *Mes Prisons,* Sainte Pélagie en 1832.

cratique. Il aimait les fleurs, les parfums, les objets d'art, toutes choses qui, dès cette époque, avaient à peu près dissipé la fortune maternelle. La mort du vieil oncle de Montagny vint à propos lui donner un nouveau patrimoine dans lequel était compris une partie de ce domaine du Valois où il avait été élevé. Il en employa naturellement les premiers fonds à différentes acquisitions. Les bibelots se trouvaient pour presque rien alors. Il acheta une fois, pour cinquante francs, deux panneaux de Fragonard : le *Colin-Maillard* et *l'Escarpolette;* plus tard, une console Médicis et des buffets dont l'un, figurant trois femmes et trois satyres, avait, sur ses portes, des ovales de peintures du temps. Il avait aussi de belles tapisseries dites des *Quatre éléments,* et un Ribera représentant la *Mort de saint Joseph.* Tout cela s'entassait pêle-mêle dans de vagues logements où il ne mettait jamais les pieds, car ses habitudes avaient déjà cette bizarrerie qu'on verra se développer de jour en jour.

L'heure ni le réel n'existaient pour lui; il marchait, enchanté, dans un rêve dont il suivait la lumière intérieure, et la nuit risquait souvent de le réveiller au diable Vauvert, dans la banlieue, dont il connaissait toutes les guinguettes. Parfois, quand son âme s'était meurtrie au toucher trop rude de la vie, il disparaissait quelques jours et allait respirer, dans son cher Valois, ce que Chateaubriand appelle « la délectable mélancolie des souvenirs de la première enfance »; puis, trouvant au retour ses amis attablés sous la treille et la vigne vierge, dans un vague coin fleuri de barrière où l'on entendait

> . . . . . Parmi le thym et le muguet
> Les vagues violons de la mère Saguet,

il improvisait gaiement, au milieu d'eux, quelques strophes comme celles-ci, qui eussent réjoui Rabelais et le vieux Ronsard :

> Petit *piqueton* de Mareuil,
> Plus clairet qu'un vin d'Argenteuil,
> Que ta saveur est souveraine !
> Les Romains ne t'ont pas compris
> Lorsque habitant l'ancien Paris
> Ils te préféraient le Surêne.

> Ta liqueur rose, ô joli vin !
> Semble faite du sang divin
> De quelque nymphe bocagère ;
> Tu perles au bord désiré
> D'un verre à côtes, coloré
> Par les teintes de la fougère.

Que la vie était charmante alors, et sans nuages ! D'ailleurs, comme le répétait plus tard

Gérard, en ce temps-là il y avait encore *des amours*. « Il fallait entendre, dit Gautier, avec quel accent de galanterie, surannée à dessein et remontant aux délicatesses du bon vieux temps, il disait ces mots. C'était tout un poème. Chacun avait dans son coin sa Laure ou sa Béatrix, pour laquelle il rimait. » Gérard, lui, avait depuis bien longtemps la sienne, c'était cette mélodieuse jeune fille qui, dansant un jour sur la pelouse du château, avait emporté ses désirs loin du monde. Depuis, il y pensait toujours, et, mélancolique et distrait, regardant cette étoile dans la nuit de son cœur, il vivait dans une vague attente.

CHAPITRE III

Jenny Colon. — Voyage en Italie. — Rencontre d'une jeune
Anglaise. — Une nuit à Naples. — Herculanum et Pompéi.
— Retour à Paris. — Amour. — Souvenir d'Adrienne. —
Sylvie. — Le bal de Loisy. — L'impasse du Doyenné. —
La Bohème Galante. — Gérard est présenté à Jenny Colon.
Leurs amours. — Lettres. — Jenny Colon dans le Valois.
— Le monde Dramatique. — La Reine de Saba. — La
Fête de l'impasse du Doyenné. — Hyménée. — Voyage en
Belgique. — Piquillo. — Rupture. — Mariage de Jenny
Colon. — Embarras de Gérard.

> Une femme est l'amour, la gloire et l'espérance ;
> Aux enfants qu'elle guide, à l'homme consolé,
> Elle élève le cœur et calme la souffrance,
> Comme un esprit des cieux sur la terre exilé.
>
> Courbé par le travail ou par la destinée,
> L'homme à sa voix s'élève et son front s'éclaircit ;
> Toujours impatient dans sa course bornée,
> Un sourire le dompte, et son cœur s'adoucit.
>
> Dans ce siècle de fer la gloire est incertaine :
> Bien longtemps à l'attendre il faut se résigner.
> Mais qui n'aimerait pas, dans sa grâce sereine,
> La beauté qui la donne ou qui la fait gagner ?
>
> GÉRARD DE NERVAL. *L'Artiste, 1855.*

Vers cette même époque, et mêlée aux évé-
nements dont nous n'avons pu interrompre le
récit, vint se placer la passion qui allait brus-

quement enchanter et perdre toute la vie de
Gérard. Un soir, tout plein des souvenirs de
son enfance, il était entré, peut-être par hasard,
à l'Opéra-Comique, qui donnait alors ses spec-
tacles à la salle Ventadour. Là, assis, sans trop
écouter, sans doute pour tuer le temps et rêver
à autre chose, il se laissait aller au bercement
d'une musique facile, quand tout à coup s'é-
lança de la foule des choristes qui se turent,
comme un rayon sort d'un nuage, une jolie
blonde à l'œil bleu, au regard vif et brillant,
dont la bouche un peu grande montrait dans
un beau rire des dents éblouissantes. C'était
Jenny Colon, une des étoiles de l'Opéra-
Comique. Née à Boulogne-sur-Mer le 5 novembre 1808, et par conséquent du même âge
que Gérard, vraie enfant de la balle, Jenny était
l'oiseau de passage qui se pose sur toutes les
scènes sans s'y fixer jemais, et elle voltigeait
ainsi du Vaudeville à l'Opéra-Comique et du
Gymnase aux Variétés, se faisant remarquer
très souvent par son talent, toujours par sa
beauté, sa jeunesse et sa grâce. On l'avait vue,
presque enfant encore, débuter au théâtre Fey-
deau, dans les *Petits Savoyards*, puis jouer tour
à tour dans la *Laitière de Montfermeil*, la *Semaine des Amours*, *Madelon Friquet*; maintenant, tous les airs d'Auber, d'Hérold, de Grisar,
chantaient dans sa voix fraîche, abondante et

pure, et c'est elle qui créa le *Pré-aux-Clercs*, la *Reine d'un jour*, l'*Ambassadrice*, toute cette musique facile qui lui procura ses plus beaux triomphes. Comment Gérard tomba-t-il tout à coup amoureux de cette femme? Par quel charme étrange et plus fort que la beauté le prit-elle? il ne savait pas encore; elle lui plaisait, voilà tout! La voir était tout son bonheur, et bientôt il fut remarqué chaque soir aux avant-scènes du théâtre, absent et attentif à la fois, dans sa grande tenue de soupirant.

Cela devint bientôt une passion qui menaçait son indépendance. Alors, il se mit à voyager. Il avait déjà fait cent fois de ces brusques et courts voyages, soit dans les environs de Paris, comme nous l'avons vu, soit en Touraine, fouillant les anciennes demeures royales et seigneuriales dont il achetait les richesses éparses, soit enfin dans cette partie du Midi que baigne la Dordogne et où il avait des parents du côté de son père.

Cette fois, il résolut d'aller plus loin; un vif désir le prit de voir l'Italie et de s'y retremper au milieu des chefs-d'œuvre de l'art. Tous les jours, en s'éveillant, il aspirait d'avance « l'âpre senteur des marronniers alpins », et le soir, entre les portants éraillés du théâtre de Jenny, il entendait les jaillissements de la cascade de Terni et de la source écumante du Téveron. Il partit un beau matin, au hasard, comme il faisait toujours. Des lettres qu'il adresse à l'éditeur Renduel nous apprennent qu'il a vu Naples, Rome, admiré Michel-Ange, et qu'il revient par Marseille, sans se presser, passant par Aix, Nice, Nîmes et Agen, le pays natal de son père. Il ne paraît pas très mélancolique en ce moment, car toute sa correspondance déborde de franchise et de belle humeur. A Marseille, il a débarqué avec cinq sous dans sa poche, comme le Juif-Errant, et n'ayant pour tout bagage qu'une petite valise contenant deux citrons, des pommes et des poires. Mais, en attendant de l'argent, il dîne splendidement à la table d'hôte, non sans passer un peu pour un Antony aux yeux des femmes.

Malheureusement, ces lettres charmantes, datées de novembre 1834 *, ne s'accordent pas avec la date à laquelle, selon sa nouvelle d'*Octavie*, il paraît avoir découvert l'Italie. Est-ce là un même voyage? est-ce un autre? est-ce une erreur de date? Tout cela est possible pour Gérard et, d'ailleurs, n'a pas grande importance.

Quoi qu'il en soit, c'est à cette époque que, prenant les bains de mer à Marseille, il vit une jeune Anglaise nageant comme lui dans les

---

* Ad. Jullien. *Le Romantisme et l'Éditeur Renduel.*

eaux riantes du golfe. Son visage portait l'empreinte d'un mal contenu, et Gérard put se
croire un instant guéri devant le charme étrange
de cette jeune fille qui, un jour, lui fit présent
d'un petit poisson qu'elle avait pris en nageant,
lui glissant à l'oreille le mot charmant et mystérieux : « *Remember*, souviens-toi ! » — Après
avoir visité seul Rome, Gênes, Florence, Pise,
sa tour penchée et son Campo-Santo, Gérard
la retrouva sur le bateau, à Civita-Vecchia, et
lui montra le petit poisson desséché entre deux
feuillets de son calepin de voyage. Ils parlèrent
longuement tandis que le bateau traversait le
golfe de Naples, entre Ischia et Nisida, chantés
par Lamartine : « Si vous m'aimez, lui dit-elle,
vous irez m'attendre demain à Portici. Je ne
donne pas à tout le monde de tels rendez-
vous. »

L'aventure était charmante et méritait peut-
être de ne pas s'arrêter là. Malheureusement, le
soir même, en sortant d'une brillante soirée où
les vins brûlés du Vésuve l'avaient exalté au
point de l'empêcher de retrouver son domicile,
Gérard fit la rencontre, près de la Villa-Reale,
d'une femme étrange qui ressemblait à Jenny
Colon et paraissait égarée d'esprit. Il lui prit
fantaisie d'accepter l'illusion tout un soir, et de
prendre cette femme pour son idole, pour
Aurélia, comme il l'appelait. Alors, il devint

pressant, et quoique la belle tremblât à chaque instant de voir arriver son amant qui servait dans les gardes-suisses, il put la reconduire, ou plutôt se laisser conduire chez elle. Là, il se trouva dans une chambre bien faite pour le troubler davantage. Un désordre mystique, des étoffes brillantes, des fleurs, des vases, des miroirs, tout un clinquant d'où émergeait une madone noire, couverte d'oripeaux bizarres, et qui semblait protéger un *bambino* dormant à l'écart. Un livre de divination était sur la table, et une vieille, solennelle, circulait paisiblement au milieu de tout cela, éclatant de rire aux gazouillements gutturaux et inintelligibles de cette femme et aux ornements dont elle se parait. Gérard nageait en plein rêve. Il se croyait chez une magicienne de Thessalie qui lui avait jeté un charme dans lequel il possédait l'objet de son amour. Mais, vers la fin de la nuit, toutes les ouvertures de la maison où il se trouvait s'éclairèrent brusquement, une poussière chaude et soufrée envahit l'air, c'était le Vésuve qui entrait en éruption. Le charme était rompu ! Gérard s'arracha à cette vision qui n'était plus qu'une trop facile conquête, et, retombant à la réalité qui ne lui laissait que le regret de cette escapade, ne se sentant pas aimé, n'espérant jamais l'être, abreuvé d'un dégoût que son état de la veille exaspérait encore, il pensa deux fois

se précipiter du haut du Pausilippe. La douce
pensée d'Octavie l'arracha à temps à ces fatales
idées. Elle arrivait justement au rendez-vous
avec son vieux père, et ils allèrent visiter ensemble les ruines d'Herculanum et de Pompéi.
Avec quel bonheur Gérard les guida dans ces
ruines silencieuses ! Il était fier de se sentir
savant auprès d'une femme qui pouvait l'aimer.
Arrivé au petit temple d'Isis, il expliqua les
mystères du culte de la déesse, et Octavie voulut en jouer elle-même le personnage. Mais,
hélas ! la pensée de Gérard n'était pas là ! Il
souffrait, tourmenté par son fatal amour, et,
de son côté, la jeune fille, qui peut-être attendait un aveu, était toute triste de le voir si froid
pour elle. Elle lui en fit la remarque. Alors,
avouant tout, le cœur et l'esprit perdus, Gérard
lui dit qu'il n'était plus digne d'elle, et, peu de
temps après, la passion le retrouvait à Paris.

C'était cependant le vrai, l'unique bonheur
qui venait de lui sourire peut-être. Mais Gérard
n'est pas né pour le bonheur, et maintenant
tout est fini ! Le songe a déjà commencé à s'é-
pancher dans la vie réelle. Chaque soir, comme
un ivrogne à son vice, il retourne à sa stalle
d'orchestre. Que lui importe le spectacle ! Un
seul être existe là pour lui, c'est Jenny Colon,
et, se sentant vivre en elle, il ne vit que durant
l'instant où elle paraît au milieu des applaudis-

sements, fraîche, heureuse, et, comme la Juliette de Victor Hugo,

Dans un lieu radieux qui rayonnait moins qu'elle.

Tout entier à son rêve, il n'a même pas songé, depuis le temps, à savoir quelle femme se cache sous cette actrice. Il n'y a là encore qu'un amour vague et sans espoir qui le prend tous les soirs à l'heure du spectacle pour le quitter à l'heure du sommeil; rien de plus! Il se soucie aussi peu de ce qu'on dit de son idole que des bruits qui auraient pu courir sur la princesse d'Élide ou la reine de Trébizonde. Et de fait, qu'apprendrait-il, le pauvre amoureux! Que Jenny change d'amours aussi souvent que de costumes; qu'elle a épousé pour rire, en 1829, l'acteur Lafont, qui, depuis plusieurs années déjà, l'accompagne en tournée à Londres; que bien avant de trouver un mari elle a plusieurs fois cherché une sage-femme, à tel point que ses camarades l'accusent de maladresse et que le *Figaro* lui conseille malicieusement de se faire assurer contre Lucine.

Quelquefois, après ces soirées d'extase, sortant du théâtre avec l'amère tristesse du songe évanoui, Gérard se laisse entraîner dans un de ces cercles où l'on soupe gaiement, et là on lui montre l'homme heureux qui vient de reconduire son idole et qui, attablé maintenant dans la salle de jeu, perd au whist avec indifférence : « Que m'importe, dit-il, lui ou tout autre ! c'est une image que je poursuis, et rien de plus. »

Un de ces soirs-là, il parcourait un journal, et voyait, sans trop d'attention, que des titres étrangers, cotés très haut par suite d'un changement de ministère, faisaient remonter ses fonds, quand son regard tomba tout à coup sur ces lignes : « *Fête du Bouquet provincial;* demain les archers de Senlis rendent le bouquet à ceux de Loisy. » Ces simples mots réveillèrent en lui tous les souvenirs de son enfance, et de Sylvie le conduisirent à Adrienne.

Ce fut comme un coup de foudre où tout lui était brusquement expliqué. Son amour pour Jenny Colon, c'était tout simplement son souvenir d'Adrienne, la belle religieuse, « fleur de la nuit éclose à la pâle clarté de la lune, fantôme rose et blond glissant sur l'herbe verte à demi baignée de blanches vapeurs ». Mais oui, il en était sûr maintenant ! il y avait dans l'actrice d'aujourd'hui, trait pour trait, et par quel miracle, la démarche, la taille, la chevelure, et jusqu'à la voix de la belle chanteuse d'autrefois, cette voix douce et fluide comme le clair de lune qui montait près d'Ermenonville, entre les grands arbres du vieux château.

« Aimer une religieuse sous la forme d'une actrice !... et si c'était la même ! — Il y a de quoi devenir fou ! » Cette nuit-là, il n'y tint plus, et, pour reprendre pied sur le réel, il sauta dans une voiture de place et se fit rapidement conduire sur le théâtre de tant de douces choses. Durant le chemin, sur la plate route de Flandre, le souvenir de Sylvie lui revint. Ah ! elle seule l'aimait et aurait pu le sauver ! Pauvre charmante fille ! Qu'était-elle devenue depuis trois ans qu'il la négligeait ?

Plein de ces pensées, Gérard arriva au petit matin au bal de Loisy. Sylvie s'y trouvait encore, elle qui aimait tant à danser. Il en sortit avec elle. Comme tout avait changé, mon Dieu ! L'oncle de Montagny venait de mourir, rejoignant la bonne tante d'Othys, chez qui l'on s'habillait, vous souvenez-vous ? en mariés du vieux temps. Sylvie ne faisait plus de fine dentelle pour Chantilly, cela ne se vendait plus, et elle était devenue gantière. Plus de vieilles chansons sur ses lèvres, mais de grands airs d'Opéra, ceux que chantait Aurélia. Elle avait beaucoup lu aussi, et, un peu pédante, citait même des auteurs, trouvant aux ruines de Chaâlis un caractère à la Walter Scott.

Gérard cherchait à s'abuser près d'elle ; il voulait croire qu'il l'aimait comme autrefois, qu'il était encore au temps naïf où ils se tutoyaient tous deux ; mais, hélas ! un autre démon le tourmentait : « Qu'est devenue la religieuse? dit-il tout à coup.

— Ah ! vous êtes terrible avec votre religieuse, répondit Sylvie... Eh bien !... eh bien ! cela a mal tourné. » Il n'en put jamais obtenir davantage.

Mal tourné ! qu'est-ce que cela voulait dire ! Adrienne n'était-elle plus religieuse? Alors, tout était possible ! C'est elle peut-être qui chantait à Paris tous les soirs !... Gérard ne pensait pas à autre chose en dînant le soir à côté de Sylvie. Elle seule pouvait encore le sauver cependant. On rachèterait la maison de l'oncle, et l'on y vivrait ensemble, tranquilles comme des mariés de l'âge d'or ! Mais il était trop tard ! Déjà on parlait fort dans le pays du mariage de Sylvie avec un jeune homme qui formait le projet de s'établir pâtissier à Dammartin. Ce jeune homme n'était autre que le frère de lait de Gérard, qui n'en demanda pas plus. Le même soir, il se trouvait dans sa stalle habituelle, abîmé devant Aurélia qui nourrissait plus que jamais son illusion.

Maintenant, il lui envoyait à chaque spectacle un bouquet de chez Mme Prévot, la fleuriste à la mode ; il achetait toutes sortes de lorgnettes pour la mieux voir ; pour mieux l'applaudir, il avait des cannes richement montées qui eussent fait envie à Balzac lui-même, et il en frappait le plancher à coups répétés. Gautier disait un jour à Maxime du Camp : « Gérard s'est ruiné en faisant des excès de cannes et des débauches de lorgnettes. » Nous verrons qu'il s'est ruiné bien autrement.

Vers cette époque, il avait habité avec un de ses amis de cénacle, le peintre Camille Rogier, sous les combles d'une maison située 5, rue des Beaux-Arts. Las de monter les étages, il proposa un jour à Rogier de demeurer impasse du Doyenné, et Arsène Houssaye s'adjoignit à leur ménage. Ils logeaient porte à porte avec Théophile Gautier, qui avait quitté le nid paternel et qui vivait le jour avec eux. L'appartement, tout voisin de l'endroit où exista l'hôtel de Rambouillet, se composait en tout, ou peu s'en faut, d'un salon immense orné de trumeaux et divisé par quelques cloisons. Il les abattirent et se trouvèrent dans une vaste pièce « aux boiseries tarabiscotées et ornées de rocailles, aux glaces d'un cristal louche surmontées d'impostes, aux étroites fenêtres vitrées de petits carreaux à la mode de l'autre siècle* ». Ces fenêtres donnaient d'un côté sur les façades sculptées de la galerie du musée, de l'autre, sur l'impasse d'où ils adressaient de vagues provo-

* Th. Gautier.

cations à la femme du commissaire de police. C'était, dit Gautier, la Thébaïde au milieu de Paris. Il n'y avait peut-être pas, en effet, dans la bonne ville, de coin plus grouillant et plus pittoresque que le vieux Carrousel. La variété y était infinie. Les masures ignobles, repaires de brocanteurs et de cabaretiers, alternaient avec les vieux hôtels; les terrains vagues, pleins d'orties, avec les quinconces de tilleuls. Des chantiers encombrés de pierres taillées s'y trouvaient voisins d'une chapelle dont les ruines, amies du clair de lune, se découpaient gracieusement sur le vert sombre des arbres. La population n'était pas moins bizarre et mêlée. A côté de jeunes attachés d'ambassade qui venaient loger en vue des Tuileries et des ministères, toute une cour des Miracles, digne des Repues franches de François Villon et du burin de Jacques Callot, s'agitait librement sous la lanterne rouge d'un poste de police, dans ce fouillis d'où montait le ramage des boutiques de marchands d'oiseaux et le hennissement des chevaux d'un manège.

C'est là que se place la *Bohème galante*, si différente de la Bohème de Murger. La vie y était charmante; chacun travaillait de son côté. Vers cinq heures, Rogier interrompait son labeur. « Il dessinait de très fines illustrations pour les *Contes d'Hoffmann*, et gagnait assez d'argent pour s'acheter des bottes à l'écuyère et des habits de velours nacarat, sur lesquels s'étalait sa magnifique barbe rousse*. » Tous les amis, Houssaye, Ourliac, Roger de Beauvoir, Gavarni, Marilhat, Nanteuil, Alphonse Esquiros, arrivaient alors l'un après l'autre. Crinière au vent, et venant de voir son père, receveur d'octroi à la barrière des Bonshommes, Gautier entrait avec fracas par la double porte, cassait en s'asseyant un vieux fauteuil Louis XIII, et, tandis qu'on s'empressait de lui offrir un escabeau gothique, Gérard entrait, le dernier, revenant de voyage ou ayant passé sa journée à errer ; il trouvait le salon tout retentissant de beaux vers, de rires joyeux et de folles chansons, tandis que là-bas, en souvenir des *Orientales*, quelque femme, Victorine ou Lorry, se berçait dans le hamac de *Sarah la baigneuse*. Quelle folle vie, et comme on s'amusait alors !

Nous avions des beautés de vingt ans pour antiques !

disait Houssaye. Le soir, après avoir bien travaillé, tout le monde courait les théâtres, les cabarets et les bals, entrait comme un ouragan à la *Chaumière*, criant à tue-tête : « Ohé ! les Horizontales, les Bradamantes, les Nini, les Allumeuses, les Pas-le-Sou, les Trois-Six, les

---

* Th. Gautier.

Belles-Vaches, secouez vos vertus et vos puces. » La danse n'était pas banale, c'était le temps où l'on marquait la mesure avec un bris de chaise ou un coup de pistolet. Aucune femme ne résistait à cela. Cependant, Gérard manquait souvent à la fête. Quelquefois, croyant s'embarquer pour Cythère, il échouait tout bonnement à Montmartre, avec une Vénus de carrefour : « Ah! si vous saviez comme nous avons été heureux de nous quitter! » disait-il le lendemain, en revenant. Mais, le plus souvent, on ne pouvait savoir où il était allé. Au retour, il ne dédaignait pas d'amuser tout le monde avec ses saillies. Un jour, entre autres, il lut, avec la gravité d'un premier président, une pièce de vers à un marchand de meubles qui menaçait de le poursuivre. Le marchand de meubles fut attendri, et versa un pleur en écoutant Gérard qui avait improvisé la chose la plus attendrissante sous ce titre : *Meublez-vous les uns les autres*[*].

Mais, du jour où la passion se fut emparée de lui, toute cette gaîté ne le dérida plus. Déjà peu expansif de nature, il gardait son secret précieusement enfermé en lui-même, et était devenu sombre et taciturne. Tous ses amis s'inquiétèrent; Balzac s'émut; enfin, Dumas, plus

[*] Arsène Houssaye. *Confessions.*

hardi que les autres, entreprit de sonder ce
cœur malade. Il le fit un peu brutalement peut-
être, mais obtint un aveu. Eh quoi! ce n'était
que cela? Il n'était question ni d'une vertu solide ni d'une grande dame, mais simplement
de cette actrice? Rien de plus simple alors; le
fruit est à portée de la main, car Jenny n'est
pas bien farouche, qui ne le sait! Méry qui la
connaît va s'unir à Dumas qui tutoie tout le
monde, et ce soir même, pendant l'entr'acte,
elle connaîtra l'amour profond qu'elle a inspiré.

Jenny ouvrit de grands yeux à cette nouvelle, et, intriguée, voulut connaître au plus
tôt son timide amoureux. Cela n'était pas difficile; on n'eut qu'à descendre à l'orchestre où
on trouva Gérard à sa stalle accoutumée. Dumas et Méry l'emmenèrent, et la présentation
eut lieu sur-le-champ. Jenny ne put réprimer
un sourire quand elle vit Gérard trembler et
pâlir devant elle comme un écolier; mais il
était élégant et distingué de sa personne; c'était
un caprice qu'on pouvait se passer, comme
tant d'autres, et l'on tira d'excellents augures
de cette première rencontre.

Hélas! c'était compter sans Gérard ou le bien
mal connaître, et, en réalité, ses amis venaient
de lui rendre sans le vouloir un très mauvais
service : « Rien n'est plus dangereux, écrira-t-il

plus tard *, se fondant sur sa propre expérience, qu'un amour sérieux pour une personne de théâtre; c'est un mensonge perpétuel, c'est le rêve d'un malade, c'est l'illusion d'un fou. La vie s'attache tout entière à une chimère irréalisable qu'on serait heureux de conserver à l'état de désir et d'aspiration, mais qui s'évanouit dès que l'on veut toucher l'idole. »

C'était, en effet, un idéal lointain, « une image, rien de plus », que Gérard poursuivait en Jenny Colon. Certes, il aurait pu écrire le billet de Ruy-Blas, *pauvre ver de terre amoureux d'une étoile*, mais il ne serait jamais allé jusqu'à l'envoyer à sa reine de théâtre, et il aurait continué à mourir en bas quand elle brillait en haut. « A quoi cela aurait-il servi qu'elle m'aimât! » disait-il un jour à Gautier. S'il l'avait nommée Aurélia, c'était pour la rendre plus lointaine encore, et, ainsi angélisée, elle rayonnait dans ses rêves, céleste et toute nimbée d'étoiles, comme Béatrice dans le paradis de Dante.

Au lieu de cela, voilà que son idéal s'est fait tout à coup réalité; il peut maintenant l'approcher, le toucher, le posséder même quand il voudra, tout de suite s'il est assez peu délicat pour traiter Jenny comme une fille, et la plu-

* *Les Illuminés. — Les Confidences de Nicolas.*

part ne l'ont jamais traitée autrement. Mᵐᵉ Dorval disait : « Quand je suis avec Alfred de Vigny, j'ai toujours peur de m'envoler. » Jenny Colon en eût pu dire autant avec Gérard. Aussi, ne comprend-elle pas ce nouvel amour tout de scrupule et d'adoration ; elle croit que Gérard n'ose pas, elle s'impatiente, elle s'offense même à le voir retarder chaque jour ce que les autres ont toujours obtenu tout de suite. Beau galant ! celui qui passe son temps à l'entretenir et à lui envoyer des lettres : « Me voilà encore à vous écrire, puisque je ne puis faire autre chose que de penser à vous et de m'occuper de vous ; de vous, si occupée, si distraite, si affairée. » — Elle est occupée, en effet, et de ses seuls intérêts ; c'est une belle cabotine, à peu près comme toutes les autres, pas méchante, mais légère, coquette et perfide. Elle a toujours là, dans sa loge, mille amoureux célèbres, qui la désirent pour l'avoir vue se déshabiller entre deux actes ; elle appartient au plus offrant, et les lettres du seul amoureux traînent avec toutes les autres, pêle-mêle, au milieu du blanc gras, de la poudre et des mouches. Que lui offre, en effet, Gérard? Sa gloire et sa vie, rien de plus ! « Souvenez-vous, oublieuse personne, que vous m'avez accordé la permission de vous voir une heure aujourd'hui. Je vous envoie mon médaillon en bronze pour fixer encore mieux votre souvenir. Il date déjà, comme vous pouvez voir, de l'an 1831, où il eut les honneurs du Salon. Ah! j'ai été l'une des célébrités... et je renoncerais encore aujourd'hui à cette partie que j'ai négligée pour vous, si vous me donniez lieu de chercher à vous rendre fière de moi. Vous vous plaignez de quelques heures que je vous ai fait perdre; moi, mon amour m'a fait perdre des années, et pourtant je les ressaisirais bien vite si vous vouliez. Que m'importe la renommée, tant qu'elle ne prendra pas vos traits pour me couronner? Jusque-là, il y aura une gloire devant laquelle la mienne s'absorbera toujours : c'est la vôtre; et jamais mes assiduités les plus grandes ne tiendront à vous la faire oublier. Étudiez donc fortement, mais accordez-moi quelques-uns de vos instants de repos. Je vous avouerai que je suis aujourd'hui d'une humeur fort peu tragique, et que je risque ainsi beaucoup moins de vous déranger. »

Il la dérangeait, en effet, car, ne servant à rien, de tels amoureux sont encombrants, voire même un peu ridicules; elle le lui a dit, sans doute, et Gérard répond : « Cette pensée que l'on peut trouver du ridicule dans les sentiments les plus nobles, dans les émotions les plus sincères, me glace le sang et me rend injuste malgré moi. Oh! non, vous n'êtes pas comme tant d'autres femmes, vous avez du cœur, et vous savez bien qu'il ne faut pas se jouer d'une véritable passion. » Cependant, quels que soient ces amoureux, on aime à les sentir près de soi, comme de pauvres chiens fidèles, ou comme une fleur dont on respire le parfum en pensant à autre chose ; on sait qu'ils seront toujours là quand on aura besoin d'eux, qu'ils se ruineront, comme Gérard le fit ; qu'ils se battront, comme il voulut le faire une fois ; aussi, sans leur donner rien de son âme, on ne veut pas que la leur soit à d'autres, et, quand on pense que leur constance a pu se démentir un seul instant, on les accable de reproches, les obligeant à se justifier et à demander pardon de tout ce qu'ils ont souffert.

Aux yeux de Jenny Colon, fort peu perspicace, Gérard passait donc pour un amoureux transi dont la timidité peut facilement tourner au tragique. Elle n'avait sans doute jamais lu Werther ; sans cela, elle lui eût comparé Gérard. Elle se souvenait qu'il lui avait écrit un jour : « Vous serez bien avancée quand vous m'aurez fait mourir ! Que diriez-vous si j'allais me tuer comme D...? » Aussi, en avait-elle un peu peur. Cependant, heureuse de jouer quand même avec le feu et le danger, elle redoublait de coquetteries avec lui, d'autant plus qu'elle savait maintenant à quoi s'en tenir : « Ah ! ma pauvre amie, venait-il de lui écrire, je ne sais quels rêves vous avez faits; mais non, je sors d'une nuit terrible; je suis malheureux par ma faute peut-être et non par la vôtre, mais je le suis. Grand Dieu! excusez mon désordre, pardonnez les combats de mon âme. Oui, c'est vrai, j'ai voulu vous le cacher en vain, je vous désire autant que je vous aime, mais je mourrais plutôt que d'exciter encore une fois votre mécontentement. Oh! pardonnez, je ne suis pas volage, moi; depuis trois mois, je vous suis fidèle, je le jure devant Dieu. Si vous tenez un peu à moi, voulez-vous m'abandonner encore à ces vaines ardeurs qui me tuent? Je vous avoue tout cela pour que vous y songiez plus tard; car, je vous l'ai dit, quelque espoir que vous ayez bien voulu me donner, ce n'est pas à un jour fixe que je voudrais vous obtenir. » Oui, s'il a tant attendu, s'il attend encore, c'est qu'il veut qu'elle se donne tout entière, et qu'il sent bien que son cœur n'est pas là. Posséder une femme qui a l'air de se sacrifier, ne sentir dans ses bras qu'une complaisance froide qui ne partirait pas de l'attachement, mais peut-être de la pitié, quelle horreur!

Cependant, à travers cette fiévreuse attente, Gérard n'avait pas abandonné l'idée que Jenny Colon n'était peut-être qu'Adrienne transformée. N'osant le lui demander, il attendit l'occasion de le surprendre. Elle se présenta. La troupe dont Jenny faisait partie alla justement en tournée à Chantilly ; Gérard l'accompagna en qualité de *seigneur poète,* et, sans dévoiler sa secrète intention, persuada au régisseur d'aller donner des représentations à Senlis et à Dammartin. Puis, louant des chevaux de selle, il entraîna Jenny jusqu'aux étangs de Commelle, où ils déjeunèrent, au château de la Reine-Blanche. Jenny, « en amazone, avec ses cheveux blonds flottants, traversait la forêt comme une reine d'autrefois, et les paysans s'arrêtaient éblouis » devant la grâce imposante de ses saluts. Après le déjeuner, il l'entraîna sans en avoir l'air jusqu'à Chaâlis, où nous avons vu Adrienne chanter en dansant sur la pelouse inondée de clair de lune. — « Nulle émotion ne parut en elle, dit-il. Alors, je lui racontai tout ; je lui dis la source de cet amour entrevu dans les nuits, rêvé plus tard, réalisé par elle. Elle m'écoutait sérieusement et me dit : — « Vous ne m'aimez pas ! vous atten- « dez que je vous dise : « La comédienne est la « même que la religieuse. » Vous cherchez un « drame, voilà tout, et le dénouement vous « échappe. Allez, je ne vous crois plus ! »

Quoi ! ce n'était donc pas elle ? Gérard ne le pouvait croire encore, il avait besoin d'un autre témoignage. Le soir de la représentation à Dammartin, il alla chercher Sylvie et lui de-

manda si elle ne trouvait pas à Jenny une ressemblance avec Adrienne? Sylvie partit d'un
grand éclat de rire : « Quelle idée ! » dit-elle.
Puis, comme se le reprochant, elle reprit en
soupirant : « Pauvre Adrienne ! elle est morte
au couvent de Saint-S..., vers 1832. »

Ainsi, il fallait s'y résigner, ce n'était pas là
cette jeune fille en qui coulait le sang royal des
Valois, mais simplement une enfant de la balle,
et Gérard s'était abîmé dans la plus plate réalité. Qu'importe ! il faut aller, maintenant.
Gérard a imaginé, ou peut-être Jenny qui a
quitté l'Opéra-Comique a-t-elle suggéré elle-
même l'idée que la scène du Grand-Opéra est
seule digne de son talent. Aussitôt, Gérard
s'emploie de toute sa force à l'y élever. Le
meilleur, le seul moyen est d'avoir pour soi la
presse. Balzac le sait bien, et c'est sur les conseils de l'historien de Lucien de Rubempré que
Gérard engage une partie de ses fonds, tout
l'héritage de son oncle, pour fonder *le Monde
dramatique*. Ce sera une espèce de revue élégante, ornée de riches illustrations, où du
moins il pourra parler et faire parler à son aise,
comme il voudra, de son idole. Mais, la revue
fondée, Gérard n'a pas la force de parler d'elle,
c'est Gautier qui lui rend ce service et trace,
des premiers, un charmant portrait de Jenny
Colon dans la galerie des « jolies femmes de

Paris ». Bien considérée, cette revue est un
véritable monument. Gérard avait assez d'amis
pour grouper sans peine autour de lui les forces
vives de l'art contemporain, et, pendant six
ans (1835-1841), cette revue se soutint, des
deniers de Gérard, avec des noms tels que
H. Berlioz, Th. Gautier, A. Dumas, G. Planche.
Mais, la presse assurée, il faut maintenant une
œuvre pour faire débuter Jenny à l'Opéra.
Gérard avait appris, par son ami Dumas, que
Meyerbeer demandait aux littérateurs les plus
en renom de lui confier un livret qui le délivrât
de la collaboration de Scribe. Or, depuis longtemps, il avait sur le chantier une *Reine de
Saba*, drame énorme et en dehors de tout cadre
théâtral, pour lequel il avait lu plus de livres et
pris plus de notes qu'on ne saurait imaginer.
Pour décrire les magnificences du palais de
Salomon, par exemple, « il avait dressé un
catalogue de toutes les pierres précieuses, fan-
tastiques et réelles, depuis l'escarboucle de
Giamschid jusqu'à l'azerodrach dont les bohémiennes se font des colliers * ». Ce drame, écrit
d'abord en prose, pouvait tenter Meyerbeer.
En ce cas, on le réduirait en livret d'opéra, et
ensuite, l'œuvre écrite et orchestrée, il serait
facile à Gérard d'imposer son actrice, comme

* Th. Gautier.

Vigny venait de le faire aux Français pour Dorval, dans *Chatterton*. C'est à quoi Gérard songeait sans perdre de vue la douce possession toujours retardée de son idole. En attendant, il avait acheté, dans une de ses promenades archéologiques en Touraine, un beau lit Renaissance à colonnes, qui portait, sous son dais à torsades et dans ses ornements, les salamandres de François I⁰ʳ, et n'attendait plus que la nuit nuptiale pour se parer de sa garniture de brocatelle rouge à ramages. Ce lit avait été vendu avec une de ces belles pendules d'écaille aux ornements de bronze doré ; Gérard y berçait maintenant ses espérances théâtrales, et la reine de Saba y enchantait tous ses rêves : « Le fantôme éclatant de la fille des Hémiarites tourmentait mes nuits, dit-il... Elle m'apparaissait radieuse, comme au jour où Salomon l'admira s'avançant vers lui dans les splendeurs pourprées du matin. Elle venait me proposer l'éternelle énigme que le Sage ne peut résoudre, et ses yeux, que la malice animait plus que l'amour, tempéraient seuls la majesté de son visage oriental. »

La reine de Saba, c'était Jenny Colon, triomphante sur la scène au milieu des pierreries avivées des mille feux de la rampe. Il le fallait bien, puisque enfin ce n'était pas Adrienne ! Gérard la confondait, l'identifiait dès à présent

avec ce personnage, il voulait que ce fût le
même, ressuscité pour lui, comme Hélène par
le docteur Faust, et la pauvre actrice, assommée
par ces splendides débauches d'imagination
auxquelles elle ne comprenait rien, avait envie
de se jeter dans les bras du premier venu. Gérard souffrait alors; cette femme ne l'aimait
pas, décidément! — C'est à ces moments-là
que ses amis de l'impasse du Doyenné qui,
eux, plus réels étaient toujours heureux, cher-
chaient en vain à le consoler, et que Houssaye
lui adressait ces vers ironiques :

> D'où vous vient, ô Gérard! cet air académique?
> Est-ce que les beaux yeux de l'Opéra-Comique
> S'allumeraient ailleurs? La *Reine du Sabbat*
> Qui, depuis deux hivers, dans vos bras se débat,
> Vous échapperait-elle ainsi qu'une chimère?
> Et Gérard répondait : « Que la femme est amère! »

Car, par contraste, on était toujours très gai
impasse du Doyenné. On continuait à y rire
nuit et jour, et c'est dans un de ces entretiens
qui se prolongeaient parfois bien au delà des
heures permises par les règlements de police,
et dans lesquels trônait, comme une petite
reine, la Cydalise aimée et chantée par Théophile, qu'on décida de donner une fête, véritable fête galante comme la bohème qui la célé-
brait.

Cette fête est mémorable dans les fastes du Romantisme et mérite d'être racontée ici. L'embarras n'était pas dans le recrutement des invités, mais dans leur divertissement. Gérard, toujours original, avait décidé que les rafraîchissements seraient remplacés par des fresques peintes sur les vieilles boiseries grises. Un appel fut fait à tous les amis qui se mirent à l'œuvre. Nanteuil, déjà célèbre, fit deux dessus de porte représentant des *Naïades* ; Marilhat se contenta d'esquisser à la craie trois palmiers et le dôme d'une mosquée. Deux panneaux longs de Corot représentaient deux paysages de *Provence*. Th. Rousseau, arraché à sa solitude farouche, peignit aussi deux petits paysages ; Chassériau des *Bacchantes* tenant des tigres en laisse ; Auguste de Châtillon un *Moine Rouge* lisant une bible sur la hanche cambrée d'une femme nue, réplique d'un tableau appartenant à Victor Hugo ; Leleux des *Buveurs* ; Vattier un *Watteau* ; Lorentz un *Siège de Lérida* où l'armée française montait à l'assaut précédée par des violons ; enfin, Camille Rogier deux trumeaux où Th. Gautier, vêtu à l'espagnole, faisait face à la Cydalise qui, charmant pastel en costume régence, robe de taffetas feuille morte, souriait en respirant une rose.

Les fresques et les panneaux brossés, on lança les invitations, qui furent fixées au 28 novembre 1835. Tous les locataires distingués de l'impasse étaient conviés. Les jeunes attachés d'ambassade et les conseillers d'État n'étaient reçus « qu'à condition d'amener des femmes du monde, protégées, si elles y tenaient, par des dominos et des loups ». En prévision du tapage nocturne, on invita le commissaire de police et sa femme, afin d'avoir pour soi l'autorité. Ils refusèrent par une lettre très polie.

La fête devait être costumée. Le programme en était peu banal. Gautier, caché dans la coulisse, lisait un prologue en vers dont Burat de Gurgy, habillé en magicien, soulignait le sens de sa baguette. Un ballet pantomime joué plus tard à l'Opéra, *le Diable boiteux*, avait été écrit par le même Gurgy pour faire briller les charmes de la jeune Lorry. Le spectacle se terminait par le *Courrier de Naples*, une parade dans laquelle Ourliac tenait le rôle d'Arlequin, et par une autre parade d'Ourliac lui-même : *La jeunesse du Temps et le Temps de la jeunesse.*

Cette représentation avait une suite chorégraphique pour laquelle un orchestre fut emprunté à une guinguette voisine. Les salons étaient trop petits pour en contenir tous les ébats. Après avoir dégringolé les escaliers, la grande sarabande se déploya bruyamment à travers l'impasse, tournoya sous les arbres du manège comme une « fête galante » de Watteau, et se brisa, au petit jour, dans un cabaret que des peintres avaient fait rouvrir pour y boire, en chantant à gorge déployée de vieux refrains plus ou moins risqués de chez la Mère Saguet. La fête se termina par un déjeuner au Madrid du bois de Boulogne, et les sentinelles des Tuileries se demandaient avec étonnement quels étaient ces gracieux fantômes d'il y a cent ans qui traversaient ainsi les rues dans la brume du matin.

Gérard, lui, n'avait fait que passer à travers la fête, sombre et préoccupé comme Roméo dans la somptueuse fête chez Capulet; il venait de recevoir de Dumas un mot l'avertissant que Meyerbeer l'attendait le lendemain à sept heures du matin. C'était toute la fortune de son amour qu'il jouait là. L'illustre auteur de *Robert le Diable* parut un instant séduit par ce poème, et promit d'en faire quelque chose. Aussi Gérard ne fut-il guère attristé lorsqu'il apprit qu'un congé en bonne et due forme avait été donné aux locataires de l'impasse. En effet, la belle folie nocturne avait été suivie de bien d'autres dont la Cydalise mourut un matin, frappée par le souffle froid de la bise, et le propriétaire n'avait pu s'habituer à entendre danser ainsi sur sa tête. Considérant même son appartement comme perdu par tant de fresques

romantiques, il couvrit les murs d'une couche
à la détrempe, effaçant pour jamais le souvenir
de la plus belle des jeunesses.

Le ménage de garçons se trouva subitement
rétréci. Camille Rogier, qui avait à faire des dessins pour les *Mille et une Nuits,* partit en Orient,
où il resta et devint directeur des postes à Beyrouth. Réduite à trois, l'association se transporta rue Saint-Germain-des-Prés. « Nous faisions notre cuisine nous-mêmes, dit Th. Gautier. Arsène Houssaye excellait dans la panade ;
nous dans la confection du macaroni. Gérard
allait, avec l'aplomb le plus majestueux, chercher de la galantine, des saucisses ou des côte-
lettes de porc frais aux cornichons chez le charcutier voisin, car on s'imagine bien que notre
livrée n'était pas nombreuse. Gérard, qui dormait très peu, lisait fort avant dans la nuit, et
il avait trouvé un singulier mode d'éclairage :
il posait en équilibre sur sa tête un de ces larges
chandeliers de cuivre qu'on appelle martinet,
et la lueur se projetait sur les pages ouvertes ;
mais quelquefois le sommeil le gagnait et le
chandelier tombait, au risque de mettre le feu
au lit. »

Ce n'était pas le moment de mettre le feu au
lit, puisque la blanche divinité allait enfin y
apporter toutes les flammes du seul amour.
Jenny Colon était lasse de cet éternel et ridicule

platonisme, elle préférait rompre violemment
ou céder ; elle fit mieux, comme nous l'allons
voir. Cela commença par un splendide souper
que Gérard offrit à tous ses amis, et, chose
extraordinaire, chez lui. Jenny Colon y vint.
Tout le monde la fêtait, l'admirait, et elle, enivrée de compliments et peut-être plus belle que
jamais au milieu de ce chœur laudatif, riait,
chantait, était folle de jeunesse et pétillante de
verve comme le vin clair qui moussait dans les
coupes ! Ce soir-là, comprit-elle enfin qu'elle
devait se donner à cet homme qui avait tant fait
pour elle ? Nous croyons plutôt que le souper
lui avait complètement tourné la tête, car tout
à coup, prenant Gérard par le bras, elle l'entraîna dans la chambre voisine, vers le grand
lit royal, tirant brusquement le rideau sur les
convives étonnés qui terminèrent bruyamment
leur nuit à table.

On n'a guère donné créance à ces derniers
détails, puisqu'ils n'ont jamais été écrits que
par Georges Bell à qui je les emprunte*. Il est
cependant à remarquer que si personne ne les a
reproduits, personne non plus ne les a démen-
tis, et que Bell qui les tenait de Méry, un des
amis et collaborateurs de Gérard, celui même

---

* Georges Bell. *Gérard de Nerval*, publié dans *l'Artiste* et
chez Victor Lecou, 1855.

qui le présenta à Jenny Colon, fut lui aussi un des meilleurs amis de Gérard. Le silence de Gautier et des autres sur ce sujet semble s'expliquer seulement par une pudeur que Georges Bell n'a pas cru devoir garder ; et puis, pour beaucoup d'autres, cela dérangeait la légende facile qui fait de Gérard un fou confondant sans cesse le rêve et la réalité. Seul, Arsène Houssaye écrit à ce propos une page amusante, dans ses *Confessions*. Elle met tout le mal, par conséquent toute la folie, sur le compte d'une porcelaine de Sèvres que l'amoureux maladroit aurait cassée en se présentant un matin chez sa belle. Il lui portait un magnifique bouquet, tout de roses et de lilas. A peine arrivé, il saisit la cantatrice par la ceinture, lui imprime des baisers fous sur la nuque, mais la dame se débat, le repousse, et patatras ! Gérard, en reculant, culbute un guéridon qui portait un cabaret de Sèvres offert par le duc d'Orléans. Jenny Colon, furieuse, s'en prend au bouquet qu'elle jette dans la cheminée. Gérard pleure, prie, promet un autre cabaret : « Eh bien, ce jour-là, dit l'artiste, tout sera oublié. » Ce jour-là, il va sans dire, ne vint jamais, et Jenny ne pardonna pas. D'où la folie de Gérard. Certes, l'histoire est jolie, mais c'est là sans doute son seul mérite. Cet assaut stendhalien, cette main basse sur les appas de la dame, sont si peu dans le caractère de Gérard*! Maxime du Camp, lui, ne manque pas d'être un de ceux qui nient tout rapport entre le poète et la cantatrice, et il s'appuie sur le témoignage de Jenny Colon elle-même, qui un jour, à Bruxelles, aurait dit devant lui à Gautier n'avoir jamais vu Gérard qu'une fois. Cela peut paraître grave dès l'abord, mais Jenny Colon était déjà Mme Leplus lorsqu'on la questionna ; elle préféra sans doute se taire, mieux encore, démentir les bruits qui couraient, d'autant que Gérard, qui avait déjà été enfermé à cette époque, lui semblait un fou et un raté, pauvre amant ridicule qu'on n'avoue pas. Gérard est un fantaisiste et un fou, soit, mais lui qui ne se vante jamais, lui qui met toujours dans ses œuvres une part autobiographique que l'on peut contrôler, comment et pourquoi aurait-il inventé, et à quel

---

* Je n'en voudrais pour preuve que cette poignante ballade, à la manière de Henri Heine que Houssaye cite plus loin :

« Je sais une vieille chanson qui résonne lugubre et sombre : un chevalier portait au cœur un battement d'amour ; mais celle qu'il aimait trahit sa foi.

« Il lui fallut donc mépriser comme déloyale la dame si chère à son cœur ; il lui fallut donc rougir de son amour.

« Fidèle aux lois chevaleresques, il descendit dans la lice et défia les chevaliers au combat : — Que celui-là s'apprête à combattre qui accusera ma dame d'avoir entaché son hermine !

« Personne ne répondit à ces paroles, personne — excepté son cœur. — Ce fut donc contre son cœur qu'il pointa le fer de sa lance. » (Arsène Houssaye. *Confessions.*)

propos, tous les détails mi-voilés qu'il nous donne? Aurait-il écrit sans raison, bien qu'il les ait raturées plus tard, les lettres insérées dans *Aurélia*? Malgré leurs lacunes, on y peut suivre une intrigue poignante qui aboutit une fois au tutoiement, ce qui est presque une preuve. Et la promenade à cheval aux étangs de Commelle, certains autres détails de *Sylvie?* si cela a été transformé et embelli par un procédé romantique, cela n'a pas été inventé; Gérard n'invente jamais. Suivons donc Georges Bell, et nous verrons, par la netteté du dénouement, qu'on n'imagine pas ainsi de toutes pièces, et pour le seul plaisir, lorsqu'il s'agit d'un ami.

Quel effet la possession fit-elle sur Gérard? Rousseau fait dire à sa Julie : Considérez votre amant au sortir de vos bras. S'il faut en croire Georges Bell : « La possession, loin d'affaiblir la passion de Gérard, ne fit, au contraire, que la rendre plus vive et plus tenace. » Jenny Colon prit sur lui un empire immense qui le rasérénait; il était heureux et chantait son bonheur dans des vers nombreux et charmants que tous ses amis se souvenaient avoir entendus, mais que personne ne put jamais retrouver nulle part.

Cependant, le bonheur lui coûtait cher, et, plusieurs fois déjà, il s'était senti aux prises avec les besoins d'argent. Il habitait maintenant avec Gautier, 3, place du Carrousel. « Certain jour d'été qu'ils n'avaient pas un sou vaillant, ils imaginèrent de travailler ensemble et d'offrir à Renduel de composer tout exprès pour lui un roman « magnifique et truculent ». Sitôt dit, sitôt fait. Gautier écrit une lettre des plus alléchantes pour annoncer à l'éditeur leur visite intéressée[*]. » Il s'agissait d'un roman intitulé : *Confessions galantes de deux gentilshommes périgourdins.*

Le traité fut passé le 22 juillet 1836, et Gérard le signa du nom de Labrunie; c'est la seule fois qu'il devait se servir de ce nom. Renduel payait le roman seize cents francs, dont cinq cents en signant le traité. Imprudence! L'éditeur complaisant n'avait pas pris toutes ses mesures pour posséder le nouvel ouvrage; les deux compagnons envoyèrent les premiers feuillets, à peu près le prix des cinq cents francs de copie, et, tandis qu'on attendait la suite qui ne vint jamais, le vent qui soufflait ailleurs les avait déjà conduits sur la route de Flandre. On cherchera en vain une raison à cette brusque équipée de quinze jours; l'idée leur en était tout simplement venue au Musée, un jour qu'ils admiraient la galerie des Rubens. La vue de ces belles femmes aux formes rebondies, aux

---

[*] Ad. Jullien. *Le Romantisme et l'éditeur Renduel.*

carnations vives et nacrées, fit naître en eux le désir de les confronter avec des types réels. Aussitôt ils partent, passent par Péronne, Cambrai, franchissent l'Escaut, visitent Valenciennes, Mons. et arrivent enfin à Bruxelles. Il faut lire chez Th. Gautier[*] le truculent récit de cette escapade où Gérard paraît sous le masque de Fritz. Les chemins de fer alors nouveaux, et qu'ils prenaient peut-être pour la première fois, sont fort maltraités, presque aussi maltraités qu'ils le furent eux-mêmes dans une taverne wallonne. A peine étaient-ils assis pour demander une tasse de café qu'une huée universelle les accueille du sobriquet de *fransquillons* : « Oh eh! les fransquillons, les chiens de fransquillons! » Gautier fit retraite aussitôt, et Gérard après lui, non sans avoir paré et rendu quelques robustes coups de poings. Les sensations qu'ils éprouvèrent le lendemain, en montant à la cathédrale d'Anvers, les consolèrent bientôt, en les préparant aux nouvelles émotions qui les attendaient à Paris.

Gérard travaillait alors pour son idole. Or, on n'entendait plus parler du livret de la *Reine de Saba*. Déjà Meyerbeer avait demandé quelques remaniements, des retouches ; maintenant, chaque fois que Gérard lui rendait visite à

* Th. Gautier. *Caprices et Zigzags. Un tour en Belgique.*

ce sujet, il souriait, toujours charmant et poli, mais, en réalité, ne promettait ni ne faisait rien. En désespoir d'attente, Gérard chercha une autre manière de mettre en valeur Jenny Colon, qui venait justement de faire sa rentrée à l'Opéra-Comique le 26 avril 1836 dans *Sarah ou l'Orpheline de Glencoé*, d'Albert Grisar. Il écrivit pour elle *Piquillo*, avec Alexandre Dumas, et Monpou se chargea d'écrire la musique. Cet opéra-comique, dont le héros était un voleur espagnol, comportait trois actes qui furent représentés le 31 octobre 1837. Le succès en fut estimable, disent les journaux de l'époque. Jenny Colon y brillait sous le nom de Silvia, et tout le monde l'admira chantant : *Je ne suis point Phœbé, la déesse voilée.* Gérard était heureux, mais un bonheur tel que le sien devait se briser à la première occasion : elle ne tarda pas à se présenter : A cette époque, pareils à la Thisbé dans *Angelo*, les artistes donnaient de somptueuses fêtes où venait tout le Paris élégant et illustre, et le pianiste Zimmermann, l'auteur de concertos et de sonates, et même d'un opéra-comique : *l'Enlèvement*, représenté en 1830, donnait à son tour une grande fête où tout le monde, surtout les femmes, brûlaient d'assister. C'était pour Jenny Colon une belle occasion de se montrer encore et de briller là, sous les lustres, comme au théâtre sous les feux de la rampe. Mais Zimmermann, nous nous demandons en passant par quel scrupule bizarre et ridicule chez un artiste, mettait une condition pour recevoir les actrices : il fallait qu'elles fussent mariées. Jenny Colon, prise au dépourvu, confia sa peine à Gérard. Il fit tout pour obtenir une invitation, ce fut impossible! « Eh bien! lui dit Jenny sans se déconcerter, épousez-moi[*]! »

Gérard tomba des nues à ce mot! Il n'avait jamais songé qu'un amour comme le sien eût besoin d'être sanctionné par la loi, et le cynisme avec lequel Jenny le mettait au pied du mur en cette circonstance le bouleversait; il demanda à réfléchir. Jenny ne lui en laissa pas le temps; la date de la fête approchant, chaque jour elle revenait plus rageusement à la charge. Enfin, mis à bout, Gérard, qui ne se sentait aucun penchant ni aucune qualité pour la vie conjugale, refusa brusquement à sa maîtresse, qui le quitta pour épouser, peu de temps après, Leplus, un flûtiste de l'Opéra-Comique, avec qui elle était d'ailleurs en coquetterie depuis quelque temps.

C'était fini! Gérard qui était superstitieux aurait dû s'en douter; déjà, il avait perdu l'occasion de planter dans le lit fameux ce _clou d'or_ sans lequel, d'après Sainte-Beuve, il n'est

---

[*] Georges Bell.

pas de liaison féminine durable. De plus, dans leur union trop rapide, il avait donné à Jenny Colon une bague d'un travail ancien dont le chaton était formé d'une opale taillée en cœur. Comme la bague était trop grande pour son doigt, il la fit couper pour en diminuer l'anneau. Il comprit sa faute en entendant le bruit de la scie : il lui sembla voir couler du sang.

Rendu à lui-même, c'est-à-dire à la tristesse, Gérard s'aperçut bien vite du mauvais état de ses affaires. Au train de vie qu'il menait, l'héritage de l'oncle avait à peu près complètement disparu ; le *Monde dramatique,* qui était une très mauvaise spéculation, allait promptement engloutir le reste, et Gérard se trouverait réduit à payer ses collaborateurs avec le magnifique mobilier qu'il avait amassé dans ses promenades d'artiste. Ainsi, tout se perdit peu à peu, « dans les malheurs », comme il disait un jour à Balzac, lui empruntant un de ses mots favoris. Il ne garda que le lit monumental où gisaient tant de chers souvenirs ; seulement, jugé trop encombrant pour une vie de plus en plus nomade, il fut démonté et relégué chez Théophile Gautier. Ainsi, seul, sans amour, sans argent, il ne restait plus à Gérard que sa plume pour vivre et son rêve pour se consoler.

6.

CHAPITRE IV

Premier voyage en Allemagne. — Tableau de l'Allemagne.
— Léo Burckart. — Nouveau voyage en Allemagne. — Ses
péripéties. — Bade, Francfort, Heidelberg, Mannheim.
— Gérard et la Censure. — Représentation de Léo Burc-
kart. — Voyage à Vienne. — Les amours de Vienne. —
Nouvelle passion. — Gérard et Jenny Colon à Bruxelles.
— Premier accès de folie. — Ses phases. — Gérard guéri.
— Il repart pour Vienne. — Lettre à son père. — Retour
à Paris. — Mort de Jenny Colon. — Départ de Gérard
pour l'Orient.

Nous avons vu Gérard promener çà et là, à
travers la France, l'Italie et les Flandres, ses
caprices de vagabond et d'artiste ; cependant il
ne connaissait pas encore cette Allemagne à laquelle l'intéressaient dès longtemps ses travaux
et ses rêves, et qu'il aurait dû, semble-t-il, parcourir tout d'abord. Champfleury* place un premier voyage de Gérard en Allemagne après la

* *Grandes figures d'hier et d'aujourd'hui.* 1861.

traduction de *Faust* et avant ses relations avec les Romantiques, par conséquent vers 1828-29 ; mais cela n'est rien moins qu'invraisemblable. En effet, Gérard, qui était à cette époque, nous nous en souvenons, un petit garçon bien sage chargé de lauriers universitaires, et tressant la *Couronne poétique de Béranger*, n'eût pas tenté seul encore pareil voyage. S'il l'eût fait, c'eût été avec le consentement de son père, chez qui il habitait alors, et avec qui il n'eût pas manqué de correspondre. Or, nous n'avons absolument ni lettres, ni notes de journal, ni rien l'établissant, ce qui est bien étonnant. D'ailleurs, malgré sa jeunesse et sa timidité, Gérard aurait-il pu voir l'Allemagne sans rendre visite à Gœthe qui connaissait sa traduction et l'avait approuvée par le billet que nous savons? Nous ne le pensons pas. Ce n'est que bien plus tard, dans deux articles publiés par la *Charte de 1830* (les 18 octobre et 1er décembre 1836) et intitulés le *Rhin à Bâle* et une *Soirée d'automne, extrait inédit du journal d'un voyageur enthousiaste*, que Gérard parle de l'Allemagne pour la première fois. Encore ces deux articles ne sont-ils guère un document biographique, Gérard n'y fournissant presque aucun renseignement matériel. Mais, en revanche, le dernier *(Une Soirée d'automne)* a une certaine importance littéraire et physiologique, car il s'y révèle tout à coup un Gérard que nous ne connaissons pas, celui que la folie va prendre et qui, dans dix-huit ans, écrira *Aurélia* sous sa dictée.

Il s'agit d'une nuit romantique d'orage et d'éclairs. Est-ce un rêve ou une réalité? C'est dans la campagne, à peu de distance de Berlin, il tonne et il éclaire de temps en temps, et Gérard marche sous la pluie, halluciné par la tourmente déchaînée autour de lui. C'est « un bruit, un froissement, un cliquetis, des ronflements de basse, des éclats de tonnerre, ou des mugissements comme de grandes eaux ». Un relais de poste est là, sur la route; Gérard y entre, et trouve dans un coin, « pâle, pleurante », abandonnée, une malheureuse enfant qu'il essaie de consoler, non par des paroles, « mais par la douce influence magnétique d'une âme qui s'en va réchauffer une autre âme[*] ». Chose étrange, cette enfant s'appelle *Aurélia*. Mais non! c'est Gérard qui la nomme ainsi pour l'identifier avec l'idole qu'il veut voir partout, et c'est là tout ce qu'il rapporte de son premier voyage d'Allemagne. Ce voyage eut donc lieu pendant l'automne de 1836, peut-être en septembre, si l'on en croit la date des

_____

[*] *La Charte de 1830*. Collection de M. Spœlberch de Lovenjoul. Fragments cités par Mlle Julia Cartier.

deux articles*. Le second, la *Soirée d'automne*, publié plus tard, fut sans doute aussi écrit après coup, pour satisfaire un état d'esprit particulier, une surexcitation qui demain sera la folie. Le rêve seul l'a dicté, aidé de quelques réminiscences hoffmannesques peut-être. Et de fait, personne ne voyait alors l'Allemagne autrement qu'avec les yeux du rêve. On ignorait cette féconde patrie industrielle qui travaille et pense nuit et jour. C'était « la terre de Gœthe et de Schiller, le pays d'Hoffmann, la vieille Allemagne, notre mère à tous, Teutonia! » Ainsi vue et comprise, elle était forcément idéale et un peu conventionnelle, comme cette Italie des *Caprices de Marianne*, que Musset emprunta à Shakespeare pour y draper amoureusement les ombres de Cœlio et d'Octave.

L'Allemagne, c'était le triomphe de la vie domestique. Tout le monde est heureux ou du moins paraît l'être; et les moindres détails, les plus vulgaires, ceux qui ailleurs sembleraient horriblement bourgeois, acquièrent là une poésie délicieuse et paisible. Les étudiants font pourtant du tapage, le soir, mais, quand ils passent, sanglés dans leur uniforme, la pipe de porcelaine aux lèvres et une casquette cirée sur

* Nous nous conformons ici aux judicieuses raisons de Mlle Julia Cartier. *Thèse sur Gérard de Nerval.* Chapitre iv.

leur longue chevelure blonde, ils voient le bailli et le bourgmestre boire et fumer devant leur porte, et plus loin, dans le cadre fleuri de la fenêtre, Marguerite tourner son rouet en chantant la *ballade du roi de Thulé*, et Charlotte, tout en blanc, couper des beurrées aux petits enfants.

Dans ce pays idéal, où les poètes ont l'air d'être rois, où le vieux Gœthe se promène à la cour de Weimar, ce ne sont que rêveries et pastorales. On croirait lire *Hermann et Dorothée* au bord du ruisseau que Beethoven fait couler à travers sa sixième symphonie. Quant aux villes, les villes tumultueuses et sombres, elles sont bien loin, on n'en parle pas, elles n'ont pas l'air d'exister ; c'est partout comme un éternel printemps, un printemps plus doux que le nôtre, doux comme son nom : *Fruhling*. Il éclate tout à coup, dans l'espace d'une nuit, ainsi qu'un feu d'artifice de fleurs, et vous baigne au matin dans une mer de couleurs et de parfums. Alors, le rossignol chante son *tsukül* sur les branches, et le poète cueille des lieds le long des routes. Il y a des fontaines antiques d'eau vive où Werther aide les jolies servantes à replacer la cruche emplie sur leur tête entourée de nattes blondes. Le dimanche, les paysans dansent gaiement sous les tilleuls, les soldats lutinent les filles, les bourgeois bien atornés se promènent sur les remparts juqu'à ce que la retraite meure au loin avec le couchant, et, au milieu de toute cette joie, à qui Beethoven a fait un hymne, le docteur Faust se promène en compagnie de Wagner, sans voir le barbet noir qui les suit, la tête basse.

Cependant, le soir, quand toute lumière est éteinte, quand chacun dort d'un bon sommeil dans sa maison bien close, les monts, les forêts, les collines, prennent tout à coup dans l'ombre un aspect fantastique, et là-bas, noir et pierreux, pareil au spectre d'une montagne, le vieux Brocken crève les nuages avec sa tête chenue. C'est là, dans la nuit de Sainte-Walpurgis, que se donnent rendez-vous les démons et les sorcières. Autour d'eux, les torrents bondissent en rugissant, la lune baigne les fleuves qui reluisent comme des glaives, et l'on entend, dans les vallées du Harz, le galop précipité des chevaux de Faust et de Méphistophélès. La voilà, cette Allemagne où Gérard va promener son rêve de flâneur et d'artiste; peu lui importe que la réalité n'y réponde pas! il fermera les yeux s'il la trouve trop laide, et il marchera ainsi devant lui, au hasard, distrait et charmé, ami des Kobolds, des Nixes, des Elfes, familier des ondines qui ont des grottes de cristal pour les pêcheurs et pour les chevaliers, et surtout amoureux de *Lorely*, cette fée du Rhin, « dont les pieds rosés s'appuient sans glisser sur les rochers humides de Baccharach, près de Coblentz ».

Mais cette Allemagne de rêve et de poésie, c'est aussi, et Gérard ne l'ignore pas, l'antique terre des revendications et des découvertes ; c'est le Saint-Empire avec ses villes impériales baignées par le vieux Rhin qui les mire. On y aime la liberté, et Luther en a planté la bannière, non moins ferme que celles, plus orgueilleuses, de Maximilien et de Charles-Quint. Entendez-vous son *Choral* résonner à travers les grandes forêts sombres? Là-bas, le Maître savevetier, Hans Sachs, rime le *Rossignol de Wittemberg* au fond de son échoppe, et Albert Dürer grave sur cuivre sa *Mélancolie* et son *Chevalier*, avant de peindre ses merveilleux *Apôtres*. Et maintenant, le temps a passé, l'astre de Napoléon décline, la Prusse qu'il a vaincue s'est relevée aux chants guerriers de Kœrner, et c'est partout un belliqueux réveil de la jeune Allemagne. Ce mouvement abonde naturellement en complots et entraves de toute espèce.

Les *Francs-Juges* n'existent plus, mais des sociétés secrètes se sont reformées à leur exemple, et c'est d'elles que Staps et Karl Sand sont sortis, le poignard à la main. A la longue cependant, ces sociétés ont tourné un peu trop à la parodie des anciennes, parodie théâtrale où des jeunes gens qui ont lu les *Brigands* de Schiller sont heureux de jouer aux conspirateurs. Mais Gérard a été séduit par ce mouvement, quel qu'il soit ; c'est lui qu'il a rêvé de peindre, il en fera un drame, et son ami Dumas lui servira de collaborateur.

Ce drame, c'est *Léo Burckart*. On a souvent nié que Dumas y ait collaboré effectivement. En effet, Gérard, toujours si modeste et si prêt à s'effacer devant tout le monde, ne parle guère dans sa préface « que de ce qu'il a dû aux conseils de son compagnon de voyage » ; et, d'autre part, Dumas, bon garçon, mais vantard et envahissant, avoue n'avoir été pour quelque chose « que dans l'arrangement dramatique des scènes et l'exécution du dialogue ». Cependant, Georges Bell affirme avoir vu le manuscrit original écrit par les deux mains, et il fixe la question ainsi : En même temps que le sujet de *Léo Burckart*, Gérard avait trouvé celui de *l'Alchimiste* qu'il devait traiter également avec Dumas. Mais, avant de se mettre au travail, les deux collaborateurs avaient convenu que chacun signerait seul une des deux pièces, afin de pouvoir la classer plus facilement dans ses œuvres. *L'Alchimiste*, pièce en cinq actes, en vers, jouée en 1839 à la Renaissance, n'eut que peu de succès. Si Dumas la signa seul, c'est incontestablement parce que le sujet de *Léo Burckart* appartient davantage à Gérard. N'est-il pas en effet tout entier dans cette pièce? Les irrésolutions de cette jeunesse généreuse qui rêve l'action et recule devant elle, n'est-ce pas la vie de Gérard lui-même? Quel autre aurait pu rendre avec autant de précision ce vague sentimentalisme politique? — Le docteur Léo Burckart, philosophe et sociologue, a étudié, sondé toutes les plaies dont souffre la société moderne, et il a cru trouver des remèdes qu'il indique, sous le pseudonyme de Cornélius, dans un journal avancé. Léo Burckart est naturellement l'idole de la jeune Allemagne républicaine. Or, ses articles ont ému le gouvernement qu'ils ébranlent, et le propriétaire du journal vient d'être condamné à vingt mille florins d'amende et à cinq ans de prison. Léo, qui est un noble caractère, ne peut naturellement admettre qu'on souffre ainsi pour lui, et il est prêt à payer de sa personne et de sa bourse, quand un inconnu se présente chez lui. C'est le prince Frédéric-Auguste, en personne. Il demande à Léo s'il n'est pas simplement un utopiste vulgaire, s'il croit vraiment à l'application de toutes les idées d'indépendance qu'il proclame, et, sur la réponse affirmative de ce dernier, il est prêt à lui remettre sa peine et à le nommer premier ministre afin de lui donner le pouvoir de faire triompher la liberté.

Léo, qui est un homme d'étude, hésite à passer ainsi, brusquement, du rêve à l'action ; mais le prince ne lui permet pas de refuser. « Quoi, dit-il, quand je vous offre toute liberté, tout pouvoir, vous hésitez? Et vous avez bien osé tout menacer, tout ébranler, tout ruiner peut-être. La critique vous a été facile et vous reculez devant l'œuvre! Vous avez pris de votre propre volonté un pouvoir sur les esprits dont vous ne voulez user que pour le mal et le désordre!... Vous n'avez pas le droit de me répondre non! »

Léo est trop sincère pour ne pas sentir la vérité de ces paroles, il accepte ; mais, une fois au pouvoir, ses mesures paraissent tyranniques à tous ses anciens amis de la jeune Allemagne, et les sociétés secrètes dont il faisait partie naguère finissent par jurer sa mort. Qu'a-t-il tenté en effet pour le triomphe des idées libérales? Il a interdit un duel d'étudiants, puni le meurtre d'un de leurs faux frères, rien de plus! A part cela, que veut-il? On n'en sait rien! Donc, les étudiants ont décidé qu'il mourrait, et le sort a choisi, pour porter le coup, l'étudiant Frantz Lewald, qui a eu autrefois, dans l'enfance, une innocente intrigue amoureuse avec la femme même de Léo, Marguerite.

Charmante figure que celle de Marguerite. Simple et bonne femme, faite pour la vie calme et bourgeoise, non pour les orages de la vie politique, elle souffre d'autant plus de l'abandon où la laisse son mari qu'elle l'aime avec tendresse. Si elle consent à recevoir, en rendez-vous, Frantz Lewald, c'est au nom d'une ancienne amitié que son ennui rend plus proche, plus fraternelle, et, pas un instant, elle n'est coupable dans son cœur. Aussi, quand elle l'entend se vanter à Léo, qu'il doit tuer, d'être aimé par elle, Marguerite le dément violemment, comprend que ce qu'elle avait pu prendre pour de l'amour n'était que de la pitié pour un malheureux, et Frantz, qui n'a plus la force d'exécuter son sanglant projet, a au moins celle de se tuer, par honneur.

Telle est la donnée de cette pièce qui, par le fond et la forme, appartient bien à Gérard. Il ne restait plus qu'à l'exécuter, et il fut résolu avec Dumas qu'on le ferait dans son cadre même. C'était pour Gérard l'occasion d'un nouveau voyage dans sa chère Allemagne. Mais comme les deux amis partaient chacun de son côté, Dumas pour la Belgique, Gérard pour la Suisse, ils convinrent de se rencontrer à Francfort-sur-le-Mein, où ils plaçaient leur pièce, et d'y résider le temps nécessaire à leur collaboration. Dumas arriva le premier et descendit à l'*Hôtel de l'Empereur Romain*, où Gérard promit de le rejoindre un jour ou l'autre. Cependant, plusieurs jours se passèrent qu'il n'était pas encore là. C'est que, jugeant plus longue que la sienne la tournée de Dumas, qu'on fêtait partout, que les rois eux-mêmes voulaient voir, il avait cru prudent de l'attendre à Bade, si plaisante en été. Mais pourquoi y restait-il encore maintenant? Dumas commençait à désespérer de son arrivée, quand il reçut de Baden-Baden la lettre suivante :

« Mon cher Dumas,

« Une foule de circonstances plus impérieuses les unes que les autres me retiennent à Baden-Baden ; la dernière de toutes, mais celle que je mets en première ligne pour ne pas vous fatiguer du récit des autres, est que je n'ai plus d'argent.

« Envoyez-moi donc ce que vous pourrez. poste restante, à Strasbourg, et adressez-moi votre lettre d'avis en double. L'une à l'*hôtel du Corbeau*, à Strasbourg. l'autre à l'*hôtel du Soleil*, à Baden. Le jour même où je recevrai votre réponse, je partirai pour Francfort. — G. N. »

Ainsi Gérard n'avait plus d'argent! Il avait cependant touché, à ce que prétend Dumas, douze cents livres de Harel. Que lui était-il donc arrivé? Avait-il rencontré quelque jolie Anglaise à la *Maison de Conversation,* et, moins heureux que Musset qui nous conte si joliment sa *bonne fortune,* avait-il perdu au jeu tout l'argent qu'il possédait? Les voleurs l'avaient-ils dépouillé sous quelque sapin de la Forêt Noire? Non! Il avait trop bien vécu à Strasbourg et à Baden, et y avait vidé sa bourse de poète et de voyageur, voilà tout. C'est du moins ce qu'il nous confesse modestement; mais Dumas nous apprend bien autre chose[*]. Gérard se serait ruiné dès son départ de Paris dans l'achat de tout un splendide mobilier : bahuts, chaises, table ovale, lampes d'albâtre, sans compter le fameux lit Renaissance que nous connaissons et qui, cependant, paraît avoir été acheté auparavant en Touraine. Cela lui aurait coûté plus de deux mille francs, dont il avait payé la moitié, promettant l'autre au retour, quand il prendrait les meubles.

En sortant de là, léger de bourse, après avoir retenu sa place aux Messageries, il aurait acheté un paletot de quarante-cinq francs, payé à Gautier un dîner du même prix chez Philippe, rue Montorgueil. De là, parti sans bagage, il serait arrivé sans argent à Strasbourg, hôtel du Cor-

* « Causeries d'un voyageur ». *Le Pays,* 7, 8, 9 juillet 1854.

beau, aurait revendu sept francs, par nécessité, son paletot de quarante-cinq, puis serait parti à pied pour l'hôtel du Soleil, à Bade.

Qu'y a-t-il de vrai dans tout cela? En tout cas, pour un homme tel que Gérard, il n'y a rien là que de très vraisemblable. N'est-il pas arrivé à Marseille, naguère, avec cinq sous dans sa poche et quelques fruits dans sa valise? Et tout à l'heure, à Strasbourg, quand il apprendra, aux bureaux d'un M. Elgé, que la lettre de change que lui envoie Dumas n'est pas valable, après avoir gaiement rimé un dizain dans le goût Louis XIII, ne fera-t-il pas de nuit, dans la Forêt Noire, une course de quinze lieues, n'ayant sur lui qu'une vingtaine de kreutzers? La route inconnue, le passant rencontré avec qui l'on bavarde en marchant, l'auberge nocturne qu'on ouvre de mauvaise humeur, la voiture ou le bateau manqués, ces mille incidents imprévus et comiques du parcours, tout cela l'amuse et l'empêche de sentir la fatigue, et il attendra autant qu'on voudra, à Bade ou ailleurs, l'argent de sa lettre de change qui lui arrive enfin, par les Messageries, en beaux napoléons d'or collés sur une carte avec de la cire.

L'argent arrivé, Gérard ne tarda pas à se mettre en route. Voilà donc nos deux amis installés à Francfort. On est aux premiers jours d'octobre, il ne leur reste plus qu'à travailler. Mais quand et comment vont-ils le faire? Dumas n'a garde de fuir la popularité qui lui ménage d'enthousiastes réceptions dont Gérard prend sa part. Ce ne sont que galas, soirées, excursions, et sans doute des plus divertissantes, car Gérard, discrètement, nous demande la permission de ne point dire en quelle compagnie il se trouve dans la principauté de Hesse-Hombourg, ni à quelle fête charmante il prend part « dans un château gothique tout moderne, au milieu d'une épaisse forêt de chênes et de sapins ».

Cependant, après un mois de séjour à Francfort, les deux collaborateurs s'embarquent sur le Rhin, à Mayence, et arrivent en pleine nuit à Mannheim, que baigne un magnifique clair de lune. C'est là que Karl Sand poignarda Kotzebue, et ce souvenir, qui a quelque rapport avec le sujet de leur pièce, les préoccupe presque uniquement et les conduit à Heidelberg, où ils visitent le fils du bourreau qui exécuta Sand. Là, si peu de temps qu'ils y restent, Gérard se familiarise avec la vie des étudiants, et c'est au milieu de leurs tumultes qu'il essaye de peindre le mouvement de leurs aînés de 1813.

Enfin, quand les deux amis reviennent à Paris, après cette dernière étape, la pièce est achevée et prête à lire. D'après Dumas, Gérard fondait sur elle les plus hautes espérances. Elle aurait le succès de *la Tour de Nesle* et lui rapporterait vingt-mille francs de droits. Avec cette somme, il louerait pour y placer ses meubles un spacieux appartement place Royale, à côté de Victor Hugo, et aurait le loisir de faire encore deux autres pièces qui lui rapporteraient autant. C'était là une de ces fabuleuses combinaisons qui ruinèrent Balzac, et il fallut bien vite en rabattre. D'abord, après la lecture à la Porte Saint-Martin, la pièce comprenant six journées se trouva trop longue, et on dut en retrancher un tiers pour rendre possible la représentation. A cela près, tout marcha bien d'abord. La pièce reçue par Harel entra de suite en répétitions ; mais comme aucune pièce ne pouvait être jouée alors sans un visa du ministère de l'Intérieur et que la censure réclamait deux manuscrits pour ce fait, après avoir payé de sa poche une double copie, Gérard dut attendre le bon vouloir des bureaux qui, ne le prenant pas au sérieux, le promenèrent indéfiniment.

Enfin, ému de le voir languir ainsi, le docteur Véron le recommanda comme travaillant *dans les journaux d'opposition constitutionnelle*. Aussitôt toutes les portes s'ouvrent devant Gérard, qui apprend que sa pièce est réputée dangereuse à cause des scènes de *carbonarisme* qui s'y trouvent. Il faudrait voir le ministre lui-même. Par malheur, on ne voit pas ainsi un ministre du jour au lendemain. Que lui importe que la pièce d'un jeune auteur soit suspendue, que l'acteur principal soit appelé par un engagement en province, même si cet acteur, qui est Bocage, doit faire par son seul nom la fortune de l'auteur et du directeur ! Cependant, le temps passe : que faire ? Gérard s'en remet aux avocats, lorsque, à force de démarches, le ministre, M. de Montalivet, le reçoit enfin, seulement pour lui dire, entre deux portes : « Je n'ai pu lire encore votre pièce, je l'emporte à la campagne ; revenez après-demain. »

Au jour dit, Gérard ne manque pas de revenir, mais il lui faut faire antichambre, attendre son tour, et il est fort tard quand le ministre le reçoit et lui dit froidement : « Faites jouer votre pièce : si elle cause quelque désordre, on la suspendra. »

On va donc pouvoir enfin s'occuper de la pièce qui a été fort compromise par tant de retards. D'abord, elle a perdu une partie de ses acteurs primitifs, et puis la saison s'avance, et Harel attend pour l'automne un éléphant qui doit avoir son rôle dans une prochaine féerie. La pièce ne pourra donc avoir qu'un nombre limité de représentations. On la monte cependant, cette fameuse pièce, et Raucour, Mélingue et celle qui sera plus tard sa femme, Mlle Théodorine, en remplissent les principaux rôles. Mais les péripéties, les contretemps ne peuvent s'arrêter là. Maintenant, ce sont les décors qui se font attendre; Harel, qui est avare, n'aime pas à en faire brosser de nouveaux, et il faut cependant une ruine lunaire à Eisenach, près du château de la Wartburg. On la pose à grand'peine l'avant-veille de la représentation. Il faut aussi les fameux chants de Kœrner, car, à la deuxième journée, la *chasse de Lutzow* sera entonnée par les étudiants. Ces répétitions font perdre encore un mois.

Enfin le soir de la première arriva (16 avril 1839), mais, non moins anxieux que Vatel attendant la marée à Chantilly, Gérard attendit les accessoires. Il fallait des casquettes et des masques pour les étudiants à la scène de la Sainte-Vehme; le rideau était levé depuis longtemps qu'on les attendait encore. Au premier entr'acte, les casquettes arrivèrent, mais toujours pas de masques! Gérard monte partout tandis que la pièce continue; il va jusqu'aux combles, interroge tout le monde, directeur, acteurs, machinistes : Et les masques? Pas de masques, ils ne sont pas arrivés! Que faire? Un nouvel entr'acte se prolonge et le public s'impatiente; on a déjà épuisé, pour le distraire, toutes les ressources classiques qui consistent à lancer une pluie de petits papiers, à

faire naître une querelle aux loges, à provoquer
les aboiements d'un chien ; maintenant, on entend au parterre le sourd grondement des pieds
et des cannes ; les plus furieux vont réclamer le
prix de leurs places ;... enfin voici les masques.
Tout est sauvé !... Non pas ! On s'est trompé :
ce sont des masques d'arlequins à nez et à
moustaches comiques. Vite, il faut couper les
moustaches ; tout le monde prend des ciseaux
pour s'y mettre, et la toile peut se lever.

Gérard, distrait et naïf comme à son ordinaire, ne souffrit pas trop de ces mille contre-
temps. Il les regardait en spectateur et s'en
amusait presque. En vain lui disait-on : « Harel
vous trahit », il n'en voulut jamais rien croire.

La pièce eut d'ailleurs un succès honorable,
et Montalivet n'eut pas besoin de la suspendre,
les coupures en ayant atténué l'effet.

Cependant, à la deuxième journée, quand
l'étudiant Diego dit : « Les rois s'en vont, — je
les pousse ! » la salle entière croula en applau-
dissements. « La pièce sera arrêtée demain, »
dit Harel ; contre son attente, elle ne le fut pas
et se maintint ainsi pendant trente représentations après lesquelles Gérard vit « avec intérêt »
l'éléphant succéder à sa malheureuse pièce.
Mais cette attente, ces répétitions, l'avaient
beaucoup fatigué. Il résolut « d'aller se retremper en Allemagne, aux vignes du Danube,

des ennuis que lui avaient causés les vignes du Rhin ». Vienne l'attirait d'ailleurs depuis longtemps ; l'année précédente, il confiait à Arsène Houssaye (lettre du 18 septembre 1838) son vif désir d'aller s'y fortifier dans la prononciation allemande ; il espérait même s'y faire confier, par le gouvernement, « quelque mission littéraire de traduction et de recherche ». L'année suivante (17 août 1840) il écrivit à un oncle qu'il était allé là-bas par ordre du ministre de l'intérieur, mais il le nia lui-même plus tard dans une lettre adressée au rédacteur en chef du *Corsaire* (31 octobre 1850). Alphonse Karr prétend qu'il était chargé d'étudier la question du sel, et qu'il envoya des rapports très bien faits. Karr mettait certainement beaucoup de sel dans ses anecdotes, et Gérard aussi : il ne faut pas chercher de sel ailleurs.

Il partit, en plein novembre, au gré de sa fantaisie, comme il faisait toujours. Le caprice l'empêche de suivre l'ennui des lignes droites et de se confier aux chemins de fer. Le voilà donc abandonné aux diligences. Quelle vie ! « ne trouver de repos qu'en se suspendant momentanément aux lanières de l'impériale, prendre sans cheval une leçon de trot de trente-six heures » ; mais cela l'amuse : « En vérité, qu'aurais-je à t'écrire, dit-il plus loin à un de ses amis, si je faisais route comme tout le

monde, dans une bonne chaise de poste ou
dans un bon coupé, enveloppé de cache-nez,
de paletots et de manteaux, avec une chance-
lière et un rond sous moi?... J'aime à dépendre
un peu du hasard. » Il arrive ainsi à Genève,
dont la vie sensuelle le remet tout à fait de ses
fatigues ; il y admire les femmes : « Il m'a sem-
blé voir que les plus belles étaient celles d'un
certain âge, ou plutôt d'un âge certain. Alors
les bras et les épaules sont admirables, mais la
taille un peu forte. Ce sont des femmes dans
les idées de Sainte-Beuve, des beautés *lakistes*,
et si elles ont des bas bleus, il doit y avoir de
fort belles jambes dedans. »

Après avoir admiré les Alpes et le lac Léman
par lequel il se rend à Lausanne, il traverse
Berne, Zurich, et, arrivé au lac de Constance
où il s'embarque, quitte sans trop de regret la
Suisse et arrive à Lindau un jour de marché.
Ici encore, un trait caractéristique de sa manière. A cause du vacarme des voitures, des
troupeaux, de la musique, l'hôtelier lui demande s'il faut le servir dans sa chambre :
« Pour qui me prenez-vous, vénérable Bava-
rois? Je ne m'assois jamais qu'à table d'hôte !
— Voilà du bruit, de l'entrain, de la gaîté populaire; les filles sont belles, les paysans bien
vêtus : cela ne ressemble en rien aux orgies
misérables de nos guinguettes; le vin et la

double bière se disputent l'honneur d'animer tant de folle joie, et les plats homériques disparaissent en un clin d'œil. »

Gérard arrive ensuite à Munich par le chemin de fer. Il se croit transporté tout à coup dans quelque étoile extravagante. Il ne manque naturellement pas d'aller voir les tableaux de la Pinacothèque et de la Glyptothèque, mais toute sa joie d'humoriste le retrouve à la visite du Palais-Royal. Il voit là de véritables courtisans d'opéra-comique qui ont l'air sortis d'une pièce de Scribe ; une dame du palais passe, « avec un béret surmonté d'un oiseau de paradis, une collerette ébouriffante, une robe à queue et des diamants jaunes... des chambellans chamarrés d'ordres semblaient prêts à se faire entendre sur quelque ritournelle d'Auber ». Enfin, il arrive à Vienne, ayant vu la maison natale de Mozart à Salzbourg. Le 19 novembre, il écrit à son père de Vienne où il va passer l'hiver. Ici commence toute cette odyssée sentimentale qui fait le sujet des *Amours de Vienne*. Gérard prétend suivre un conseil de Byron qui est de chercher une jolie personne pour vous apprendre le langage du pays, mais en réalité il ne poursuit les Viennoises que parce qu'il les trouve charmantes. Il les rencontre partout, aux grands et aux petits théâtres, dans les casinos, dans les bals vulgairement appelés *sperls*, à la *Conversation*, où il boit un verre de risolio, de kirchen-wasser ou de tokay dans le *gastoffe*. Aborder les femmes est très facile à Vienne où l'*odor di femina* est partout dans l'air ; les plus vertueuses ne s'en effarouchent pas, causent volontiers avec vous et se laissent même reconduire ; mais, à leur porte, elles vous adressent un petit salut mignon et railleur en vous disant que leur mari les attend. Gérard les emmène au Prater ; elles sont presque toutes blondes ; c'est la Vhabby, la Catarina, la Katty, *bionda e grassola* : « Une tête ravissante, blonde, blanche, une peau incroyable, à croire qu'on l'ait conservée sous des verres ; les traits les plus nobles, le nez aquilin, le front haut, la bouche en cerise ; puis un col de pigeon gros et gras, arrêté par un collier de perles ; puis des épaules blanches et fermes où il y a de la force d'hercule et de la faiblesse et du charme de l'enfant de deux ans. » Toutes ces femmes du peuple sont charmantes, mais bientôt Gérard s'adresse aux grandes dames ; il est présenté un soir dans un salon tout marbres, velours et or. Trois femmes sont là : l'une est viennoise, c'est la maîtresse de maison ; l'autre est italienne ; la troisième est anglaise. Gérard a bien dîné, il a bu des vins de France et de Hongrie, il est élégamment mis, fait du paradoxe, ce qui est très neuf à Vienne, parle peu, ce dont on se plaint,

mais parle très bien quand il s'échauffe, ce qui
plaît aux femmes qui lui plaisent également
beaucoup, l'Anglaise surtout, peut-être. « Elle
est si bien assise dans son fauteuil; de si beaux
cheveux blonds à reflets rouges, la peau si
blanche; de la soie, de la ouate et des tulles,
des perles et des opales : on ne sait trop ce qu'il
y a au milieu de tout cela, mais c'est si bien
arrangé! » — Le lendemain, Gérard est présenté par un comte chez l'autre, chez l'Italienne; elle renvoie tout le monde sous un prétexte et... reste seule avec Gérard. Tout cela
est très bien, mais Gérard, qui n'est pas un fat,
nous apprend que cela a mal fini. Quel dommage! Pourtant il s'amuse tout de même, envoie ses impressions au journal *la Presse*
(28 janvier, 5 mars, 28 juin 1840), écrit à tous
ses amis, éprouvant le besoin de leur montrer
qu'il n'est plus malheureux. Hélas! ce n'est
qu'une manière de s'abuser, de fuir l'amour
ancien dont il souffre toujours, et ce qu'il
donne pour un état constant de son esprit n'est
qu'une surexcitation fiévreuse, un étourdisse-
ment. « J'affectai la joie et l'insouciance, dit-il
plus tard dans *Aurélia;* je courus le monde,
follement épris de la variété et du caprice; j'ai-
mais surtout les costumes et les mœurs bizarres
des populations lointaines; il me semblait que
je déplaçais ainsi les conditions du bien et du

mal, les termes, pour ainsi dire, de ce qui est *sentiment* pour nous autres Français. Quelle folie, me disais-je, d'aimer ainsi d'un amour platonique une femme qui ne vous aime plus ! Ceci est la faute de mes lectures ; j'ai pris au sérieux les inventions des poètes, et je me suis fait une Laure ou une Béatrix d'une personne ordinaire de notre siècle... Passons à d'autres intrigues et celle-là sera vite oubliée. » Malheureusement, l'oubli n'est pas possible à cette tête surexcitée. Gérard pense toujours à Jenny, il pense même à la mort au milieu de ses plaisirs. Un soir, par exemple, ayant rencontré son ami Alexandre Weill, il se promenait avec lui dans la campagne, sur les bords du Danube : « Voyez donc, cher ami, voyez donc, lui dit-il, comme cet endroit serait bien fait pour nous aider à sortir proprement de la vie. Le cœur vous en dit-il * ? »

Weill, qui ne se sentait aucun goût pour la mort, détourna rapidement la conversation, mais Gérard n'en continua pas moins à rouler en lui de sombres pensées. Maintenant, d'ailleurs, il se juge coupable ; il ne pourra jamais retrouver le cœur de celle qu'il aime, car la faute qu'il a commise est impardonnable ! Quelle faute ? Oh ! ne la cherchons pas dans la

* Ph. Audebrand. *Lauriers et Cyprès.*

réalité des choses, mais bien dans ces rêves, dans ces croyances occultes qui embarrassent de plus en plus son imagination. Naguère, dans un mouvement d'égarement et de colère, il a anéanti toutes les reliques d'amour : lettres, boucles de cheveux ou rubans, qui établissaient un lien immortel entre leurs âmes ; c'est là toute sa faute! Cependant, il crut un moment s'en distraire par l'illusion d'un autre amour. Quelle est donc cette femme que l'Europe entière connaît et admire par sa beauté et son talent, et à laquelle Georges Bell et Gérard lui-même *(Aurélia)* font allusion, sans toutefois la nommer? N'est-ce pas Marie Pleyel, qui fut aimée de Berlioz et qui alors enchantait Vienne en compagnie de Liszt, de Strauss et du violo-niste Bériot? Cela en a bien l'apparence, car, dans la préface de *Lorely*, Gérard convient l'avoir adorée, c'est son mot, et, dans un article des *Débats*, Jules Janin parle d'elle à propos de Gérard. Marie Pleyel, que son rare talent faisait appeler la *Corinne du piano*, était, de plus, fort jolie et piquante avec sa tête nonchalamment penchée sur son épaule, et son visage ovale, tout gracieux et rêveur sous sa chevelure à ban-deaux. Qui donc Gérard eût-il pu voir de beau et d'illustre à Vienne alors qu'elle était là? Quoi qu'il en soit, après une soirée où cette nouvelle idole avait été à la fois naturelle et pleine d'un charme dont tous éprouvaient l'atteinte, Gérard se sentit épris d'elle à ce point qu'il ne voulut pas tarder un instant à lui écrire. Il était si heureux de sentir son cœur, qu'il croyait mort, éprouver un nouvel amour! La lettre partie, il eut peur d'avoir été trop vite et alla rêver, dans la solitude, à ce qu'il croyait une profanation de ses souvenirs. Le lendemain, il revit l'aimée. Elle se montra sensible à ce qu'il lui avait écrit, tout en manifestant quelque étonnement d'une ferveur si soudaine. Gérard essaya de la convaincre, mais il ne put lui-même retrouver le diapason de son style, et, tout en pleurant, fut réduit à avouer à cette femme qu'il lui parlait de l'amour éprouvé pour une autre. En réalité, c'était à Jenny Colon qu'il avait écrit.

Il partit donc de Vienne, tristement. Il partit ayant une amie et une confidente de plus, mais convaincu davantage qu'il ne pourrait jamais plus aimer. Il remonte vers le nord, passe à Karlsruhe, se trouve à Anvers le 22 octobre (lettre à son père) et le 6 novembre à Bruxelles. Jenny Colon s'y trouvait justement. Depuis son brusque mariage, elle courait le monde avec son époux et jouait là ce même *Piquillo* que Gérard avait écrit pour elle trois ans auparavant. A cette même époque, Marie Pleyel était rappelée à Bruxelles par une maladie de sa mère. Cette coïncidence nous semble prouver à nouveau qu'il s'agissait d'elle. Musicienne, elle ne pouvait manquer de rencontrer dans les sociétés une artiste lyrique comme Jenny Colon, et elles durent faire connaissance un soir. Les confidences du pauvre amoureux de Vienne l'avaient tristement éclairée et elle saisit là une occasion d'attendrir à son égard celle qui l'avait exilé de son cœur. De sorte qu'un jour, se trouvant dans un salon, Gérard vit Jenny Colon venir à lui et lui tendre la main : « Comment interpréter, dit-il, cette démarche et le regard profond et triste dont elle accompagna son salut? J'y crus voir le pardon du passé, l'accent divin de la pitié donnait aux simples paroles qu'elle m'adressa une valeur inexprimable, comme si quelque chose de la religion se mêlait aux douceurs d'un amour jusque-là profané, et lui imprimait le caractère de l'éternité. »

Gérard était plein de joie. Malheureusement des devoirs impérieux le rappelaient à Paris. Il y partit de suite, passant par Liège, et prenant la résolution de n'y rester que peu de jours pour revenir aussitôt près de ses deux amis. Mais, hélas! depuis longtemps, et sans qu'il s'en rendît compte encore, le songe s'était épanché pour lui dans la vie réelle. Rappelons-nous son éternel besoin d'identifier ses affections, ses souvenirs, les moindres choses, avec les fantômes insubstants des époques passées. Cela ajouté aux pertes d'argent, aux veilles, aux voyages effectués dans des conditions bizarres et déprimantes, a surexcité sa machine nerveuse dont il n'est plus maître, et la première crise va se produire. Un soir, vers minuit, comme il remontait un faubourg parisien où se trouvait sa demeure, il remarqua, levant les yeux par hasard, le numéro d'une maison éclairé par un réverbère. Ce nombre était celui de son âge. Aussitôt, en baissant les yeux, il vit devant lui une femme au teint blême, aux yeux caves, qui lui semblait avoir les traits d'Aurélia : « C'est sa mort ou la mienne qui m'est annoncée, » dit-il. Il eut alors un rêve bizarre et symbolique où tombait un être démesuré qui voltigeait péniblement à travers des nuages : « Il était coloré de teintes vermeilles, et ses ailes brillaient de mille reflets changeants. Vêtu d'une robe longue à plis antiques, il ressemblait à l'ange de la Mélancolie d'Albrecht Dürer. »

C'était cette fois, et pour toujours, l'ivresse du rêve emportant la raison et la submergeant comme une marée envahissante. Le génie est tout proche de la folie ; Gérard avait franchi la limite sans s'en apercevoir. Aucune hérédité ne semblait pourtant l'y prédisposer. C'est la

mauvaise hygiène morale non moins que physique, les vieux livres de Montagny et l'enfance
amoureuse et bizarre qui trouvaient là leur
aboutissement autant que la vie bohémienne et
noctambule. De plus, la vieille Germanie, si
touffue avec ses mystères et ses légendes, l'avait
profondément troublé. Si Gérard est, dans une
certaine mesure, la victime du romantisme,
c'est du romantisme allemand. L'Allemagne
lui avait versé trop jeune un vin trop fort, il
semblerait que ce fût celui que le diable fait
jaillir des tables de la taverne d'Auerbach pour
troubler la cervelle des malheureux buveurs.

Le cas de Gérard était celui que les aliénistes
appellent la *folie avec conscience*. Les idées n'y
sont nullement incohérentes, mais seulement
distraites par une idée fixe qui en absorbe par
moments toute l'activité. Pour Gérard, cette
idée fixe, c'était Jenny Colon, ou plutôt l'idéal
d'amour qu'il s'était formé et qu'il poursuivait
partout, aussitôt repris que déçu.

Alors commença pour lui la période d'étonnement qui fut délicieuse. Le monde avait
changé de forme, tout prenait parfois un aspect
double, et cela, dit-il, « sans que le raisonne-
ment manquât jamais de logique, sans que la
mémoire perdît les plus légers détails de ce qui
m'arrivait. Seulement, mes actions, insensées
en apparence, étaient soumises à ce que l'on

appelle illusion, selon la raison humaine ».

Malheureusement, Gérard passa rapidement de la pensée aux actes, et il ne fut bientôt plus possible de l'excuser. Un jour, par exemple, on le rencontra dans le jardin du Palais-Royal, traînant un homard vivant au bout d'une faveur bleue. Ses amis résolurent alors de le surveiller et de le soigner, et cela à sa grande indignation : « En quoi, disait-il, un homard est-il plus ridicule qu'un chien, qu'un chat, qu'une gazelle, qu'un lion ou toute autre bête dont on se fait suivre? J'ai le goût des homards, qui sont tranquilles, sérieux, savent les secrets de la mer, n'aboient pas et n'avalent pas la monade des gens comme les chiens si antipathiques à Gœthe, lequel pourtant n'était pas fou. »

Il était d'ailleurs temps de le soigner, car il allait devenir plus extravagant encore. Le jour qui suivit son rêve pénible, il visita tous ses amis, qu'il surprit par ses conversations mystiques et sa loquacité singulière. Il dissertait sur la peinture et la musique, définissait à son point de vue la génération des couleurs et le sens des nombres. Le voyant troublé, on voulut le reconduire chez lui; il dit qu'il ne rentrait pas et qu'il allait vers l'Orient. On le laissa. C'était un soir de fin de Carnaval, la foule emplissait les rues, tout égayée dans ses déguisements, et l'aspect de ces gens qui n'avaient ni

leur costume ni leur visage habituels égara tout
à fait Gérard. Il se vit transporté dans une autre
époque, et, ne comprenant plus comment il se
trouvait en noir au milieu de tant d'habits bariolés, il courut dans une rue solitaire et commença à se dévêtir, chantant un hymne mystérieux qu'il se persuadait avoir entendu dans
une vie antérieure, et marchant, sans la quitter
des yeux, vers une étoile qui avait, paraît-il,
une influence sur sa destinée. Il se sentait
comme aspiré par elle, et bientôt, tout nu sous
les astres, il resta là les bras étendus, attendant
la minute précise où un rayon stellaire attire-
rait son âme. Une ronde de nuit le surprit dans
cet état, le réveillant au son des pas et des
crosses. Gérard voulut se défendre, il se dé-
fendit même éperdument, sans comprendre.
Enfin on l'emmena au poste. Étendu sur le lit
de camp, il fit des rêves admirables de colora-
tion et de diversité, à travers lesquels il lui
sembla entendre les soldats s'entretenir d'un
être arrêté comme lui. Alors, lui revint à l'esprit cette tradition bien connue en Allemagne
et en Égypte d'après laquelle chaque homme a
un *double* qu'il n'aperçoit que lorsque sa mort
est proche. Il fut pris d'une grande angoisse,
surtout quand il crut voir, quand il vit distinctement deux de ses amis venir le réclamer
au poste, et un autre homme sortir avec eux.

Il fit tant de bruit, protesta de telle manière qu'on le mit au cachot, où il resta plusieurs heures dans le coma. Enfin les mêmes amis qu'il avait pressentis et cru reconnaître vinrent réellement le chercher, en voiture, et il partit avec eux. Il était calmé, et dîna assez tranquillement en leur compagnie, mais, exactement à la même heure que la veille, influencé par la peur de son retour, il tomba foudroyé. C'était le 21 mars 1841. On le transporta bien vite chez le docteur Esprit Blanche, rue de Norvins, à Montmartre. Il y resta jusqu'au 21 novembre. La santé lui revint assez rapidement, avec le renouveau : « La maison où je me trouvais, dit-il, située sur une hauteur, avait un vaste jardin planté d'arbres précieux. L'air pur de la colline où elle était située, les premières haleines du printemps, les douceurs d'une société toute sympathique, m'apportaient de longs jours de calme.

« Les premières feuilles des sycomores me ravissaient par la vivacité de leurs couleurs, semblables aux panaches des coqs de Pharaon. La vue, qui s'étendait au-dessus de la plaine, présentait du matin au soir des horizons charmants dont les teintes graduées plaisaient à mon imagination. Je peuplais les coteaux et les nuages de figures divines dont il me semblait voir distinctement les formes. »

Les huit mois qu'il passa de cette façon furent très doux. Tous ses amis venaient lui rendre visite, et il aimait davantage parmi eux « ceux qui, par une patiente complaisance ou par suite d'idées analogues aux siennes, lui faisaient faire de longs récits des choses qu'il avait vues en esprit ». Ces choses étaient délicieuses. Tout ce qui avait impressionné son enfance et sa jeunesse, tout ce qu'il avait ressenti enfin s'y pressait et s'y déroulait tour à tour dans un chaos admirable. C'était comme une page d'Érasme avec des dessins d'Holbein et d'Albert Dürer. On y voyait les bords du Rhin avec leurs coteaux de vignes et leurs burgs démantelés ; Montagny avec ses alentours empanachés de bruyères, le vieil oncle et sa maison blanche, les jeunes tantes, et aussi Adrienne, grandissante dans la lumière, « semblant s'évanouir dans sa propre grandeur » et confondant peu à peu sa forme avec celle des jardins et des parterres environnants. Les intérieurs étaient propres et polis, et les oiseaux y parlaient, comme dans les fables. On y voyait des peintures flamandes et aussi le lit renaissance à colonnes, acheté pour Jenny Colon.

Une fois, le jardin dans lequel il se trouvait se transforma en cimetière. Dans sa pensée, cela signifiait qu'Aurélia était morte. Il ne s'en affligea point, ce n'était là qu'une transfigura-

tion de l'âme qu'il aimait, et, croyant n'avoir
lui-même que peu de temps à vivre, il était sûr
de la revoir dans un monde où les cœurs ai-
mants se retrouvent ; car, dans ce chaos, l'idée
de l'immortalité dominait, et il était très heureux d'en vaincre le doute éternel : « C'est
donc vrai, disait-il en rêve à son vieil oncle,
qu'il était ravi de voir distinctement au milieu
de beaucoup de personnes connues ; c'est donc
vrai, nous sommes immortels et nous conser-
vons ici les images du monde que nous avons
habité. Quel bonheur de songer que tout ce
que nous avons aimé existera toujours autour
de nous !... J'étais bien fatigué de la vie. » —
Et l'oncle répondait : « Le néant n'existe pas
dans le sens qu'on l'entend ; mais la terre est
elle-même un corps matériel dont la somme
des esprits est l'âme. La matière ne peut pas
plus périr que l'esprit, mais elle peut se modi-
fier selon le bien et selon le mal. Notre passé et
notre avenir sont solidaires. Nous vivons dans
notre race, et notre race vit en nous. » Et tous
les siècles écoulés se découvraient à Gérard :
« Il me semblait voir une chaîne non interrom-
pue d'hommes et de femmes en qui j'étais et
qui étaient moi-même ; les costumes de tous les
peuples, les images de tous les pays apparais-
saient distinctement à la fois, comme si mes
facultés d'attention s'étaient multipliées sans se

confondre, par un phénomène d'espace ana-
logue à celui du temps qui concentre un siècle
d'action dans une minute de rêve. »

Et Gérard marchait au milieu de tout cela,
« ses pieds s'enfonçaient dans les couches suc-
cessives des édifices de différents âges » : il ne
s'arrêtait pas seulement aux traditions modernes
de la création, sa pensée remontait au delà. Les
premiers germes se débattaient : « Du sein de
l'argile encore molle s'élevaient des palmiers
gigantesques, des euphorbes vénéneux et des
acanthes tortillés autour des cactus ; — les
figures arides des rochers s'élançaient comme
des squelettes de cette ébauche de création,
et de hideux reptiles serpentaient, s'élargis-
saient ou s'arrondissaient au milieu de l'inextricable réseau d'une végétation sauvage. La pâle
lumière des astres éclairait seule les perspec-
tives bleuâtres de cet étrange horizon ; cependant, à mesure que ces créations se formaient,
une étoile plus lumineuse y puisait les germes
de la clarté. »

Puis ces monstres changeaient de formes et
se livraient à de gigantesques combats auxquels
Gérard prenait part, s'étant lui-même transformé. C'étaient les points douloureux de son
état. Partout pleurait, languissait, mourait, renaissait l'éternelle souffrance. Il y avait là toute
une échelle ascendante des êtres, une espèce

de *transformisme* à la fois idéal et réel, d'où tombaient sur la terre des esprits révoltés qui y apportaient les secrets divins de la *Kabbale*; puis le déluge universel submergeait tout cela.

Au milieu de ces interminables rêves, la seule chose réelle qui plût à Gérard, c'était de fixer ses images favorites. Alors, il ramassait des charbons et des morceaux de briques et traçait de grandes fresques sur les murs. Aurélia y trônait au centre sous les traits d'une divinité : « Sous ses pieds tournait une roue, et les dieux lui faisaient cortège. » Bientôt, il coloria cette image chérie en exprimant le suc des herbes et des fleurs ; il la reproduisit sur du papier qu'on lui donnait. Maxime du Camp a eu un de ces dessins en sa possession : « C'est, dit-il, un mélange de littérature, de magie et de kabbale qui est indéchiffrable. Tout gravite autour d'une femme géante, nimbée de sept étoiles, qui appuie ses pieds sur le globe où rampe le dragon, et qui symbolise à la fois Diane, sainte Rosalie et Jenny Colon*. »

Cela ne lui suffisait pas encore. Il modela avec de l'argile le corps de celle qu'il aimait, « mais, ajoute-t-il, tous les matins mon travail était à refaire, car les fous, jaloux de mon bonheur, se plaisaient à en détruire l'image ».

* *Souvenirs littéraires.*

Peu à peu, cependant, le calme rentra dans son esprit qui survécut à cet horrible ébranlement. Gérard reprit pied dans le réel, mais à son grand déplaisir. Tout lui semblait insipide en comparaison des délices qu'il avait goûtées. Déjà il avait pleuré son rêve qui lui échappait : « Je me mis à pleurer à chaudes larmes, comme au souvenir d'un paradis perdu. Là, je sentis amèrement que j'étais un passant dans ce monde à la fois étranger et chéri, et je frémis à la pensée que je devais retourner dans la vie. »

Il y retournait néanmoins de temps en temps, car l'amélioration progressive de son état lui permettait de sortir, sous la garde d'un infirmier, et d'aller voir ses amis. Il allait ainsi chez Gautier, chez Alphonse Karr, chez Balzac, aux Jardies ; un soir, il voulut même dîner place Royale, chez Victor Hugo. La chose était facile ; il convenait seulement que Gérard ne bût pas trop de vin pur et ne veillât pas trop tard. Donc, quelque temps avant le dîner, Victor Hugo, aidé d'Alphonse Karr, dosa soigneusement un mélange de vin et d'eau, recacheta les bouteilles, enfin, fit tout ce qu'il était nécessaire pour abuser, dans son intérêt, le malheureux convive.

Mais celui-ci, très fin malgré tout, ne se laissa pas prendre à cette supercherie. Il n'en dit rien toutefois pendant le dîner et fut même gracieux et spirituel, mais à la fin, mettant son manteau pour partir, il dit malicieusement à Hugo et à Karr, stupéfaits : « Vous savez, ceux qui croient que j'ai pris pour du vin ce que l'on m'a fait boire ce soir, ceux-là se trompent, et beaucoup. »

Gérard était donc à peu près guéri, il l'eût même été tout à fait, et par conséquent capable de rentrer dans la vie, s'il ne se fût obstiné à nier qu'il ait jamais été malade.

Le jour où il fut assez calme pour en convenir, on lui donna son laissez-passer. C'était le 21 novembre 1841. En réalité, il n'avait pas démordu un seul instant de son idée, ce que prouve cette lettre écrite à Ida Ferrier (Mme Alexandre Dumas), et faussement datée du 9 novembre[*] :

« Ma chère madame,

« J'ai rencontré hier Dumas, qui vous écrit aujourd'hui. Il vous dira que j'ai recouvré ce que l'on est convenu d'appeler la raison, mais n'en croyez rien. Je suis toujours et j'ai toujours été le même, et je m'étonne seulement que l'on m'ait trouvé *changé* pendant quelques jours du printemps dernier.

« L'illusion, le paradoxe, la présomption,

---

[*] *Revue des Documents historiques*, tome V.

sont toutes choses ennemies du bon sens dont je n'ai jamais manqué! Au fond, j'ai fait un rêve très amusant et je le regrette; j'en suis même à me demander s'il n'était pas plus *vrai* que tout ce qui me semble seul explicable et naturel aujourd'hui, mais comme il y a ici des médecins et des commissaires qui veillent à ce qu'on n'étende pas le champ de la poésie aux dépens de la voie publique, on ne m'a laissé sortir et vaquer définitivement parmi les gens raisonnables que lorsque je suis convenu bien formellement *d'avoir été malade,* ce qui coûtait beaucoup à mon amour-propre, et même à ma véracité. « Avoue! avoue! » me criait-on, comme on faisait jadis aux sorciers et aux hérétiques, et pour en finir, je suis convenu de me laisser classer dans une *affection* définie par les docteurs, et appelée indifféremment Théomanie ou Démonomanie dans le dictionnaire médical. A l'aide des définitions incluses dans ces deux articles, la science a le droit d'escamoter ou de réduire au silence tous les prophètes et voyants prédits par l'Apocalypse, dont je me flattais d'être un. Mais je me résigne à mon sort, et, si je manque à ma prédestination, j'accuserai le docteur Blanche d'avoir subtilisé l'esprit divin.

« Je me trouve tout désorienté et tout confus en retombant du ciel où je marchais de plain-pied, il y a quelques mois. Quel malheur qu'à défaut de gloire la société actuelle ne veuille pas toujours nous permettre l'illusion d'un rêve continuel. Il me sera resté du moins la conviction de la vie future et la sympathie immortelle des esprits qui se sont choisis ici-bas. »

Cette charmante lettre est-elle d'un homme complètement guéri? Comme on sent bien, en la lisant, que Gérard n'est pas convaincu un seul instant de sa maladie, et qu'il continuera éternellement son rêve, croyant seul être dans le vrai, et se contentant de railler spirituellement, comme il vient de le faire, la folie et les aliénistes.

Cependant, tout le monde s'était ému de la maladie de Gérard. On le crut, sinon mort, du moins à jamais perdu dans le naufrage de sa raison, et chacun lui conféra, avec empressement, des honneurs qu'il croyait posthumes. Dès ses premiers désordres cérébraux, le 1ᵉʳ mars 1841, Jules Janin écrivait à ce propos douze colonnes dans les *Débats*. Elles sont charmantes, quoique très fantaisistes. Par exemple, faisant allusion au récent voyage de Gérard à Vienne, Janin parle fort d'une réception chez le prince de Metternich. Gérard corrigea plus tard cette erreur : « J'ai rencontré bien des fois ce diplomate célèbre, disait-il, mais je ne me

suis jamais rendu chez lui. Peut-être m'a-t-il
adressé quelque phrase polie, peut-être l'ai-je
complimenté sur ses vignes du Danube et du
Rhin, voilà tout. »

Ce bel article n'en traversa pas moins toute
l'Europe et vint attrister cette même Autriche
qui avait vu Gérard : « Quel dommage, disait-
on, il est mort, une vive intelligence, bonne
surtout, sympathique à notre Allemagne comme
à une seconde mère, — et que nous apprécions
seulement depuis son dernier instant illustré
par Jules Janin... » On était en effet si persuadé de sa mort, là-bas, qu'on allait refuser
de le reconnaître dans le nouveau voyage qu'il
entreprit tout de suite aux mêmes lieux afin de
faire oublier à Paris le bruit fâcheux de sa maladie : « Vous qui passez parmi nous, lui disait-
on, pourquoi dérobez-vous la seule chose qu'il
ait laissée après lui, un peu de gloire autour de
son nom. Nous les connaissons trop, ces aven-
turiers de France qui se font passer pour des
poètes, vivants ou morts, et s'introduisent ainsi
dans nos cercles et dans nos salons. » Pourtant, dans les milieux où on le connaissait
particulièrement, on fut bien forcé de se rendre
à l'évidence, mais, dit-il, on ne m'accueillait
pas sans quelque crainte, en songeant aux
vieilles légendes germaniques de vampires et
de morts fiancés. Néanmoins, il ne s'ennuya

pas à Vienne ; il y retrouvait les mêmes plaisirs, librement goûtés, et tout eût été pour le mieux si les besoins d'argent ne l'eussent embarrassé. Les premiers jours de 1842, il écrit timidement à son père pour lui emprunter cinq cents francs dont il a grand besoin. Ils lui donneront le loisir d'entreprendre des travaux sérieux qui prouveront aux éditeurs et au public qu'il est tout à fait guéri. Malheureusement, ce n'est pas tout simple avec le docteur Labrunie. Nous nous souvenons de cet homme dur qui n'aide en rien son fils et lui garde un profond ressentiment d'avoir embrassé la carrière des lettres. Malgré cela, Gérard lui écrit : « Tu dois voir que je n'ai pas perdu de temps dans la carrière que j'ai suivie. Quelques raisons que tu aies pu avoir dans les commencements d'en craindre les hasards, tu peux aujourd'hui mesurer le point où je suis et ceux où je touche. »

En effet, Gérard est célèbre aujourd'hui. En cette année 1841, la *Revue de Paris* a publié ses *Amours de Vienne*, et chacun a goûté avec ravissement ce pétillement d'humorisme qui semble donner à la France un Sterne avec le style de Diderot. Cette fois, le père se laisse fléchir, les raisons que donne son fils sont si touchantes en leur amère vérité ! Il lui dit : « Les jeunes gens qu'une malheureuse ou *heureuse* vocation pousse dans les arts ont, en vérité, beaucoup plus de peine que les autres, par l'éternelle méfiance qu'on a d'eux. Qu'un jeune homme adopte le commerce ou l'industrie, on fait pour lui tous les sacrifices possibles, on lui donne tous les moyens de réussir et, s'il ne réussit pas, on le plaint et on l'aide encore. L'avocat, le médecin, peuvent être fort longtemps médecin sans malades ou avocat sans causes, qu'importe! leurs parents s'ôtent le pain de la bouche pour le leur donner. Mais l'homme de lettres, lui, quoi qu'il fasse, si haut qu'il aille, si patient que soit son labeur, on ne songe pas même qu'il a besoin d'être soutenu aussi dans le sens de sa vocation, et que son état, peut-être aussi bon matériellement que les autres, — du moins de notre temps, — doit avoir des commencements aussi rudes. Je comprends tout ce qu'il peut y avoir de déceptions, de craintes et sans doute de tendresse froissée dans le cœur d'un père ou d'une mère; mais, hélas! l'histoire éternelle de ces sortes de situations, consignées dans toutes les biographies possibles, ne devrait-elle pas montrer qu'il existe une destinée qui ne peut être vaincue? Il faudrait donc, après une épreuve suffisante, après la conviction acquise d'une aptitude vraie, en prendre son parti des deux parts et rentrer dans les relations habituelles, dans la confiante et sympathique amitié qui

règne d'ordinaire entre pères et enfants déjà
avancés dans la vie. Si, depuis quatre ans, je
n'avais su que tu avais besoin de ne faire aucune
dépense excessive, certainement il y aurait eu
des instants où une aide très légère m'aurait
fait gagner beaucoup de temps. Le travail littéraire se compose de deux choses : cette besogne
des journaux qui fait vivre fort bien et qui
donne une position fixe à tous ceux qui la
suivent assidûment, mais qui ne conduit malheureusement ni plus haut ni plus loin. Puis,
le livre, le théâtre, les études artistiques, choses
lentes, difficiles, qui ont besoin toujours de
travaux préliminaires fort longs et de certaines
époques de recueillement et de labeur sans
fruit; mais aussi, là est l'avenir, l'agrandisse-
ment, la vieillesse heureuse et honorée. »

On voit que Gérard était devenu tout à fait
raisonnable. Il revint à Paris dans ces bonnes
dispositions au printemps de 1842. On a peu
de documents sur cette année. Est-ce pour s'as-
sagir encore qu'il écrivit au *Cabinet de l'Amateur : Les tentures de cuir doré et leur fabrica-
tion,* un article qui n'a pas été réimprimé? Il
faut croire qu'il alla se bercer et se rajeunir
dans son vieux Valois, car nous voyons paraître,
dans *la Sylphide,* ce délicieux et clair recueil de
Chansons et légendes du Valois, qu'on retrou-
vera dans les *Filles du Feu.* Cependant, survint

un événement de la plus haute importance sur lequel il se tait. Depuis longtemps, Jenny Colon brûlait de se lancer dans le grand Opéra ; nous l'avons vue échouer avec *la Reine de Saba* ; elle devait réussir à Bruxelles. Le 6 juin 1841, pendant que son pauvre amoureux qui la croyait morte se débattait contre la folie, Jenny Colon débutait dans le rôle de Marguerite, des *Huguenots*. C'est la dernière fois qu'elle devait jouer. Un an après, exactement, le 5 juin 1842, elle mourait à Paris, d'autres disent à Bruxelles, n'ayant que trente-quatre ans, l'âge de Gérard. « Elle résistait à la mort, dit Jules Janin ; elle appelait la vie à son aide... Il fallut se soumettre : elle est morte en pleurant, la blonde et douce Jenny, si joyeuse ! Douce image, pâle et mélodieux sourire !... » Jenny Colon fut enterrée à Montmartre. Gérard l'accompagna-t-il au cimetière ? Ses amis prudents l'en détournèrent-ils, dans la crainte d'une rechute ? — Plus tard, il parle d'un papier qui lui aurait été donné le jour où la tombe d'Aurélia fut creusée, afin qu'il puisse la retrouver, voilà tout. Il était d'ailleurs heureusement distrait, depuis ses récents voyages, par l'idée d'une longue tournée en Orient : « Où vais-je ? disait-il en se promenant au soleil couchant sur les hautes terrasses de Genève ; où peut-on souhaiter d'aller en hiver ? Je vais au-devant du printemps,

je vais au-devant du soleil... Il flamboie à mes yeux dans les brumes colorées de l'Orient. »
Un peu plus tard, sur une promenade de Vienne, il avait vu passer le prince Puckler-Muskau dans une calèche que tout le monde suivait : « C'est pourtant ce prince fantastique et désormais *médiatisé* qui m'avait donné l'idée de parcourir l'Afrique et l'Asie, écrit-il. Lui aussi avait été cru mort, ce qui donna sujet à une foule de panégyriques et commença sa réputation... Il ramenait d'Égygte une Abyssinienne cuivrée qu'on voyait assise sur le siège de sa voiture, à côté du cocher. La pauvre enfant frissonnait dans son *habbarah* quadrillé, en traversant la foule élégante, sur les glacis et les boulevards de la porte de Carinthie, et contemplait avec tristesse le drap de neige qui couvrait les gazons et les longues allées d'ormes poudrées à blanc. »

Est-ce le regard brillant de cette passante cuivrée qui avait jeté un sort à Gérard? Depuis ce jour, il ne fit plus que rêver à l'Orient. Enfin il partit au mois de décembre. A Noël, il est à Lyon, et le 1er janvier 1843 à Marseille, où il s'embarque, cinglant vers le soleil et connaissant enfin, comme dit Byron, la liberté sur les mers!

CHAPITRE V

Voyage en Orient. — Malte, Cérigo. — L'archipel grec. — Alexandrie. — Séjour au Caire. — Une noce aux flambeaux. — Inconvénients du célibat. — Gérard cherche une femme. — Bons et mauvais partis. — Les almées... mâles. — Le bazar des esclaves. — Gérard prend le costume arabe. — Retour des pèlerins de la Mecque. — Zeynab. — Madame Bonhomme. — Les Afrites. — Visite aux Pyramides. — Départ du Caire. — Le Nil. — Choubrah. — Damiette. — La Bombarde Santa Barbara. — Incidents. — Les côtes de Syrie. — Beyrouth. — Madame Carlès. — Séjour dans la montagne. — Druses et Maronites. — Un combat. — Retour à Beyrouth. — Saléma. — Le cheik Eschérazy. — De Beyrouth à Saint-Jean-d'Acre. — Visite au pacha d'Acre. — Fiançailles. — De Beyrouth à Constantinople. — Les nuits du Ramazan. — Gérard et les religions. — Retour en France.

> De sa voix attendrie
> Gérard dit la féerie
> Et le songe riant
> De l'Orient.
>
> TH. DE BANVILLE. *L'Aube Romantique.*

Si quelques lettres ne nous en détournaient, nous pourrions suivre, allant en Orient avec Gérard, un charmant itinéraire, celui qui forme son journal à la suite des *Amours de*

Vienne. Il nous conduirait d'abord en chemin de fer de Vienne à Trieste, où nous nous embarquerions sur un bateau autrichien. Ensuite, sans souci d'un temps épouvantable, nous descendrions l'Adriatique jusqu'à Corfou, pour cingler enfin vers la Grèce au milieu de la tempête.

Malheureusement, il est prouvé par la correspondance qu'après avoir traversé Lyon Gérard s'embarqua à Marseille, faisant voile vers Malte, où il se trouve le 8 janvier 1843. Serait-ce dire qu'il n'a pas fait dans l'archipel grec ce voyage qu'il nous conte de si alerte manière ? Certes, non ! Mais, pendant son hiver à Vienne, il confesse avoir vécu constamment dans un rêve dont il espérait même ne jamais revenir. Distrait par ce rêve, toujours mystérieux et plein de restrictions, n'osant confier à la poste impériale qui les ouvre une lettre confidentielle, peut-être confond-il ; peut-être, pour donner plus d'harmonie à son livre, relie-t-il volontairement Vienne à l'Orient ? D'autre part, Arsène Houssaye prétend l'avoir rencontré à Venise s'embarquant pour Constantinople *, et rien, ni dans sa correspondance ni ailleurs, ne fait allusion une seule fois à Venise. Donc, puisqu'aucun document précis ne nous permet d'établir la date de ce voyage aux

* Arsène Houssaye. *Souvenirs de Jeunesse.*

Cyclades, reprenons à partir de Malte l'itinéraire de Gérard que nous ne quitterons plus,
et faisons voile avec lui vers Cérigo, l'ancienne
Cythère, l'île des Amours. C'était une grande
joie pour notre ami que de voir l'étoile du
matin rayonner sur la mer d'Ionie. Son enthousiasme croît à mesure que les côtes grandissent
à l'horizon, et sa journée commence comme un
chant d'Homère. Il voit la Grèce sortir des eaux
avec le soleil, et là-bas, là-bas, c'est Cythère
aux rochers de porphyre, Cythère tout empour-
prée, l'île de Vénus! — Mais, hélas! pour un
rêveur éveillé comme Gérard qui imaginait Cythère à travers les brumes colorées de Watteau,
et qui volontiers eût pris la houlette enrubannée
et agrafé le manteau de soie du berger galant
pour aborder, il était dur de toucher la réalité
et de voir que Cythère n'avait rien conservé de
sa beauté. Pas un arbre, pas une rose, pas un
coquillage sur la rive où se trouva la conque
diaprée de Cypris, et, pour habitants, rien
qu'un mauvais chasseur tirant aux bécasses et
aux pigeons, et des soldats écossais regrettant
les brouillards frigides de leur pays.

Gérard est tout désenchanté : « Ne suis-je
pas toujours, dit-il, le fils d'un siècle déshérité
d'illusions qui a besoin de toucher pour croire
et de voir le passé... sur ses débris? Il ne m'a
pas suffi de mettre au tombeau mes amours de

chair et de cendre, pour bien m'assurer que
c'est nous, vivants, qui marchons dans un
monde de fantômes. » Hélas! il aura bien
d'autres désenchantements encore. Tout d'a-
bord, en abordant à San-Nicolo, il avait entrevu un petit monument qui, de loin, semblait
une statue... De près, ce n'était plus qu'un
gibet à trois branches dont une était garnie.
Ainsi, il vivait là avant Baudelaire ce beau
poème des *Fleurs du Mal* où l'auteur croit se
reconnaître dans un pendu symbolique travaillé et saigné, comme par des vices et des
remords, par l'essaim inassouvi des oiseaux et
des bêtes de charnier.

Pour se consoler, il cherche les ruines des
temples à Vénus; plus rien que des moulins à
eau sur la surface de l'île. Enfin, Aplunori
lui donne une compensation. Avant d'atteindre ses murs, il rencontre un petit bois de
mûriers et d'oliviers où l'aloès et le cactus se
hérissent parmi les broussailles, et, sur un
débris d'ancienne arcade, il peut lire ces mots
gravés en grec sur le marbre : guérison des
cœurs. Hélas! trouvera-t-il jamais de quoi guérir le sien, lui qui souffre toujours! S'il est
ici, c'est qu'il a voulu mettre l'étendue des
mers entre lui... et un doux et triste souvenir; et maintenant, pour se distraire, il faut
qu'il aille, qu'il se fuie lui-même! Avant de

quitter Cythère, il voit des débris de statues, se retrouve savant pour s'intéresser à la triple personnalité de la déesse des Amours, puis monte vers les Cyclades, et, arrivé en rade de Syra, l'ancienne Syros, foule enfin le sol de la vraie Grèce.

Alors son ravissement n'a plus de bornes : il est tout heureux de savoir le grec, de pouvoir parler aux marchands, de déchiffrer sans peine leur nom et leurs enseignes sur les boutiques. Tous ces gens parlent comme dans les dialogues de Lucien, et ce sont les jurons d'Aristophane qui résonnent sur leurs lèvres. En coudoyant ces hommes bariolés, on croirait marcher dans une comédie peuplée des Corsaires de Byron, ou de ces pirates qui rament en chantant dans les *Orientales*. Qu'importe qu'il y ait sur la colline une église catholique placée sous l'invocation de saint Georges ! Gérard se sent païen dans ce pays où le grand Pan a fait résonner sa flûte immortelle, et, tout enivré d'harmonie, il boit le vin des outres antiques, et, par respect, n'ose dire qu'il sent le cuir, la mélasse et la colophane. Il pourrait aller plus loin encore s'il le voulait, mais il dédaigne l'occasion que lui offre une vieille édentée dans un des moulins de Syra, et se délivre d'une trop facile conquête moyennant deux ou trois drachmes qui lui valent un talisman.

Enfin il s'embarque pour Alexandrie sur un vaisseau français, le *Léonidas*. C'est une traversée de trois jours durant laquelle il apprend la langue des pays qu'il va voir. En arrivant (16 janvier 1843), il fait la connaissance d'Abdallah, un drogman qui s'attache à lui faute de plus riche voyageur. Singulier personnage que cet Abdallah, avec sa tête d'affranchi de bas-empire. Une longue tunique blanche couvre ses habits, un jeune noir porte sa pipe, et un petit drogman l'accompagne. Gérard se trouve presque un trop mince personnage pour ce serviteur ; il le garde cependant, et, après avoir pris une cange pour remonter le Nil, arrive avec lui au Caire. Là, descendra-t-il à l'hôtel Waghorn, qui est anglais, ou bien à l'hôtel français, où son drogman refuse de le suivre sous prétexte qu'il a son rang à garder? A quoi bon aller en Orient si c'est pour y retrouver la vie des hôtels de Marseille, avec un billard au rez-de-chaussée et un piano au premier étage? Mieux vaut louer tout de suite une maison dans la ville. Au Caire, pour trois cents piastres par an (75 francs), on a une fort belle maison de plusieurs étages, avec cour et jardin, pavés de marbre, galeries et escaliers ouvragés. Gérard en loue une dans quelque rue du quartier cophte ; on va chercher pour cela le cheik du quartier, et l'acte est rédigé en arabe, pour six mois.

Voilà donc Gérard propriétaire. Il lui reste à faire connaissance avec cette ville où il est mortellement triste et découragé le soir de son arrivée. Quoi! c'est là cette célèbre cité toute flamboyante du souvenir des *Mille et une Nuits?* On heurte la foule, les chameaux, les chiens et les ânes; la nuit tombe, tout se ferme; seuls les moucharabys s'éclairent, et la ville semble morte dans ses quartiers entourés de murs à créneaux. Mais patience! l'Égypte est le pays des énigmes et des mystères, et elle ne se découvre que discrètement et peu à peu, pareille à ses habitantes toujours si hermétiquement voilées. C'est là un charme de plus; il faut surprendre, deviner à ses yeux la beauté qui passe, et la femme qui se sent remarquée ainsi trouve toujours moyen de laisser voir qu'elle est belle.

Gérard, lui, ne demande qu'à voir et à surprendre, et les occasions ne lui manqueront pas. La première nuit, à peine vient-il de se coucher qu'une vague musique résonne dans la rue. C'est une noce qui passe, toute bariolée, dans les cuivres, les torches et les bougies. Gérard veut la suivre, et, réveillant bien vite son drogman, un long manteau de poil de chameau ou *machlab* sur les épaules, la barbe longue et un mouchoir tordu sur la tête, curieux et amusé, il va. Quelle joie de se mêler à la noce, de pouvoir entrer partout comme un invité, grâce à ce costume à peu près oriental. Le danger est dans l'ignorance du langage et des mœurs ; mais Gérard observe prudemment, pour les imiter, les mouvements des autres, et, quant au langage, il apprend de son drogman, qui d'ailleurs détournera de lui toute conversation, que le mot *tayeb*, prononcé de différentes manières, suffira à peu près à toutes les réponses. Aussi peut-il boire sans crainte les breuvages qu'on verse à la ronde, applaudir à la danse des almées que des chœurs accompagnent, et recevoir sur le front l'eau de rose que des esclaves secouent de temps en temps sur la foule.

Cependant, il préfère rentrer, n'étant pas assez sûr de lui, et le lendemain, ayant dormi grasse matinée, il est encore au lit quand on lui annonce le vieux cheik qui rapporte l'argent reçu la veille pour le louage de la maison. Gérard ne comprend pas. Déplaît-il? Ses mœurs sont-elles mauvaises? Non. Seulement il n'a pas de femme, et cela pourrait porter ombrage à tous les voisins qui ont la leur. Pas de femme? Mais Gérard n'est pas marié, que veut-on qu'il fasse? Qu'il quitte la maison ou choisisse une compagne au plus tôt. La loi est formelle. Pauvre Gérard! Quoi, lui, l'indépendant qui craint les chaînes et par conséquent la plus lourde de toutes, le mariage, va être obligé de faire en Áfrique ce qu'il a toujours évité en Europe! S'il partait? Mais la vie est si douce ici, il y fait si bon vivre, à l'orientale, dans les meubles qu'il vient d'acheter! Non! il va chercher dès aujourd'hui les moyens de rester, voilà tout. Et désormais tout pour lui dépend de ce mariage ; comme don César de Bazan vendu traîtreusement aux pirates d'Afrique, il va voir des femmes bleues, jaunes, vertes, sans se résoudre à en prendre aucune. Cela donne une pointe de comique à tout son voyage, et, par moments, on pense à ces délicieuses comédies de Molière où Zerbinette et Sbrigani passent, tandis qu'une marche turque fait sautiller ses flûtes dans la coulisse.

Gérard est donc décidé à prendre femme, et le voilà dans la rue, à la recherche de quelque honnête conseiller, quand un gros garçon joufflu qui le reconnaît pour l'avoir vu sur le bateau lui saute au cou et l'emmène vers Soliman-Aga, un Turc commandant des Égyptiens, que Gérard a rencontré naguère à Corfou. Celui-là le conseillera : « *Machallah!* s'écrie le Turc tout surpris, mais un jeune homme de votre âge devrait s'être déjà marié plusieurs fois! » et il fait suivre son exclamation d'un dédaigneux discours sur les Européennes, les *roumis,* qui sont à tout le monde, montrent avec impudeur leur visage entièrement nu, et sont d'ailleurs sans couleur, sans goût, et indignes même qu'un croyant leur baise les mains; puis, en manière de conclusion, il conseille à Gérard d'embrasser le mahométisme. La chose est grave, et Gérard est plus embarrassé que jamais. Par bonheur, il lui reste un peintre, sujet français, rencontré à l'hôtel en arrivant, lequel est d'ailleurs sourd comme une borne, ce qui le rend fort difficile à interroger. Mais celui-ci lui dit absolument le contraire : « Ne vous mariez pas, et surtout ne prenez pas le turban ! Que vous demande-t-on ? D'avoir une femme chez vous. La belle affaire ! J'en fais venir tant que je veux. Cherchez vous-même, c'est le mieux, et si vous rencontrez par hasard, n'importe où, une femme dont les vêtements, la coiffure, quelque chose indique l'envie de paraître aimable, suivez-la seulement, et si elle vous regarde en face au moment où elle ne se croira pas remarquée de la foule, prenez le chemin de votre maison, elle vous suivra. »

Quoique périlleux, c'est facile, surtout quand le costume franc vous fait considérer partout, et Gérard se met de suite à l'œuvre. Le voilà donc parcourant la ville en tous sens, fendant la foule des rues populeuses, flânant, ayant l'air d'examiner. Enfin, devant la boutique d'un forgeron, il entend deux femmes rire derrière lui.

Il s'élance, elles s'échappent ; mais il les suit, et tombe avec elles dans un labyrinthe de bazars où les riches étoffes se déploient. Rien ne leur plaît du luxe étalé à leurs yeux ; elles veulent absolument des étoffes de Constantinople : on leur en montre d'affreuses qui leur font pousser des cris d'admiration. Gérard s'approche, en connaisseur, prononce un *tayeb* qui arrête le choix des dames et... ô surprise, une d'elles l'a regardé en face ! Il ne lui reste plus qu'à reprendre le chemin de sa demeure ; hélas ! tant de détours l'ont égaré et son drogman n'est pas là, c'est impossible ! Il continue cependant à suivre les femmes qui étouffent de petits rires en se sentant suivies, puis, les voyant pénétrer dans une maison qui, sans doute, est la leur, il entre bravement à leur suite.

Mais cela devient dangereux, car, lorsque ne voyant plus les deux femmes Gérard s'apprête à la retraite, un robuste esclave a refermé la porte, et des gens peu rassurants se montrent aux fenêtres des galeries tandis que s'avance un Turc des plus majestueux qui a l'air du maître de la maison. Dans cette situation, le pire est de rester court : aussi Gérard cherche-t-il à se justifier dans une langue qu'eût enviée M. Jourdain quand, dans le meilleur français du monde, le prétendu Turc le prie tout simplement d'entrer. Cet homme n'est en effet qu'un Français qui, naguère au service de l'empereur, a préféré partir que de servir la Restauration. Malheureusement, les scrupules qui l'expatrièrent ne l'ont pas suivi en Orient, et il n'a pas craint d'y devenir directeur de sérail. Il est vrai que cette fonction ne l'a pas empêché d'obtenir le grade de bey et d'épouser la fille d'un consul, la même qui, accompagnée de sa sœur, fuyait tout à l'heure l'insistance de Gérard. On pense si notre pauvre ami est confus quand il se retrouve à dîner devant ces deux charmantes personnes! Il lui faut donc abandonner ici tout projet de mariage. Il y a bien encore, dans une salle voisine tout en glaces et en porcelaines peintes, les enfants qui restent de l'ancien sérail, c'est-à-dire huit filles dont le teint varie du bistre au chocolat foncé, mais est-ce la peine de venir au Caire pour s'allier à une famille française? Mieux vaut chercher ailleurs.

Un vieux juif nommé Yousef se présente à propos. Ayant appris que Gérard voulait une femme, il lui amène un *wékil* (ambassadeur) lequel est aveugle et guidé par son fils. Ce *wékil* est chargé de s'entendre avec les parents des filles et de vous conduire chez elles. Aussitôt on monte à âne, et, chemin faisant, le juif indique à Gérard les quatre façons de se marier. L'une, qui a lieu seulement devant le Turc, n'est pas celle des filles très honnêtes; la seconde consigne à la femme un douaire d'environ cinquante francs; une femme pour cinquante francs, ce n'est pas cher, d'autant plus qu'on divorce quand on veut. La troisième ne vous permet pas de divorcer : cela est plus grave, et les gens scrupuleux seuls s'en accommodent. Pour la quatrième, il n'y faut pas penser. On est marié deux fois, à l'église cophte et au couvent des franciscains, et si l'on part, la femme peut vous accompagner ou vous laisser les enfants sur les bras. Cependant, en s'instruisant ainsi, Gérard est arrivé à une maison basse où on lui montre deux femmes entièrement vêtues à l'orientale, avec des grappes de pièces d'or et d'argent cachant leur chevelure. « La première est svelte comme un palmier et a l'œil noir d'une gazelle avec un teint légèrement bistré ; l'autre, plus délicate, plus riche de contours, et d'une blancheur qui étonne en raison de la latitude, a la mine et le port d'une jeune reine éclose au pays du matin. »

Gérard est particulièrement séduit par cette dernière, qui triomphe presque de sa prudence en secouant coquettement devant lui ses magnifiques cheveux dorés : « Ma foi, dit-il, je l'épouserais bien devant le Turc ! » Mais bientôt, apprenant qu'elle est déjà divorcée, malgré ses seize ans, il envoie simplement un petit présent et y renonce.

Ainsi Gérard ne trouve pas de femme! Le juif, le *wékil* et son fils s'y emploient pourtant de tout leur zèle. Cela l'amuse fort, et, comme un artiste qui fait déshabiller tous les modèles qu'il ne prendra pas, il peut passer en revue tout le beau sexe cophte. Enfin, un jeune homme bien vêtu et nommé Mahomet vient lui proposer un mariage sérieux. C'est devant le consul qu'il aura lieu; la fille n'a pas plus de douze ans, et Gérard plaît beaucoup aux parents qui sont riches et le reçoivent très cérémonieusement. Ah! notre ami est bien près du mariage ce jour-là! La petite est si charmante malgré ses traits à peine formés! Hélas! il faudrait payer, pour l'obtenir, une dot de vingt mille piastres, soit cinq mille francs; c'est trop pour Gérard à qui il reste encore, en dernier recours, le bazar des esclaves.

Mais ce ne sont pas là ses seuls tracas. Pendant qu'on cherche une femme, il faut bien manger, et, en Orient, le problème de la cuisine est aussi difficile à résoudre que celui du mariage. Il est cependant gênant et onéreux de prendre deux fois par jour ses repas à l'hôtel. Encore, si le drogman Abdallah consentait à ceindre le tablier de maître Jacques, mais non! C'est trop au-dessous de lui, et tout ce qu'il peut faire pour Gérard qui ne saurait se nourrir de cigales et de sauterelles, c'est de lui conseil-

ler de prendre un cuisinier qu'il trouvera chez
M. Jean, cabaretier du quartier cophte, et,
de plus, un des débris de l'armée d'Égypte. Cet
honnête cabaretier enverra naturellement tout
ce qu'on voudra. En attendant, Gérard déjeune
encore à l'hôtel et va s'asseoir dans les cafés.
C'est là que le sort lui réservait une nouvelle
déception. S'étant assis dans le plus beau café
du Mousky, il se laissait aller au charme d'une
danse d'almées, qu'il voyait pour la première
fois, quand il aperçut sur la face de l'une d'elles
une barbe d'au moins huit jours. O douleur !
il n'avait affaire qu'à des almées… mâles. Quelle
chute ! mais il n'a pas fini. Ce jour-là, comme
il rentrait chez lui, tombant au milieu des cui-
siniers envoyés par M. Jean, lesquels fumaient
voluptueusement en l'attendant, il vit avec surprise des treillageurs occupés à boucher à ses
frais tout un côté de la terrasse. Une veuve s'é-
tait plainte que Gérard regardait chez elle.
Quand on saura que cette femme avait bien cinquante ans, on comprendra l'indignation de
Gérard qui jeta dehors tout le travail des treillageurs en leur donnant congé. Malheureusement, dans sa colère, il ne pensait pas que les
débris tombaient dans le jardin de la plaignante
qui renvoya chez Gérard, avec les ouvriers, le
vieux cheik que nous avons déjà vu. Il en profita naturellement pour renouveler à Gérard la

nécessité de suivre la loi et de prendre une femme, si bien que, voulant savoir s'il n'y avait pas dans tout cela une supercherie pour obtenir de l'argent, Gérard prit la résolution d'aller trouver le consul de France, pour qui il avait une lettre de recommandation. Le soir même, il dînait chez lui et lui expliquait son embarras tout en savourant des vins de Grèce et de Chypre : « On a le droit de vous expulser, dit le consul, il faut vous marier. — J'y ai renoncé, dit Gérard, la dernière femme qu'on m'a proposée m'a gâté toutes les autres, et, malheureusement, je n'avais pas assez en mariage pour elle. Mais les esclaves sont beaucoup moins coûteuses ; mon drogman m'a conseillé d'en acheter une et de l'établir dans mon domicile. — C'est une bonne idée, » dit le consul. Il ne reste donc plus qu'à la mettre à exécution.

Le lendemain, Gérard et son drogman Abdallah, tous deux montés sur des ânes, se dirigent vers le bazar des esclaves. Des marchands basanés les entourent en criant : *Essouad ? Abesch ?* — des noires ou des abyssiniennes ? — Là sont des négresses qui fument et rient, un anneau dans le nez, tatouées, l'air avachi ; plus loin, sous une tente, des Éthiopiennes cuivrées semblant se rattacher à la famille des quadrumanes, tendent les mains pour demander de l'argent : *Bakchis! Bakchis!* — Comment choisir dans ce marché humain quand on a la délicatesse de Gérard, qui se présente là avec des gants noirs qui le font prendre pour le diable, et quand on s'est enflammé naguère pour les beaux yeux des blondes Viennoises? Modestement il objecte que ces teintes sont trop foncées pour son goût, et, sur le conseil de son drogman, attend la grande fête de Mahomet qui coïncide cette année avec le retour des pèlerins de la Mecque, et qui va ramener quelques femmes sur le marché. Seulement, pour cette fête, il serait prudent de prendre le costume arabe, car les Francs ne sont guère aimés depuis la conquête d'Alger. Gérard le prend moins par prudence que par amour du pittoresque, honteux qu'il est de souiller la ville de son paletot sac et de son chapeau rond. Un matin donc, il entre dans une merveilleuse boutique de barbier tout ornée, et là se fait raser complètement la tête, ne gardant, selon son désir, qu'une seule mèche au-dessus de la tête comme celle que portent les Chinois et les Musulmans. Ensuite, la barbe taillée à la dernière mode de Stamboul, il se coiffe de deux bonnets superposés, blanc et rouge, puis, ainsi transformé, le cou découvert, le *machlah* qu'il possédait déjà sur les épaules, une vaste culotte de coton bleu et un gilet rouge garni de bro-

derie d'argent, dans une mise complète qui le
fait saluer du titre de *tchéléby,* nom des élé-
gants du pays, il est prêt à voir l'entrée des
pèlerins revenant de la Mecque.

C'est un spectacle énorme qui, comprenant
environ trente mille personnes, dure toute la
journée. La ville est toute grouillante d'une
foule que les troupes font ranger, et le son
des trompettes, des cymbales et des tambours
règle la marche des différentes sectes qui se
distinguent à des trophées et à des drapeaux.
Ce sont des Moghrabins barbus et hérissés ; un
fouillis d'or, de pierreries, d'armures, de panaches, d'où émergent des dromadaires chargés
de palanquins. Bientôt le canon tonne, c'est
l'arrivée du *Mahmil,* arche sainte qui renferme
la robe de drap d'or de Mahomet. Alors, tout le
monde se rue, se prosterne, hurlant : Allah ! Les
coups de bâton pleuvent, des santons fana-
tiques avalent des serpents vivants, des charbons allumés, et toute cette formidable ivresse
religieuse anime un immense panorama où le
vieux Nil se déroule à travers les plaines fer-
tiles. Gérard remonte le cours des siècles à
cette vue, et il lui semble assister à une scène
du temps des Croisades. Mais comme son ironie parisienne ne l'abandonne jamais, lui, le
sceptique, il pense aussi à un vieil opéra comique célèbre dans son enfance, et se prend à

fredonner, malgré lui, la *Marche des Chameaux*.

D'ailleurs que lui importe cette fête! à travers tout ce qu'il entend, tout ce qu'il voit, n'est-ce pas toujours une femme qu'il cherche? Et n'est-ce pas dans ce but que, dès le lendemain, au point du jour, gai, coquet, monté sur un âne rayé comme un zèbre, il se rend dans un autre bazar d'esclaves, celui du seigneur Abd-el-Kérim qui lui montre ses Abyssiniennes dans une grande salle aux lambris sculptés et dorés? Le choix est difficile, car toutes ces femmes se ressemblent; mais Abd-el-Kérim en fait entrer une autre : « Je poussai un cri d'enthousiasme en la voyant, dit Gérard; je venais de reconnaître l'œil en amande, la paupière oblique des Javanaises, dont j'ai vu des peintures en Hollande; comme carnation, cette femme appartenait évidemment à la race jaune. . Je ne sais quel goût de l'étrange et de l'imprévu, dont je ne pus me défendre, me décida en sa faveur. »

Enfin, c'est chose faite! Il ne reste plus qu'à décider du prix de l'esclave. On en demande cinq bourses (625 francs) à Gérard qui veut savoir son nom. *Z'n'b'!* dit Abd-el-Kérim avec un grand effort de contraction nasale. *Z'n'b'!* qu'est-ce que cela signifie? Enfin, après quelques difficultés, Gérard finit par comprendre que ce nom qui ressemble à un éternuement peut se prononcer *Zeynab,* et, dès le soir, sans plus tarder, il ramène triomphalement Zeynab à sa maison du quartier cophte.

Mais si Gérard en a fini maintenant avec les lois, il va faire connaissance avec les soucis domestiques, et ce n'est pas peu dire. D'abord, dès l'arrivée, en examinant sa femme, il voit avec peine, sous le bandeau rouge qui ceint son front, une grande place brûlée à partir des premiers cheveux. Sur la poitrine s'étale une brûlure pareille ; le menton est tatoué, la narine gauche percée, les bras et les pieds sont teints de couleur orange. Alors commencent des scènes du plus haut comique. Gérard veut naturellement questionner cette femme sur sa bizarrerie, mais comme il ignore à peu près totalement l'arabe, il s'en tient, la plupart du temps, à des gestes expressifs qu'elle ne comprend guère. Et puis, pour comble de malheur, elle ne veut ni s'asseoir ni manger comme lui. Gérard a pourtant là un cuisinier que lui a envoyé M. Jean, lequel répond au nom de Mustapha et tue les poules en leur tranchant la tête avec son yatagan ; mais cela importe peu à Zeynab qui détourne la tête et met sa main sur sa bouche. Est-ce sa religion qui l'empêche de toucher certains aliments ? Enfin, elle consent à boire du lait de chèvre, sans rien d'autre. Que faire ? Par bonheur il y a au Caire une femme qui, en dépit de son nom paterne de Mme Bonhomme, est gracieuse, fort jolie, et tient une salle de lecture. Mme Bonhomme est française, elle est même provençale, ce qui n'est pas pour enlever à son piquant. Elle veut bien servir d'interprète entre Zeynab et Gérard, et l'on peut enfin sinon s'entendre, du moins se comprendre et s'expliquer.

A quelques jours de là, notre ami est invité par le consul général à une excursion dans les environs du Caire. Que va-t-il faire de son esclave? Il n'est jamais prudent de laisser seule une femme, et il faudrait au logis quelques eunuques pour la garder. Toujours sur les conseils précieux de M. Jean, Gérard confie Zeynab à un vieux Cophte et à son épouse, dignes de confiance, et, au retour, les garde tous les deux. Cela est devenu d'ailleurs bien nécessaire, car, profitant de l'absence du maître, le cuisinier est parti sans rien dire, et Zeynab, quoique esclave, ne veut faire ni la cuisine ni le ménage, prétextant qu'elle est une *cadine,* c'est-à-dire une dame, et non pas une vulgaire servante (*odaleuk*). Gérard n'insiste pas. Il désirerait seulement qu'elle apprît le français, et commence à lui donner des leçons de langage et d'écriture. Mais Zeynab ne fait guère de progrès. A peine peut-elle prononcer dans la langue du nègre : *Ze souis one bétit*

sovaze. Le soir, avant de se coucher, elle en-
guirlande sa porte avec des oignons, et s'endort
ainsi, paisiblement.

Un matin, en pénétrant dans la chambre
sans penser à mal, Gérard jeta négligemment
les oignons par la fenêtre. Le malheureux!
malgré sa connaissance des religions et de leurs
pratiques, il ignorait que les oignons avaient
été dieux dans ce pays, et qu'ils avaient encore
le pouvoir de conjurer les mauvais esprits ou
afrites. Justement il y en avait deux, nommés
le *Vert* et le *Doré*, qui étaient particulièrement
hostiles. Aussi se vit-il accablé d'injures par
Zeynab qui appela près d'elle, pour l'aider à
réparer ce sacrilège, de vieilles femmes qu'elle
voulut garder. Pauvre Gérard! à ce train de
vie, ses ressources s'épuisaient, et il lui faudrait agir autrement s'il voulait continuer son
voyage. Et puis, ce qu'il n'écrit pas, et ce qu'il
répétera plus tard à Maxime du Camp, c'est
que Zeynab le battait comme plâtre. Un jour
donc, il lui fit dire qu'elle était libre et pouvait rester au Caire si bon lui semblait. Contre
son attente, elle pleura à cette nouvelle. Comment gagner sa vie, elle qui ne savait rien
faire? — « Eh bien, lui dit Gérard, il faut me
suivre dans d'autres pays. » Elle y consentit,
et Gérard heureux alla retenir une cange qui
devait les porter sur le Nil, du Caire à Da-

miette. Mais, auparavant, il voulut visiter les Pyramides. Quatre hommes aident à son ascension de la grande pyramide, le soulevant et le poussant tour à tour comme un ballot, pendant deux cent sept marches. Gérard trouve déjà, à cette époque, des réclames gravées sur le sommet de l'édifice où il fait la collation d'usage avec un officier prussien qu'il rencontre. Ils redescendent ensuite tous deux et arrivent à l'entrée de la pyramide, dans laquelle ils pénètrent, précédés de huit porteurs de torche, et s'aidant des mains et des genoux. Cette visite semble avoir produit aussi peu d'effet sur Gérard que celle de Memphis qu'il fit le lendemain, et aussi de Saccarah, d'où il rapporta un ibis sacré pour le consul. Seules, les religions antiques et les épreuves de leurs néophites paraissent l'intéresser, et il parle peu de cette plaine où le Nil se déroule et d'où Bonaparte a fait contempler quarante siècles à son armée. Cependant il quitte à regret le Caire. C'est encore de la beauté qui s'en va. Avant de partir, il veut rendre une dernière visite à Mme Bonhomme, cette blonde et charmante providence du voyageur : « Hélas! dit-il, je ne verrai plus de longtemps que des visages de couleur, je vais braver la peste qui règne dans le delta d'Égypte, les orages du golfe de Syrie qu'il faudra traverser sur de frêles barques; sa vue

sera pour moi le dernier sourire de la patrie. »
Et Gérard éprouve aussitôt le besoin de s'exalter,
ce qui lui est toujours facile quand il voit une
femme jeune et jolie. Aussi lyrique que Ronsard, il montre cet *or crespelé* de certaines
beautés blondes du Midi, dont est Mme Bonhomme. Il chante cette peau dont la carnation,
« fine et claire comme le satin rosé des Flamandes, se colore aux places que le soleil a
touchées d'une vague teinte ambrée qui fait
penser aux treilles d'automne, où le raisin
blanc se voile à demi sous les pampres ver-
meils ». Puis il s'attendrit et s'afflige : « O
figures aimées de Titien et de Giorgione, est-ce
au bord du Nil que vous deviez me laisser
encore un regret et un souvenir? » En effet,
Gérard n'a plus maintenant qu'une esclave, à
la fois servile et sauvage, comme un animal
captif, et c'est avec elle qu'il va s'embarquer. Il
achète un drapeau tricolore qu'il plante fière-
ment à l'arrière de sa cange à voiles latines
pour se faire respecter des fellahs; puis il part
du port de Boulaq. Le vent est contraire et
l'on n'avance d'abord qu'avec peine à travers
les roseaux du Nil.

Pas de lotus dans le fleuve, pas d'ibis sur ses
bords, seulement, ça et là, de grands buffles
plongés dans l'eau et de petits faisans dorés
voltigeant au-dessus des orangers et des ba-

naniers. Le soir on s'arrête à Choubrah, où le reïs qui dirigeait la cange donne une fête en l'honneur de la circoncision de son fils. Gérard fut placé à côté du grand père de l'enfant, qui l'accueillit par un juron français, souvenir de la campagne d'Égypte.

« Avez-vous connu Bonaparte? » lui demanda alors Gérard. A ces mots, le vieillard pencha sa tête en arrière, dans une sorte de rêverie solennelle, et se mit à chanter à pleine gorge : « *Ya salam Bounaberteh!* Salut à toi, Bonaparte! » Gérard ne put retenir ses larmes en entendant, si loin, résonner le nom de celui qu'on appelait le sultan Kébir. Il essaya de réveiller de nouveaux souvenirs aux noms de Kléber et de Menou, mais le vieillard ne se souvenait que du colonel Barthélemy, qui avait inspiré, par sa beauté et son costume magnifique, des chants d'amour aux hommes euxmêmes. Le lendemain Gérard reprit la cange. Une mauvaise nouvelle l'attendait devant Mansourah, où saint Louis fut vaincu et fait prisonnier ; le drapeau jaune de la peste était arboré et l'attendait encore à Damiette. Là, après avoir déjeuné en quarantaine avec le consul de France, Gérard, qui ne se souciait guère de passer plusieurs jours dans une ville désolée, fit retenir sa place et celle de Zeynab sur la bombarde *Santa Barbara*, qui mouillait

à une lieue de la ville et allait appareiller pour
les côtes de Syrie. Zeynab eut beaucoup de
succès sur ce mauvais bateau noir; sa beauté
d'idole asiatique enchantait tout le monde, et
le capitaine offrit même de l'échanger contre
un de ses mousses pour qui il avait cru décou-
vrir chez Gérard une de ces inclinations que
Virgile se sentait pour Alexis. Cela n'était rien,
mais bientôt la religion s'en mêla dans la personne d'un matelot quelque peu fanatique, qui
se mit à catéchiser Zeynab et voulut ameuter
l'équipage contre Gérard sous prétexte qu'une
croyante ne pouvait rester avec un infidèle et
que cette femme ne lui appartenait pas. Gérard
était le plus paisible des hommes; une belle
après-dînée, le soleil projetant sur la mer
l'ombre flottante de la voile, cela lui suffisait;
mais, à cette menace, il tira promptement un
pistolet de sa ceinture, sans songer même que
l'arme n'était pas chargée. Enfin, il se souvint à
propos d'une lettre de recommandation que lui
avait donnée jadis, à Paris, le pacha de Saint-
Jean-d'Acre, et, en faisant valoir la signature, il
se vit dès lors pris pour un personnage considérable et entouré d'égards qui le rassérénèrent.
Le voyage, lui-même, était devenu une fête;
on rasait doucement les côtes de Syrie, et la
mer bleue et calme reflétait, comme un lac, le
Carmel et le Liban. Bientôt apparut Tyr, puis

Sydon ; enfin Beyrouth, riante sous les nuages :
« O nuages bénis ! nuages de ma patrie ! s'écriait
Gérard en abordant, j'avais oublié vos bien-
faits ! et le soleil d'Orient vous ajoute encore
tant de charmes ! Le matin, vous vous colorez
si doucement, à demi roses, à demi bleuâtres,
comme des nuages mythologiques, du sein
desquels on s'attend toujours à voir surgir de
riantes divinités ; le soir, ce sont des embrase-
ments merveilleux, des voûtes pourprées qui
s'écroulent et se dégradent bientôt en flocons
violets, tandis que le ciel passe des teintes du
saphir à celles de l'émeraude, phénomène si
rare dans les pays du Nord. »

Après la quarantaine d'usage, Gérard loua
pour un mois un logement hors de la ville,
dans une maison de chrétiens maronites. La
pauvre Zeynab, qui l'accompagnait toujours,
lui était devenue bien embarrassante, et tout
d'abord il la proposa à son ami Gautier, dont
il connaissait les opinions turques à l'endroit
de la femme, mais c'était trop de difficultés
pour le bon Théo, qui n'accepta pas. Alors,
Gérard confia sa situation à un brave Jésuite,
le Père Planchet, qui dirigeait un couvent aux
portes de Beyrouth : « Comment vous êtes-
vous mis ce poids sur la conscience ! lui dit
celui-ci. Vous avez dérangé la vie de cette
femme, et désormais vous êtes responsable de

tout ce qui peut lui arriver. Puisque vous ne
pouvez l'emmener en France et que vous ne
voulez pas sans doute l'épouser, que deviendra-
t-elle? » Tout s'arrangea cependant pour Gérard. On lui indiqua dans Beyrouth une école
de jeunes filles dirigée par une dame de Marseille, Mme Carlès. C'était une très bonne femme :
elle ne demanda que trois piastres turques par
jour pour se charger de l'esclave; elle lui ap-
prendrait le français et l'instruirait dans la religion chrétienne. Ainsi délivré, Gérard pouvait
se rendre dans la montagne, chez Abou-Miran,
prince ou émir du Liban, qui l'avait invité à
passer quelques jours dans sa demeure, située
près d'Antoura, dans le Kesrouan, et là étudier
de près les Druses et les Maronites, toujours en
guerre ouverte. On partit le matin. Gérard
montait un petit cheval dont la haute selle
turque l'incommodait un peu. Au bout d'une
lieue, on lui montra la grotte d'où sortit le fameux dragon que saint Georges perça de sa
lance; puis, comme c'était dimanche, on fut
entendre la messe dans une église maronite de
la montagne. Enfin, après des montées et des
descentes dangereuses, sur les pierres d'où sor-
taient d'énormes lézards, à travers les carou-
biers, les aloès et les palmes, on mit pied à terre
à l'entrée de Bethmarie, village mixte, c'est-à-
dire partagé entre les chrétiens et les Druses.

On y voyait encore les traces d'un incendie allumé par ces derniers, lesquels étaient séparés des Maronites par un camp d'Albanais vivant aux dépens de tous. Pendant que le prince et sa suite se reposaient, Gérard alla visiter le village druse, où le *moudhir* (gouverneur turc) l'invita à prendre le café. A trois heures, on se remit en selle, et il était nuit close quand on arriva à la demeure de l'émir. C'était un château d'apparence gothique, dont les ogives s'éclairaient dans la nuit, et qui dominait un mamelon autour duquel tournait un chemin escarpé. Après avoir passé une porte basse, à ceintre surbaissé, on se trouvait dans une vaste cour entourée de galeries soutenues par des colonnes, et des valets nombreux, des nègres, s'empressaient autour de vous et des chevaux. Quel rêve pour Gérard! Il devait y avoir là, dans cette demeure romantique, quelques châtelaines dont la beauté s'encadrerait bien dans l'embrasure de la fenêtre, et c'est à elles qu'il pensait le lendemain dans le jardin en terrasse où l'émir l'avait conduit.

Enfin, vers midi, au dîner, il lui fut donné de les voir. Elles étaient deux, très parées, assises les jambes croisées sur un divan et ayant près d'elles une petite fille qui vint lui baiser la main, selon la coutume. Gérard aurait bien rendu cet hommage aux deux autres, mais l'usage ne le permettait pas, il lui fallait même manger sans elles, et ce n'est qu'après le repas qu'il put leur parler, en fumant le narguilé.

Le lendemain, on le réveilla pour une chasse au faucon. Gérard était peu habile à cet exercice dont la mode se répandit chez nous à la suite des Croisades. Au moins, pensait-il y trouver les princesses, mais elles ne parurent point. On s'arrêta dans les joncs et les roseaux, aux bords du Nahr-el-Kelb. Bientôt, deux hérons se levèrent dans les marécages, chassés aussitôt par deux faucons, et l'on ne vit plus qu'un mélange furieux d'ailes, de cols et de pattes. Gérard n'était nullement curieux de ces tristes amusements, et il préféra le festin qui les suivit le soir. Des chanteurs et des musiciens l'égayaient, et de longs cierges, éclairant les petites tables, rappelaient les réjouissances du moyen âge. Après cette fête qui se prolongea fort avant dans la nuit, on alla reconduire à Antoura un lazariste maronite, le père Adam, ce qui permit à Gérard, non seulement de visiter le couvent, mais encore de voir Djebaïl, l'antique Byblos, où naquit Adonis, et le Nahr-Ibrahim, fleuve qui portait autrefois le nom de ce favori de Vénus, et se teint encore de rouge au printemps, époque à laquelle on pleurait sa mort.

Gérard goûtait avec bonheur cette vie des

montagnes; elle le reposait du séjour brûlant de l'Égypte; et puis, tout le cérémonial avait disparu pour lui dans la maison de l'émir; les princesses étaient vêtues très simplement, et la plus jeune descendait même aux fontaines avec les filles du village, comme la Rébecca de la Bible et la Nausicaa d'Homère.

Un soir, cependant, tout parut brusquement agité; on disait que les Druses étaient venus en nombre de leur province et s'étaient jetés sur les cantons mixtes. Comme les Maronites n'ont pas droit de conserver leurs armes, il fallait aller soutenir ces frères sans défense. L'émir prudemment voulut éloigner Gérard : « Non, lui dit ce dernier, laissez-moi vous accompagner; j'ai eu le malheur de naître dans une époque peu guerrière; que je puisse assister, dans ma vie, à une lutte un peu grandiose; il serait beau de mourir pour la cause que vous défendez! » Et Gérard était tout enthousiasmé quand il monta à cheval le lendemain, au point du jour. Trois cents cavaliers, environ, accompagnaient le prince qui, après quatre heures de marche, s'arrêta au couvent de Mar-Hama. Quelques hommes, bientôt rejoints par le gros de la troupe, se mettaient déjà en devoir de hacher les pieds de mûriers et d'oliviers, et offraient même une cognée à Gérard pour qu'il en fît autant. Mais celui-ci, qui n'avait pas mieux

demandé que de trancher les haies de cactus
avec son yatagan, croyant qu'il s'agissait d'ouvrir une brèche, répugna à cette lâche destruc-
tion, surtout quand il reconnut être là dans la
partie druse du village de Bethmérie, où il avait
été si bien reçu quelques jours auparavant.
Déjà, les Maronites parlaient d'y mettre le feu,
en vertu de la loi du talion. Enfin, tout s'arrangea. Il fut convenu que le prince remmènerait
toute sa troupe et que les Druses reviendraient
dans leur village sans appeler de secours éloi-
gnés. Ainsi se termina cette expédition où Gérard s'était promis de cueillir tant de lauriers.

Qu'était devenue Zeynab pendant ce temps?
Nous l'avons laissée à Beyrouth, chez Mme Carlès; Gérard vint l'y rejoindre après cette excursion. La pauvre fille pleura à chaudes larmes
en serrant la main de son maître contre son
front. Elle n'est pourtant pas malheureuse
dans cette pension; Mme Carlès est sa mère;
mais elle ne veut absolument rien faire; coudre
est la besogne d'une servante, lire est la science
d'une almée; elle aime mieux jouer et chanter
comme un enfant tout le long du jour. Quant à
sa conversion, elle n'est guère avancée. Elle
connaît bien *Aïssé* (Jésus) et *Myriam* (Marie),
mais ne peut les embrasser, car il est écrit :
« Tu n'adoreras pas les images. » Que va décider Gérard? Va-t-il l'épouser comme le voudrait

Mᵐᵉˢ Carlès? Certes non! Que ferait-il en Europe d'une pareille femme? Le voit-on entrer dans un salon avec une beauté qu'on pourrait suspecter de goûts anthropophages? Cependant, il éprouve un certain sentiment à l'égard de cette pauvre fille qui n'a que lui pour appui, et il la quittera avec peine. Comme il s'en va, un peu honteux de sa décision et évitant de donner une réponse précise, Zeynab se précipite au cou d'une grande fille qui, tout à l'heure, cachait son visage à la vue d'un étranger : C'est mon amie! s'écrie-t-elle. Et elle avait pris la main de la jeune fille, dit Gérard, et la comparait à la sienne. « Avec une gaîté imprévoyante, elle continuait cette pantomime en rapprochant ses tresses foncées des cheveux blonds de sa voisine, qui souriait d'un tel enfantillage. Il est clair qu'elle ne croyait pas se nuire par ce parallèle, et ne cherchait qu'une occasion de jouer et de rire avec l'entraînement naïf des Orientaux; pourtant, ce spectacle avait un charme dangereux pour moi; je ne tardai pas à l'éprouver. » Or, cette jeune fille, nommée Saléma, appartenait à la race des Druses. Son père était un des vieux cheiks de la montagne, espèce de fanatique qui, ne reconnaissant pas les droits actuels des Turcs, avait été mis en prison par eux pour n'avoir pas payé l'impôt depuis 1840. Saléma ne pou-

vait l'aller voir qu'une fois par jour ; le reste
du temps, elle demeurait chez Mme Carlès, qui
lui apprenait l'italien tandis qu'elle enseignait
aux petites l'arabe littéral. Gérard était tout
troublé par cette soudaine et charmante apparition : « Il vous semble, non pas que je suis
épris, dit-il, mais que je crois l'être... comme
si ce n'était pas la même chose en résultat ! J'ai
entendu des gens graves plaisanter sur l'amour
que l'on conçoit pour des actrices, pour des
reines. pour des femmes poètes, pour tout ce
qui, selon eux, agite l'imagination plus que le
cœur, et pourtant, avec de si folles amours, on
aboutit au délire, à la mort, ou à des sacrifices
inouis de temps, de fortune ou d'intelligence.
Ah ! je crois être amoureux, ah ! je crois être
malade, n'est-ce pas ? Mais si je crois l'être je le
suis ! »

Il l'était en effet de nouveau ! Le rêve, l'illusion, qu'il avait fui si loin, renaissait soudain
dans cette jeune fille qui ressemblait, hélas !
comme une sœur, du moins il le croyait, à une
autre femme que nous connaissons trop, et
c'était cet ancien, ce seul amour, qu'il emportait comme une proie dans la solitude. Qu'im-
portaient maintenant le passé, les douleurs, puisque la femme idéale que chacun poursuit dans
ses rêves s'était enfin réalisée pour lui ! Comme
il s'exaltait à cette pensée, un énorme escarbot

traversa devant lui le sentier de sable rouge, en poussant une boule plus grosse que lui-même. Gérard, qui était superstitieux, vit là un obstacle à surmonter. Néanmoins, dans le but d'être utile à la jeune fille, et par conséquent à son amour, il ne s'en rendit pas moins tout de suite chez le pacha, afin d'obtenir la liberté du père. Mais cela était difficile. Le cheik Seïd Eschérazy était, paraît-il, un homme dangereux en temps de troubles. D'ailleurs. son sort ne dépendait pas du pacha de Beyrouth, mais de celui de Saint-Jean d'Acre. Gérard montra une grande joie à cette nouvelle. C'était précisément, nous nous en souvenons, celui qu'il avait rencontré à Paris et connaissait personnellement. Il n'avait qu'à l'aller voir. Mais auparavant il voulut rendre visite au cheik Seïd Eschérazy. Il le trouva dans une demeure spacieuse qui ne ressemblait en rien à une prison. C'était un homme aux traits nobles et mâles, et qui paraissait jeune encore. A son grand étonnement, Gérard parla de la religion druse qu'il connaissait, et obtint que le cheik lui contât, avec toute la pompe orientale, l'histoire du kalife Hakem, le fondateur de la religion Druse, dernière révélée au monde; après quoi, espérant intéresser le pacha en faveur du prisonnier, il fit ses adieux au cheik et partit, n'ayant pas même osé lui parler une seule fois de sa fille.

C'est un simple brick anglais qui le conduisit le long des *échelles* de la Palestine. Gérard,
qui était aux premières places, y fit rapidement
la connaissance d'un missionnaire anglais em-
barqué aussi pour Acre, et qui lui montra le lieu
d'où Jonas s'élança, paraît-il, du ventre de la
baleine. Ils discutaient tous deux sur les religions, quand un petit Marseillais, vif, tout
noir, vint les interrompre avec un accent terrible. Gérard, sans penser à mal, causa un instant des Turcs avec ce digne voyageur, mais
quand il revint au révérend, celui-ci l'accueillit
très froidement. Gérard n'avait pas compris
qu'un homme des *first places* ne se commet pas
avec un individu des secondes et que décidément il était un *improper* à qui on ne reparle
plus. Il en profita pour jouir de tout le pittoresque des secondes. Sans doute, ce Marseillais
n'était pas des plus distingués, mais il avait
beaucoup voyagé et était, par ce fait, très amusant. Il conduisit Gérard jusqu'à un pope grec
et sa femme qui faisaient le pèlerinage de Jéru-
salem, en compagnie d'un corbeau mangeant
avec eux le saucisson d'Arles du Marseillais. A
Seyda, l'ancienne Sidon, ne pouvant plus supporter la mer, ils descendirent, résolus à continuer le voyage par terre. Gérard débarqua
aussi, le paquebot s'arrêtant pour quelques
heures qui lui permirent de dîner avec le vice-

consul et de voir la citerne d'Élie et le sépulcre
de Zabulon. Enfin on remit à la voile pour
Saint-Jean-d'Acre où l'on arriva le soir après
avoir salué au passage *Sour,* l'ancienne Tyr.
Comme il était trop tard pour débarquer, on
passa la nuit à bord, admirant sous les astres
tous les détails de la ville. Le matin, le Marseillais éveilla Gérard pour lui montrer l'étoile du
matin levée sur Nazareth, où était la maison de
la Vierge : *Stella matutina.* Mais notre ami ne
pensait déjà qu'à faire visite au pacha. Le Marseillais lui conseilla de reprendre le costume européen afin de n'avoir pas à attendre son tour
d'audience ; puis le pria, avec sa verve de com-
mis-voyageur, de lui placer auprès du pacha une
pendule à musique qui exécutait, paraît-il, tous
les opéras italiens. Gérard ne promit rien et partit. Le pacha le reçut froidement, le pria de s'asseoir sur un divan à côté de lui, affecta de ne
parler qu'Italien, et lui fit servir le café et le chi-
bouk, répétant après chaque tasse la phrase d'u-
sage : « Ton *kief* est-il bon ? » c'est-à-dire : « Te
trouves-tu bien? » Or, Gérard, qui avait refusé
le saucisson du Marseillais, comptant un peu
sur l'hospitalité musulmane, avait couru à jeun,
toute la matinée, les plaines et la ville d'Acre,
et il était midi. A ce moment, quatre ou cinq
pendules se mirent à commencer chacune un
air différent. Pauvre Marseillais ! Pouvait-on

maintenant essayer de placer la sienne? Pouvait-on aussi parler du malheureux cheik druse?
Non! l'audience était terminée et le moment
venu de prendre congé. Deux *cavas* furent chargés d'accompagner Gérard. A peine dans la
ville, il leur demanda naturellement où il pourrait déjeuner. Ils parurent très étonnés, car ce
n'était pas l'heure. Que faire? Il ne restait plus
d'espoir que dans le Marseillais et dans son
fameux saucisson d'Arles. On n'eut pas de
peine à le trouver par la ville, faisant l'article
pour de vieilles montres et des fusils à pierre.
Gérard ne mourrait donc pas de faim cette fois,
mais il dut se contenter avec le saucisson d'un
mauvais pain sans levain. Heureusement, restait le *kief*, qui, cette fois, pouvait être bon.
Gérard le passa dans un *cafedji* à conter ses
projets au Marseillais, qui chercha plaisamment
à l'en détourner. Un Européen, un Français,
un homme du beau monde enfin, n'épouse
pas ainsi une petite fille des montagnes, une
barbare dont la religion est ignoble au point de
faire monter des femmes nues sur l'autel et de
laisser, à l'Épiphanie, les hommes et les femmes
ensemble dans l'obscurité! Gérard avait beau
dire que c'était là des calomnies inventées par
les gens des autres cultes, son interlocuteur ne
tarissait pas. Enfin la journée s'avançant, nos
amis sortirent du café, toujours suivis des deux

cavas qui, comme des Levantins de Molière, obsédaient sans cesse Gérard d'un *ti sabir?* qu'il ne comprenait pas. Il paraît que cela voulait dire qu'il était temps de retourner chez le pacha pour dîner. Tant de choses en si peu de mots : *quelle belle langue que la langue turque!* Gérard prit donc congé du Marseillais et rentra sans enthousiasme au palais où il avait été reçu si froidement le matin. Mais l'accueil fut tout autre, cordial et sans façon. Le pacha lui expliqua que l'étiquette du matin était nécessaire devant les gens de la ville, qui ne pardonneraient point des faveurs accordées à un *Frangui.* On dîna donc à l'européenne. Gérard espérait une danse d'almées; il dut jouer au billard jusqu'à une heure du matin. Après quoi il s'en fut coucher sur des coussins, n'ayant pas encore trouvé le loisir de parler du cheik prisonnier. Il le trouva enfin.

Le pacha se mit à rire, surtout en apprenant que Gérard se croyait lié avec la malheureuse Zeynab : « Donnez-la-moi pour ce que vous voudrez, dit-il, pour un cheval, de l'argent même. — Pour la liberté du cheik Eschérazy, répondit Gérard. — Non! une grâce ne se vend pas, » dit le pacha. D'ailleurs, il ne peut presque rien, n'ayant plus qu'un pouvoir nominal. Cependant, si le cheik veut promettre de rester tranquille à l'avenir, on verra. En effet, on réduit son affaire à un simple refus d'impôt, et on l'envoie à Deïr-Khamar, chez le caïmacan druse où il peut garder sa fille auprès de lui. C'est là que Gérard alla le visiter, bien résolu à ne plus dissimuler les raisons qu'il avait eues de lui être utile. « *Enté medjnoun (es-tu fou?)* » dit le cheik en se frappant le front. Puis, dardant un regard qui fit remonter à la mémoire de Gérard toutes les histoires terribles des Druses : « Aurais-tu vu ma fille? dit-il — Je ne vois pas les raisons de votre surprise, reprit Gérard. Ma position n'est pas inférieure à la vôtre; je sais combien votre religion est tolérante, et, sans cesser d'être chrétien, je crois pouvoir... — Eh! malheureux! s'écria le cheik, c'est impossible : *la plume est brisée, l'encre est sèche, le livre est fermé!* » C'étaient les paroles mêmes de la loi; elles signifient que nul étranger ne peut être initié. Cependant, Gérard, qui connaît le catéchisme druse en entier et offre même de le réciter, insinue timidement qu'il peut bien descendre des Druses des autres *îles*. « Alors, tu dois avoir la pierre noire? *(horse)*, dit le cheik. Montre-la. — Tu la verras plus tard, » dit Gérard, qui ne l'avait naturellement pas. Et il s'en fut demander des renseignements au caïmacan. O bonheur! ce dernier lui apprit que les akkals-druses sont les francs-maçons de l'Orient, et cela de-

puis l'occupation du Liban par les anciens chevaliers du Temple. Or, Gérard était lui-même
franc-maçon, *louveteau* ; il n'était donc plus un
infidèle pour les Druses, mais bien un *muta-
darassin*, c'est-à-dire un étudiant. Et, tout triom-
phant, il montra au cheik un de ces beaux
diplômes maçonniques, plein de signes cabalistiques, qu'il avait emporté dans ses papiers de
voyage. Rien ne l'empêchait donc plus d'être
agréé. On venait de rendre la liberté au cheik.
Gérard lui présenta Zeynab en disant : « Voici
la servante de ta fille. » Puis ils partirent de
Beït-Eddin sur des mulets, traversèrent les admirables ruines de Balbeck, et arrivèrent enfin
dans un village situé à une lieue de Damas. Le
cheik y habitait une humble maison au toit plat
soutenu et traversé par un acacia, l'arbre d'Hi-
ram. A de certaines heures, cette maison s'emplissait du bruit joyeux des enfants, car c'était
une école. Gérard n'y voyait que rarement sa
fiancée, mais, selon l'usage du pays, elle lui avait
donné une tulipe rouge et avait planté dans le
jardin un petit acacia qui devait croître avec leurs
amours. Hélas ! un vent mauvais ne tarda pas à
le déraciner. Au moment où Gérard commençait à se rendre digne d'épouser Saléma par des
études qui l'élèveraient à la dignité de *réfik*, il
fut pris d'une de ces fièvres de Syrie qui, lorsqu'elles ne vous enlèvent pas, durent des mois et

même des années. Il ne lui restait plus qu'à fuir
le pays pour gagner Beyrouth, où il espérait
retrouver la santé. Il y reprit à peine les forces
nécessaires pour s'embarquer sur un paquebot
autrichien qui faisait voile vers Constantinople.
Il relâche à Larnaca, port de Chypre, puis à
Rhodes, admirant les rochers où durent se poser les pieds du colosse ; passe, toujours malade,
devant Cos, où le souvenir d'Hippocrate ne
peut le guérir, voit Pathmos où saint Jean rêva
l'Apocalypse, arrive à Smyrne où une quarantaine le retient dix jours, passe les Dardanelles,
laissant à sa droite les rivages où fut Troie,
puis, s'étant engagé pour tout un jour dans la
mer de Marmara, arrive enfin à l'aube en vue
de Constantinople. La santé lui est revenue,
cette santé sur laquelle il insiste toujours beaucoup, qu'il exagère même, pour bien prouver
qu'il est tout à fait guéri de sa fâcheuse crise.
À ce propos, il écrit à son père le 19 août 1843 :
« Ni la mer, ni les chaleurs ni le désert n'ont
pu interrompre cette belle santé dont mes amis
se défiaient tant avant mon départ. Ce voyage
me servira toujours à démontrer aux gens que
je n'ai été victime, il y a deux ans, que d'un
accident bien isolé. Je me suis remis à travailler, et j'attends ici la réponse d'un libraire avec
qui j'avais pris des arrangements pour mon
voyage. Le meilleur, c'est que j'ai acquis de la

besogne pour longtemps et me suis créé, comme on dit, une spécialité... » Mais la santé revenue donne plus de force à ses regrets. Pauvre Saléma ! s'il retourne en Syrie pour l'épouser, il risque de reprendre cette fièvre : tous les médecins le lui ont affirmé. Il la ferait bien venir près de lui ; mais, dépaysée, elle risque à son tour d'être malade. Toute réflexion faite, il préfère écrire au cheik druse pour se dégager de sa parole et lui rendre la sienne. Le voilà donc libre dans cette ville « aux horizons mouvementés et verdoyants, aux maisons peintes et aux mosquées élégantes avec leurs dômes d'étain et leurs minarets frêles ». A Pera, la ville franque, il retrouve le vieil ami Camille Rogier qui nous avait quittés au troisième chapitre ; voit Galata, où naquit André Chénier, Stamboul, dont il admire les bazars pleins d'orfèvrerie, de cachemires, de meubles, et surtout d'armes brillantes. Des femmes passent vêtues du *feredjé* vert ou violet qui ne laisse voir à peine que leurs yeux et la naissance du nez. Ici, tout prend un air de fête, même la mort qu'on voit passer couchée sur des fleurs, couronnée de roses et couverte de bijoux. Les lieux de plaisir se trouvent au milieu des tombes, et la foule rit et s'amuse sous les cyprès et les ifs. C'est justement le moment des réjouissances : on annonce la naissance d'une princesse coïncidant par hasard avec l'ouverture du Ramazan, et Gérard promène partout sa curiosité d'artiste. Les bals lui font un peu l'effet de nos *Mabille* parisiens, mais les femmes sont parfois si jolies qu'il croit faire le rêve du *Dormeur éveillé* des *Mille et une Nuits,* et qu'il les appellerait volontiers, selon leur caractère, Charme des Cœurs, Tourmente, Œil du jour, et Fleur de jasmin. Mais il y a surtout les fêtes nocturnes qui se donnent à Stamboul et auxquelles un chrétien ne peut assister, n'ayant pas le droit d'habiter la ville.

Aidé de Camille Rogier, Gérard n'est pas embarrassé de se faire passer pour un marchand persan ; il loue un logement au caravansérail d'Ildiz Khan, coiffe le bonnet d'astrakan adopté jadis par Rousseau, et, ainsi transformé, court toute la nuit les fêtes en compagnie de marchands arméniens qui l'ont pris sous leur protection et près de qui il passe pour un *taleb* (savant).

Tout est illuminé, couvert de fleurs, de peintures et de dorures ; les bougies et les glaces étincellent, et une troupe italienne donne des représentations. Par goût de la couleur locale, Gérard préfère le théâtre d'ombres chinoises où les enfants s'amusent au spectacle de *Caragueuz,* ce personnage aimé des Turcs et digne de l'antique Priape avec ses attributs et ses évolutions obscènes. Il goûte ensuite un des grands plaisirs de Constantinople pendant le Ramazan. Ce sont les contes récités par des professionnels attachés aux principaux cafés de Stamboul. Il entend ainsi l'*Histoire de la Reine du Matin et de Soliman*. Ce récit, qu'on interrompt et reprend tous les soirs, dure près de deux semaines, et l'on arrive ainsi au grand Baïram des Turcs.

Gérard, qui a vu les trente nuits du Ramazan, donne congé de son local d'Ildiz-Khan dont Camille Rogier a fait un joli dessin. Entre temps, il est allé aux Eaux-Douces d'Asie et a pris plaisir à visiter le couvent des derviches de Scutari, car il admire également les diverses religions des pays qu'il a traversés, lui qui un soir, devant la grande cheminée du salon de Victor Hugo, place Royale, avait répondu dédaigneusement à quelqu'un qui l'accusait de n'avoir aucune religion : « Moi, pas de religion? J'en ai dix-sept... au moins ! » — « Oui, dit-il, je me suis senti païen en Grèce, musulman en Égypte, panthéiste au milieu des Druses, et dévot sur les mers aux astres-dieux de la Chaldée; mais, à Constantinople, j'ai compris la grandeur de cette tolérance universelle qu'exercent aujourd'hui les Turcs. » Et pourtant, il va le quitter, cet Orient où il était fait pour vivre peut-être, et où, s'il eût passé pour fou, du moins c'eût été pour un de ces fous sacrés qui parlent avec Dieu et toute la nature. Déjà, comme un déguisement qu'on quitte à regret, il a dépouillé le caftan de couleur et le turban qui couvrait son crâne rasé; maintenant il a pris la mer sur un paquebot, et, après une quarantaine de dix jours à Malte, le voilà enfin sur le quai de Marseille, accompagné de son ami Camille Rogier qui revient en France pour quelques mois. Méry était au débarcadère. Lui qui faisait les honneurs de sa ville natale à toutes les illustrations fut heureux d'y recevoir et d'y montrer dans les salons un de ses plus vieux amis. Mais Gérard n'était déjà plus le même : « Triste impression, écrivait-il. Je regagne le pays du froid et des orages, et déjà l'Orient n'est plus pour moi qu'un de ces rêves du matin auxquels viennent bientôt succéder les ennuis du jour. »

CHAPITRE VI

Retour d'Orient. — Désabusement. — Petits voyages autour de Paris. — Incidents. — Portrait de Gérard. — Nocturnes. — Cabarets et cafés. — Les Halles. — Domiciles. — Les oiseaux de la cour du Louvre. — Comment Gérard travaillait. — Monsieur Buloz. — Un tour dans le Nord : Angleterre et Flandre. — Gérard et la Légion d'honneur.

Gérard était revenu d'Orient à la fin de 1843, suivant les uns; selon d'autres, au début de 1844. Sa santé morale et physique était excellente, et tous ses amis furent heureux de la fêter dans son retour. Mais, hélas! savait-on qu'au contact du froid et des brouillards parisiens, un grand désabusement était déjà dans son cœur : « Je poursuis l'idéal, la couleur, la poésie, l'amour peut-être, disait-il, et tout cela m'échappe!

« J'ai perdu, en les visitant, royaume par royaume, province par province, la plus belle moitié de l'univers... Hélas! l'ibis est un oiseau

sauvage, le lotus un oignon vulgaire, le Nil est
une eau rousse à reflets d'ardoise : le nopal
n'est qu'un cactus ; le chameau n'existe qu'à
l'état de dromodaire ; les almées sont des mâles,
et quant aux femmes véritables, il paraît qu'on
est heureux de ne pas les voir.

« Le meilleur de ce qu'on trouve en Orient,
je le savais déjà par cœur. »

Pauvre Gérard ! prisonnier à nouveau dans
Paris, peut-être médisait-il de son rêve pour se
consoler de l'avoir perdu, lui qui avait écrit à
son père, de Constantinople : « Je me suis ins-
truit, je me suis même *amusé*. » Il est dur de se
trouver tout à coup, en plein hiver, sur l'as-
phalte des boulevards, quand on vient de vivre
plus d'un an dans le soleil, la couleur et le pittoresque, ne comptant que sur les charmes de
l'imprévu. Par bonheur, son humeur vaga-
bonde trouvait un plaisir toujours nouveau à
ces longues flâneries dans la banlieue parisienne. Il aimait ces petites villes « qui s'écar-
tent d'une dizaine de lieues du centre rayon-
nant de Paris » ; il les aimait parce que cette
distance était assez raisonnable pour qu'on ne
fût pas tenté de revenir à Paris le soir, et qu'on
trouvait une bonne matinée de calme en se
réveillant le lendemain dans quelque auberge
rustique.

Il partait donc, le matin ou le soir, tant qu'il

pouvait trouver des voitures ; non pas de chez lui, mais de quelque café où il avait à peu près élu domicile, et où on était sûr de le surprendre en grande conversation. La plupart du temps, il prenait, tout banalement, le chemin de fer, regardant par la portière filer les paysages avec leurs rivières aux bords riants et leurs grands peupliers alignés comme des armées et semblant courir en sens inverse. D'autres fois, trouvant la route suivie par le chemin de fer toute droite et sans gaîté, il allait au hasard et selon l'occasion, manquant presque toujours l'heure de la voiture, d'ailleurs incommode, et se consolant en allant à pied à travers les bois et les champs.

Bientôt, grâce à ce système, toute la région située entre Paris et la forêt de Compiègne n'eut plus de secrets pour lui. Les moindres détails, choses et personnes, lui étaient familiers. Il connaissait telle façade, tel arbre, tel coin pittoresques, et l'heure à laquelle il les fallait voir. Il savait tel cabaret où l'on mange mieux et à meilleur compte qu'ailleurs, tel hôtel d'où la vue est plus imposante, et, bien souvent, il y arrivait quand tout le monde était couché ou bien quand personne n'était levé encore. Mais ces contre-temps n'étaient rien pour lui ! Vers minuit, désespérant, ou plutôt craignant d'éveiller les hôteliers, il entrait au poste voisin et

se chauffait en causant avec les soldats ; les intéressant beaucoup du récit de ses voyages, il
leur chantait des chansons grecques et arabes,
puis, ayant couché naguère sous la tente, il
dormait sans peine avec eux sur le lit de
camp.

En sortant de là, le matin, il réveillait les
garçons de café, troublait les légions de chats
dormant dans les salles de billard, et, prenant
au hasard un tabouret parmi ceux qui étaient
encore sur les tables, demandait de l'encre et du
papier, puis, tandis que les garçons balayaient
l'établissement et jetaient de la sciure sur les
dalles, il se recueillait pour écrire en flattant le
pelage d'un chat ou les oreilles d'un chien étiré
à ses pieds.

Cela fait, ayant pris à peine le temps de déjeuner sommairement, il repartait, suivant le
bord d'une rivière, la lisière d'un bois ; s'arrêtant pour voir et pour écouter ; attentif au ramage d'un oiseau invisible, au balancement
d'une fleur trempée de rosée, au passage d'une
bergère ou d'une paysanne ; cueillant comme
un enfant les mûres et les noisettes, et tirant
par instants de sa poche un papier sur lequel il
notait une phrase, un mot, un rien qui devien-
drait une charmante odelette à la Ronsard ou
une fantaisie exquise à la Sterne.

Quelquefois, errant par la pluie sur les che-

mins vicinaux où il croisait des troupeaux de
bœufs marchant lentement, les cornes basses,
il rencontrait d'énormes voitures de saltim-
banques qui allaient de fête en fête, comme
l'antique char de Thespis, et dont les habitants,
reconnaissant en lui presque un des leurs, lui
offraient sans façon un abri. Gérard revivait là
avec joie des scènes du *Roman comique* de Scarron ; il y voyait, comme Molière dans sa jeunesse, des jeunes filles reprisant leurs bas à
jour ou leur jupe à paillettes, et, souvenirs
d'Allemagne, pensait en les regardant à Philine
et à Mignon de *Wilhelm Meister*.

Mais les incidents souvent ne s'arrêtaient pas
là, et Gérard voyait tout à coup apparaître sur
la route, ou bien dans l'auberge où il rêvait devant la soupe fumante, la haute et redoutable
silhouette d'un gendarme, un de ces Pandores
traditionnels à la Nadaud qui, brusquement et
sans raisons, lui demandait ses papiers en faisant rouler dans sa gorge plus d'*r* que n'en con-
tiennent tous les patois de l'Auvergne.

Demander ses papiers à un poète errant qui
« prend des vers à la pipée », à un bayeur aux
corneilles qui perd jusqu'à ses manuscrits,
c'était confondre le pauvre Gérard qui ne les
avait naturellement jamais. Il essayait bien
d'insinuer qu'on n'a pas de passeport pour visiter la grande banlieue de Paris, ou encore

de répondre, comme certain soldat d'autrefois à la maréchaussée :

On lui a demandé :
Où est votre congé?
— Le congé que j'ai pris,
Il est sous mes souliers!

La Justice, qui n'entend pas volontiers l'esprit et la plaisanterie, se croyait en devoir d'aviser et de le mettre en état d'arrestation. D'autant mieux qu'aux yeux assez peu observateurs d'un brave gendarme, le bon Gérard, à qui la pluie et la boue des chemins avaient vite donné une allure de chemineau, pouvait passer pour un homme louche et être pris, comme plus tard le pauvre Albert Glatigny, pour un assassin de la plus dangereuse espèce.

On le conduisait donc chez le maire, et, devant les réponses peu satisfaisantes qu'il faisait toujours aux questions posées, comme par exemple une fois, à Crespy-en-Valois, de dire qu'il allait à une chasse à la loutre, on l'envoyait coucher tout bêtement en prison, avant de lui permettre de se justifier devant le substitut qui était toujours très loin de là, et chez qui il se rendit une fois à pied et les fers aux mains, entre deux gendarmes à cheval.

Mais que lui importait! dans son insouciance et son bon caractère, il donnait raison à l'autorité, ne trouvant de trop que le cachot et les fers, et un tour dans son vieux Valois le consolait de ces incidents fâcheux. Quand il avait erré par les solitudes d'Ermenonville, admiré sous un rayon de soleil couchant les vieilles tours des fortifications romaines ou les arcades de l'abbaye de Chaâlis, à demi revêtues de lierre, se mirant dans l'étang avec le clair de lune ; entendu quelques-uns de ces airs qui l'avaient bercé ; senti à Montagny son cœur se serrer devant la maison de l'oncle, maintenant déserte, il allait à Loisy embrasser Sylvie et serrer la main de son frère de lait, puis revenait à Paris, dans ce Paris qui n'est plus, et dont il fut vraiment, à cette époque, une des figures les plus originales.

On était presque toujours sûr de l'y rencontrer à toute heure du jour et de la nuit, car rien ne l'arrêtait, ni le froid ni la pluie. Il leur opposait à peine un manteau qu'il laissait flotter sur son dos, les manches libres, et, ayant oublié son chapeau ou le tenant à la main, selon sa coutume, il montrait nue et dans toute sa beauté une tête qui se distinguait par la douceur du regard et l'expression intelligente de la physionomie. Le soleil d'Orient en avait maintenant hâlé la peau, donnant au teint une pâleur mate ; une courte barbe descendait en pointe jusque sous le menton, et les cheveux, déjà rares, découvraient un front vaste et qui paraissait lumineux.

Ainsi fait, le pas alerte, presque toujours seul, il débouchait au coin d'une rue, absent de toute chose et comme soulevé dans une sorte d'extase où ses yeux souriaient à mille rêveries intérieures. « Vous l'aurez aperçu vingt fois, dit-il de lui-même dans ses *Nuits d'octobre;* vous êtes son ami, et il ne vous reconnaît pas. Il marche dans un rêve comme les dieux de *l'Iliade* marchaient parfois dans un nuage ; seulement, c'est le contraire : vous le voyez, et il ne vous voit pas. » — « Quand nous le rencontrions ainsi absorbé, dit Gautier, nous avions garde de l'aborder brusquement... Nous nous placions dans son rayon visuel et lui laissions le temps de revenir du fond de son rêve, attendant que son regard nous rencontrât de lui-même. »

Alors sa physionomie changeait tout à coup, il avait l'air d'un homme qu'on réveille en sursaut ; mais, retombé brutalement à la réalité, il se retrouvait, pour qui que ce soit, ce qu'il fut toujours, le plus original et le plus charmant des êtres. Il vous prenait sous le bras, vous souriait et vous parlait sans cesse, un peu lent et prolixe, amoureux des plus petits détails, reprenait peu à peu et tout haut son rêve dont il vous enchantait « avec des inflexions si douces dans la voix qu'on se prenait à l'écouter comme on écoute un chant* ».

Cette conversation était naturellement, comme lui-même, des plus étranges et des plus attrayantes. Sa mémoire prodigieuse, mais exercée surtout sur les bizarreries historiques et littéraires, vous éblouissait d'une foule de connaissances qu'il était à peu près seul à posséder et que, naïvement, il croyait partager avec tout le monde : « Il apprenait avec étonnement que vous n'aviez jamais lu Origène ni Apollonius de Tyanes ; que vous n'étiez pas en état de faire la distinction d'Hillel l'Ancien et d'Hillel le Saint ; que vous ignoriez jusqu'au nom d'Asclépiodote ou de Wigbode. Les formules suivantes ne tarissaient pas dans sa bouche : — « Vous avez lu dans Maimonides... — Vous vous rappelez ce passage de Bhavabouti... — Il faut n'avoir jamais lu les *Préadamites* de Lapeyrère,... etc, etc. »

Mais parfois la conversation prenait un tour plus plaisant, et alors Gérard était toujours prêt à vous confondre de paradoxes. Auguste de Belloy, à qui nous venons d'emprunter le paragraphe précédent** et qui comparait joliment la conversation de Gérard à une pluie

---

* Georges Bell.
** *Portraits et souvenirs* par A. de Belloy. Michel Lévy.

d'étoiles, l'entendit une fois parler sur l'entomologie. Naturellement, il en avait une à lui, nommant et décrivant de prodigieux insectes dont personne n'entendit jamais parler et qu'on ne retrouva jamais, pour cause, dans aucune nomenclature : « Eh bien ! monsieur, disait-il, ce même *cyclophore,* qui offre réunis dans une de ses trompes tous les instruments du tourneur et dans l'autre ceux du lampiste, j'en ai fait un, moi qui vous parle, et vous ne devineriez jamais avec quoi : avec mes doigts, tout simplement.

— Mais la matière ? dit un auditeur naïf qui prenait la chose au sérieux.

— La matière ? Oh ! mon Dieu ! rien qu'un peu de peluche prise au fond d'une de mes poches. Oui, monsieur, de la peluche, et je l'ai fait en moins de dix minutes, sur le boulevard, en causant avec Méry qui l'a vu et vous le dira.

— Et qu'est-il devenu ? reprit l'autre.

— Ce qu'il est devenu ? Je le portais à Geoffroy-Saint-Hilaire, quand tout à coup il s'envola. Et, depuis, je n'ai jamais pu en refaire un autre. »

Ces longues causeries accompagnant les hasards de la promenade conduisaient toujours fatalement à quelque cabaret. Si c'était l'heure du dîner, Gérard vous y invitait volontiers, ayant encore, à cette époque, quelques écus sonnants au fond de son gousset. Il choisissait de préférence, pour ces sortes de festins, de petits coins qu'il connaissait et qui, dans le genre de la mère Saguet, souriaient et embaumaient sous la treille, là-bas, vers les lointaines barrières. Là, quand il vous avait fait servir une soupe aux choux et une tranche de jambon, le tout arrosé d'Argenteuil clairet : « Eh bien ! comment trouvez-vous cette orgie ? » demandait-il au retour. On la trouvait toujours délicieuse, ayant, comme jadis nos pères avec Mme de Maintenon, oublié le rôti dans les charmes de sa conversation. Lui, d'ailleurs, se serait contenté de beaucoup moins.

Le souper fait, commençait une interminable promenade à travers Paris, à la recherche de spécialités parisiennes. Gérard était plein d'amour-propre à ce sujet, et y admettait bien moins la contradiction que sur tel point de littérature ou de magie blanche. Il prétendait, par exemple, qu'on ne trouve de bonne bière que sous telle tonnelle de la barrière du Trône où elle est servie par des demoiselles, et dans des cruchons spéciaux.

« Il savait où l'on débite la meilleure eau-de-vie de Dantzick, où l'on vend au verre la blanquette de Limoux. Cet épicier qui est à côté de la Comédie-Française, au coin de la rue Montpensier, tient toujours chaud un excellent punch au thé. On ne peut savourer de délicieux chocolat qu'au carreau des Halles, à deux heures du matin, dans un café où dorment des maraîchers et des paysannes encapuchonnées*. »

Toutefois, après ces détails dignes de Théophile et de Chapelle, il faudrait bien se garder de voir là, chez Gérard de Nerval, de mauvaises et crapuleuses habitudes et les causes d'altération de sa santé et même de sa raison. Jamais personne ne l'a vu ivre, et aucun milieu ne put altérer l'élégance native et aristocratique de toute sa personne.

Certes, il aimait les cafés et les cabarets, mais d'une manière toute littéraire ; il n'y buvait guère, car il ne fut jamais un buveur dans la force du terme, comme le furent en tout temps beaucoup de ses confrères : « Les bouteilles que tu vides, écrivait-il, tu les remplis de ton esprit. » Allant visiter, comme saint Amant, la ville d'Évreux, il ne se fût jamais plaint à Faret *d'y voir plus de trente églises et pas un pauvre cabaret*. Il allait tout simplement là en artiste qui aime voir et entendre. Pour lui, le choc des verres tintant avec les rires dans un nuage de fumée suffisait à réveiller en son cerveau mille réminiscences de toutes les époques,

* Monselet. *Les Ressuscités*.

depuis François Villon, buvant en compagnie de Margot et des villotières, au cabaret de la *Pomme de Pin*, jusqu'à Gœthe, lui-même, méditant la scène de la taverne, et écrivant la *Chanson de la puce* dans l'*Auerbach-Keller* de Leipzig; et tout cela, entrevu à travers un rêve tout tintinnabulant de rimes d'or se groupait à ses yeux dans la lumière et l'ombre comme une toile de Téniers, de Brauwer ou d'Adrien van Ostade.

Or, à cette époque, la rêverie et l'imagination avaient encore beau jeu dans la bonne ville de Paris, et il existait une tribu bizarre de grands esprits qui se donnaient pour tâche de l'étudier pendant la nuit. Entre tous ceux-là, Gérard fut un des plus fervents, plus encore que Restif de la Bretonne, que ses contemporains avaient surnommé le *J.-J. Rousseau du ruisseau*. Si un peu du pittoresque des vieux âges s'était déjà écroulé sous le pic des démolisseurs, si l'on avait fermé, boulevard du Temple, au grand regret de Gérard, un café qui réunissait, dans une combinaison de soupers à un franc, des modèles, hommes et femmes, employés dans les tableaux vivants ou les vaudevilles à poses, le cabaret de l'*Épi-Scié* existait encore sur ce même boulevard, rappelant par son pêle-mêle grouillant de vieille truanderie le cabaret du *Lapin-Blanc*, situé rue aux Fèves, et Gérard le connaissait bien quoiqu'il n'y allât pas souvent. Il en préférait d'ailleurs l'allure orgiaque et truculente aux mœurs des cafés de *la haute*, et la *Maison d'Or*, avec sa clientèle de lorettes, de quarts d'agents de change et de débris de la jeunesse dorée, ne le tentait pas; bien mieux, elle blessait ses goûts d'artiste.

Et puis, ce n'était pas là son quartier de prédilection. C'est vers le Palais-Royal, entre la *Butte des Moulins* et les Halles qu'il fallait le chercher. On le voyait tout à coup, trottant menu, le cigare aux lèvres. Peut-être se rendait-il au *Divan Le Peletier* où il allait retrouver Gautier, Méry, Monselet, Champfleury, tous ses amis qui, sortant du *National* situé tout près, l'accueillaient à bras ouverts. Comme il traversait les galeries, croisant sans doute Chodruc-Duclos, cet original cynique qui a servi de type à Frédéric Lemaître pour *Robert Macaire*, il entendait un grand bruit de tambour l'avertissant que « le Sauvage » continuait ses exercices au *Café des Aveugles*.

Ce café, situé dans une cave, remontait à l'époque révolutionnaire. On le nommait ainsi parce qu'il s'y passait des choses dont la pudeur bourgeoise eût été fort alarmée. Mais il ne lui restait plus maintenant que son nom, et tout s'y passait fort décemment sous l'œil vigilant d'un sergent de ville. Gérard aimait à y descendre, à en écouter l'orchestre *homérique* auquel se mêlaient les appréciations des dilettantes critiquant le jeu de leur acteur favori. C'était là, comme aux *Funambules*, toujours le même public et le même spectacle. Il y restait un instant, puis, sortant pour continuer sa route, se trouvait ébloui, rue de Valois, par une façade d'où la lumière jaillissait d'une douzaine de fenêtres. C'était l'ancien *Athénée* remplacé par l'*Estaminet des Nations* qui contenait douze billards. Gérard n'allait pas perdre son temps à admirer les professeurs se livrant, autour du tapis vert, à de savants carambolages ; il enfilait la rue Saint-Honoré, et, se trouvant tout à coup devant le *Bal des Chiens,* y prenait son billet pour vingt-cinq centimes. C'était un grand établissement auquel on accédait par une longue allée. Durant le jour, le billard, la danse, l'escrime, la boxe et la daguerréotypie occupaient tous les étages, mais, la nuit, plus rien de tout cela. Un orchestre étourdissant de cuivres y remplissait seul une vaste salle jaune où grouillait toute une foule dansante. Gérard, qui ne dansait pas, s'adossait nonchalamment à une colonne, il voyait avec joie les jolies grisettes de Murger et de Gavarni s'abandonner au vertige tournant de la valse, et recevait parfois, inhabile à s'en garer, leur coude dans la poitrine et leur galop sur les pieds. Puis, à onze heures, moment où arrivaient les personnes échappées des théâtres, concerts et autres établissements publics, il fuyait.

C'était l'heure d'aller écouter une musique un peu plus reposante avant de se diriger vers les Halles. Gérard entrait à la *Société lyrique des Troubadours* ou bien dans une autre guinguette toute voisine et montrant sur sa porte une équerre symbolique entre quatre lanternes mauresques. Là, après avoir montré qu'il « était du bâtiment » en faisant les attouchements obligés, il pénétrait dans une modeste salle aux trophées maçonniques, au bureau drapé de rouge et occupé par trois commissaires majestueux, puis écoutait d'innocentes chansons à la Pierre Dupont, composées et chantées par les membres mêmes de la société.

Pouvait-il résister après cela aux odeurs affriolantes qui s'échappaient d'une boutique de rôtisseur située derrière l'ancien cloître Saint-Honoré, et ouverte jusqu'à deux heures du matin? Non! Elle était si évocatrice, cette boutique! Elle faisait penser à la *Grand'Pinte* célébrée par les vers d'Auguste de Châtillon; l'ombre affamée de Villon et de Gringoire, de tous ceux qui ne voient de pain qu'aux fenêtres, semblait errer devant elle, et la joie y dansait dans les hautes bûches flambantes de la chemi-

née. Et puis il y avait là, autour des tables gar-
nies, de superbes femmes dont les cheveux
avaient le reflet des cuivres, et qui rappelaient
les néréides de Rubens et les robustes bacchantes de Jordaens. Fraîches, opulentes, ac-
coudées sur la table devant un bol fumant ou
une aile de volaille, elles tenaient de hardis
propos avec les jeunes gens et les hommes, et
Gérard les écoutait dans un bruit de friture et
de tournebroche, tout en suçant quelques écrevisses ; puis, ainsi réconforté, sentant approcher
l'heure des Halles, il s'y dirigeait gaiement dans
la nuit.

Certes, c'est encore aujourd'hui un très intéressant spectacle que celui des Halles à l'heure
de l'arrivage des denrées et de la vente à la
criée ; mais ce n'est rien auprès de l'époque où
Gérard y promenait ses rêveries de noctambule. Quand par une belle nuit, une nuit de
lune et d'étoiles, il arrivait dans le vaste emplacement qu'encadrait d'un côté la coupole de la
Halle aux Blés avec sa colonne cabalistique qui
servit d'observatoire à Catherine de Médicis,
de l'autre la silhouette noire et massive de
Saint-Eustache, il se trouvait dans un monde
à part tout débordant de vie et de pittoresque.

Déjà le petit carreau commençait à s'animer. Les lourdes charrettes arrivaient et se
croisaient dans un brouhaha d'où montaient

des coups de fouet, des jurons et des hennisse-
ments, et les charretiers suants se rafraîchis-
saient dans les établissements ouverts toute la
nuit. C'était le moment d'entrer comme eux
chez les débitants de cidre et de poiré qui faisaient vis-à-vis aux boutiques des marchands de
sangsues et des pharmaciens Raspail, pour s'y
régaler de cette claire boisson dorée qui sent la
Normandie et la Bretagne, et aussi de cette
eau-de-vie de Domfront dont le prix variait
selon le sexe et la qualité du consommateur :
le *monsieur,* quatre sous ; la *demoiselle,* deux
sous ; le *misérable,* un sou. Dehors, des
hommes en blouse dormaient sur leurs sacs ou
débattaient des prix, groupés autour d'un
grand feu qui, pareil à ceux des bivouacs, accusait leurs ombres dans sa lumière dansante,
avec des effets à la Rembrandt et à la Jacques
Callot.

A côté, des marayeurs versaient le contenu
de leurs lourdes mannes dans un pêle-mêle
grouillant et demi-pâmé de poissons qui sau-
taient et se tordaient, tout ruisselants de mille
couleurs. Des bouchers portaient sur leurs
épaules des bœufs et des moutons entiers, et
Gérard pensait devant eux aux toiles de Sny-
ders et de Chardin, sans écouter le bagout de
Madame Angot qui éclatait partout, fort et prenant comme sa poigne et comme ses odeurs de

marée. Mieux connu que ne le fut de son temps Vadé avec son habit d'écarlate, sa culotte noire et sa veste brodée, il allait, venait, saluant ceux-ci, parlant à celle-là, qui, jeune encore et jolie, chantant au milieu d'un fouillis multicolore de légumes, avait l'air d'une fleur égarée dans un potager. Le passé lui souriait encore au milieu de tout cela. Là-bas, sous ces hautes arcades de la rue de la Ferronnerie, le carrosse de Henri IV s'était arrêté pour donner au roi le temps de mourir; plus tard, les poissardes y avaient écouté, le poing sur la hanche, les répliques du duc de Beaufort, du *Roi des Halles,* tandis que le contemplateur Molière sortait à peine de la boutique de son père située non loin, sous les vieux piliers historiés d'enseignes. Gérard admirait les anciens charniers des Innocents et la Fontaine de Pierre Lescot émergeant d'une montagne de carottes, de choux et de potirons, avec ses belles naïades de Jean Goujon, souples et fines comme de grands roseaux. Il respirait un instant l'odeur des fruits et des fleurs, puis, dédaignant de s'arrêter à la marmite où l'on piquait sans choisir, pour un sou, à *l'Azard de la fourchette,* et ayant rencontré un ami, il allait souper chez Baratte.

Baratte existe encore avec ses enseignes dorées sur fond bleu. Comme la grande salle y était alors un peu tumultueuse, on allait dans les cabinets particuliers pour y manger des huîtres d'Ostende et de la soupe à l'oignon, selon l'usage. C'était là un restaurant « d'aristos », malgré les blouses. Cependant les batailles y étaient fréquentes. Dans les cas graves les garçons s'armaient de balais pour chasser les consommateurs, et, avant que la police ait pu s'interposer, ces derniers ripostaient avec ce qu'ils trouvaient sous leurs mains, livrant un combat homérique où les tomates et les poires s'écrasaient sur les figures, mêlées aux trognons de choux et aux coquilles d'huîtres.

Après ce souper copieux qui coûtait sept francs, il était dans la tradition d'aller prendre le café et le pousse-café chez Paul Niquet. « Les murs, très élevés et surmontés d'un vitrage, sont entièrement nus, dit Gérard. Les pieds posent sur des dalles humides. Un comptoir immense partage en deux la salle, et sept ou huit chiffonnières, habituées de l'endroit, font tapisserie sur un banc opposé au comptoir. Le fond est occupé par une foule assez mêlée, où les disputes ne sont pas rares. Comme on ne peut pas à tout moment aller chercher la garde, le vieux Niquet, si célèbre sous l'Empire pour ses cerises à l'eau-de-vie, avait fait établir des conduits d'eau très utiles dans le cas d'une rixe violente. On les lâche de plusieurs points de la salle sur les combattants, et, si cela ne les calme pas, on lève un certain appareil qui bouche hermétiquement l'issue. Alors, l'eau monte, et les plus furieux demandent grâce. »

Pour se faire un parti dans l'établissement en cas de dispute, il était bon de payer une tournée aux chiffonnières. Gérard écoutait avec bonheur leurs confidences. Il en était une qui, émoustillée par les nombreux verjus qu'on lui versait, évoquait encore le Directoire sous lequel elle prétendait avoir brillé comme *Merveilleuse*. Que ce temps était loin ! Elle avait alors des bagues à ses orteils. Des *mirliflores* et des généraux s'étaient battus pour elle, et elle avait connu Barras au souvenir de qui elle s'attendrissait et qu'elle appelait Baas : « Il était si zentil, si zentil, avec ses cadenettes et son zabot d'Angleterre. Ah ! c'était un bel homme, vrai, un bel homme aux *oiseaux !* »

Quand Gérard sortait de là, un peu comme Dante sortit de l'Enfer, le soleil commençait à dorer le faîte ouvragé des édifices ; les fleurs embaumaient sur le trottoir de la rue aux Fers, et les revendeuses, rangées sur deux files, attendaient tranquillement leur tour. Alors, si quelque projet de voyage ne le tenait pas éveillé, il s'en allait dormir chez un ami, et on le retrouvait souvent rue Lord-Byron, pelotonné sous un plaid, sur le divan de l'atelier de Théophile Gautier.

Il passait ainsi environ cinq nuits par semaine à errer « comme un chien perdu ». Non
pas qu'il manquât de domicile, il en avait
même quelquefois plusieurs où ses bibelots
s'entassaient ; mais il n'en habitait ni montrait
volontiers aucun, et nul n'aurait pu se flatter
de les connaître tous. Il y restait d'ailleurs un
trimestre, le temps de déménager, allant du
Carrousel à la place des Victoires, et de Montmartre à la banlieue, exproprié d'ici avec un
louis de dédommagement qu'il oubliait d'aller
toucher, et là regardé de travers par le portier.
Cette race à laquelle Eugène Sue a donné un
nom immortel fut toujours le cauchemar de
Gérard de Nerval. L'idée de se faire tirer le cordon après minuit lui était insupportable, et,
plutôt que d'être pris pour un homme « qui
n'a pas de conduite », il aimait mieux coucher
dans quelque asile de nuit, dormant du sommeil de l'innocence, quelquefois à côté des
plus dangereux malfaiteurs, ou bien marcher
dans la rue jusqu'au matin, enviant le sort des
habitants de Londres, à qui un passe-partout
donne la liberté de rentrer quand il leur plaît.

Une nuit, Hippolyte Lucas le rencontra
ainsi. Il était très tard ; la pluie ruisselait par
les rues, et Gérard marchait paisiblement le
long des maisons, sans parapluie pour s'abriter.
Lucas lui offrit le sien ; il lui offrit même une

place dans sa chambre, plus proche que celle de Gérard, qui accepta. Mais il ne fallait pas penser dormir avec un tel hôte. Toute la nuit il prétendit tenir la conversation, et le matin le retrouva seul devant le feu, parlant et gesticulant encore près de Lucas qui s'était enfin endormi *.

Quelquefois, Gérard osait cependant rentrer chez lui. Une fois, rue du Mail, il y mena même un de ses amis (Alfred Busquet), lui faisant seulement promettre de garder le secret jusqu'au dernier jour. La maison n'avait pas mauvais air ; une vieille concierge à peine dessillée tendit sans mot dire le bougeoir ; après quoi, ayant monté deux étages, on se trouva dans une grande pièce dénudée, sans meubles d'aucune sorte. Seulement, le long de la muraille, se tenaient droits une douzaine de sacs pleins qui faisaient ressembler la pièce à une chambre de meunier. Ces sacs contenaient tous les livres de Gérard. Le déménagement, de cette manière, n'était pas difficile, et cela devait être ainsi pour un tel bohémien. Vers 1848, il s'était fixé au coin de la rue Saint-Thomas-du-Louvre, dans une maison habitée par les demoiselles Brohan. Ce lieu, tout voisin de l'impasse du Doyenné, rappelait à Gérard toute sa

---

* Hippolyte Lucas. *Portraits et souvenirs littéraires.*

libre jeunesse, et il y jouissait comme autrefois du même pittoresque et amusant spectacle. Tous les matins, il descendait sur la place du Musée occupée, nous le savons, par des brocanteurs et des marchands d'oiseaux, et passait des heures entières devant la porte de ces derniers, allant d'une cage à l'autre, charmé par la grâce ailée des mouvements, par les mille couleurs vives et vernissées des plumages, et aussi par les gazouillis aériens et variés où il cherchait à surprendre un langage, d'après le dictionnaire phonétique de Dupont de Nemours. Là, tous les temps et tous les mythes lui souriaient, depuis l'Itys et la Philomèle des Grecs jusqu'au Bulbul des Orientaux; mais il gardait toute sa tendresse pour un superbe kakatoès rivé par une chaîne à son perchoir. Ce genre d'oiseaux lui fut d'ailleurs toujours très sympathique. Un jour même, à table chez le docteur Blanche, il soutint une longue thèse pour prouver aux convives que nous descendions tous des perroquets. C'est sans doute pour cette raison que cet oiseau des îles à la crête étagée et rose, peu commode et tout hérissé et criant à l'approche des badauds, était toujours sensible à la tendresse de Gérard qui partageait avec lui, chaque matin, une demi-livre de cerises apportée dans un mouchoir.

Un jour, on ne le vit plus! Un riche étranger

l'avait acheté très cher. Gérard n'en put se consoler ; il se considérait comme frustré dans son bien, dans sa propriété : « Que ne l'achetiez-vous ? lui dit le marchand. — Ah ! répondit Gérard, cela n'aurait plus été la même chose ! * »

Cependant, cette vie si errante et si décousue en apparence était loin d'être inféconde. Gérard, avec une réputation de paresseux, avait toujours été grand travailleur, et le voyage d'Orient, en renouvelant ses forces, lui avait rendu une activité intellectuelle qu'il exerçait avec joie et librement depuis son retour. Monselet, qui l'a connu à cette époque, affirme d'ailleurs « qu'il était parfaitement sain d'esprit, heureux de vivre et d'exercer sa profession qu'il aimait par-dessus tout ». Il écrivait son voyage, et ayant fini par se rendre compte d'une notoriété que les *Amours de Vienne* avaient commencé à établir, pour la première fois, en 1845, il abandonnait les nombreux pseudonymes sous lesquels il avait masqué jusqu'ici sa personnalité, et signait enfin, du nom de Gérard de Nerval qu'il portait depuis longtemps pour ses amis, une notice destinée à précéder le *Diable amoureux* de Cazotte **. Déjà, l'année précédente,

---

* Monselet. *Les Ressuscités.*
** Cette notice fait partie du livre des *Illuminés.* 1852

sauf de février à mai, il avait suppléé Théophile
Gautier au feuilleton théâtral de *la Presse*, et
rendait encore compte des premières représentations et de mille autres choses à *l'Artiste*,
traitant avec une égale aisance de forme et de
pensée les sujets les plus divers et les plus oppo-
sés. Mais où, quand et comment travaillait-il?
Partout et à toute heure ; dans la rue, en marchant, quand il faisait beau ; dans les passages
ou sur un coin de table de café quand il pleu-
vait. Absent de tout ce qui se passait autour de
lui, il s'arrêtait parfois pour tirer de ses poches
déjà pleines de livres, d'objets bizarres et de
médailles anciennes, un carnet, des chiffons de
papier, quelque chose où il notait au crayon sa
pensée présente, bientôt noyée dans un fouillis
inextricable de réflexions entendues et qui
pourraient servir un jour, d'adresses d'amis,
de notes d'auberge ou de blanchissage, de sys-
tèmes philosophiques illustrés de figures géo-
métriques ou cabalistiques. L'instant venu de
donner la page promise, il fallait débrouiller
enfin tout cet écheveau de pensées. Gérard entrait alors, et avec quelle souffrance, aux bureaux d'un journal ; tirait de ses fameuses
poches tout un matériel portatif : bouteille
d'encre, plumes, livres, papiers froissés ; puis,
l'étalant sans ordre autour de lui, sur la table,
se mettait en devoir de rédiger l'article. Cela

n'était pas commode, car sa main était aussi paresseuse que sa tête était active. S'il attendait toujours le dernier moment pour écrire, c'était, en artiste consciencieux, dans l'espoir de trouver mieux. Alors se présentaient à son esprit mille difficultés de détail, inaperçues de tout autre, et qui l'arrêtaient à chaque instant dans un travail fiévreux et acharné que l'arrivée d'une connaissance quelconque venait bientôt interrompre. D'un bond, Gérard fuyait, entrait en coup de vent au premier café venu, souvent au café d'Orsay, et là recommençait le même déballage et la même installation qu'un nouvel ami venait interrompre encore. Ainsi, de fuite en fuite, Gérard arrivait, non sans peine et presque toujours en retard, au bout de son article, bien heureux quand un de ces directeurs qu'il fuyait ne l'avait pas traqué comme une bête pour avoir la maudite copie. De ceux-là, M. Buloz père était le plus terrible. Un jour qu'oubliant une page promise Gérard s'était pris à rêvasser délicieusement devant ses oiseaux chéris, une main pesante comme la main de la Justice s'abattit sur son épaule. Il se retourna : c'était le redoutable directeur de la *Revue des Deux-Mondes* : « Et mon article, gronda-t-il ? » — Gérard, pris au dépourvu, fut bien forcé de dire, d'une voix blanche, qu'il n'était pas fini, n'osant avouer peut-être qu'il n'était même pas commencé. Alors, sans mot dire, Buloz prit l'infortuné poète par le bras, et l'emmenant ainsi rue Saint-Benoît, à la Revue, l'incarcéra dans un cabinet jusqu'à ce qu'il eût terminé.

Heureusement qu'il trouvait encore le moyen de s'évader de temps en temps. Dans ses *Nuits d'Octobre,* il dit à son ami avoir été trois fois à Londres. Nous ne saurions l'affirmer, n'ayant sur ce point aucune espèce de documents ; mais ce qui est sûr, c'est qu'en 1845 il prenait à Rouen le bateau du Havre et allait voir Alphonse Karr, à Sainte-Adresse, avant de s'embarquer pour Southampton sur un steamer anglais. La traversée fut mauvaise, mais Gérard n'en était plus à souffrir du roulis d'autant que, toujours le même, il était heureusement distrait par « trois blondes fort majestueuses qui, au milieu de l'agitation générale, ne songeaient guère à dissimuler leurs bras blancs et à renouer les nappes opulentes de leurs cheveux rougeâtres* ». Le soir il arriva à Londres par le *South Western railway.* Là, sa connaissance très insuffisante de l'anglais donna lieu à d'assez plaisantes aventures. Après le dîner, désireux de se coucher, il avait beau lire sur des vitrines : *Chambers to let,* il n'arrivait pas à faire comprendre

---

* « Une nuit à Londres ». *La Presse,* 8 septembre 1845. *L'Artiste,* 20 septembre 1846.

ce qu'il voulait : « Êtes-vous franc-maçon? lui dit un de ces loueurs, que sa femme, une blonde charmante, avait été chercher. — Non! dit Gérard en riant. — Avez-vous servi sous Napoléon? — Diable non! — Sous Louis-Philippe? — Pas davantage! » Alors, l'hôte lui tourne les talons.

Mais qu'importe à Gérard! S'il ne peut dormir, il pourra toujours se promener en rêvant par la ville. « Les nuits de Londres sont délicieuses; c'est une série de paradis ou une série d'enfers, selon les moyens qu'on possède. Les *gin-palace* (palais de genièvre) resplendissants de gaz, de glaces et de dorures, où l'on s'enivre entre un pair d'Angleterre et un chiffonnier... Les petites filles maigrelettes qui vous offrent des fleurs. Les dames des wauxhalls et des amphithéâtres qui, rentrant à pied, vous coudoient à l'anglaise, et vous laissent éblouis d'une désinvolture de pairesse! Des velours, des hermines, des diamants, comme au théâtre de la Reine. »

Peu après, nous retrouvons Gérard à Ramsgate, d'où il s'embarque pour Anvers. Il fait sans trop de regrets ses adieux à la côte anglaise. La mer est clémente ce jour-là, et, accoudé sur le bordage du navire, il adresse de charmants vers à Rubens, dont il va revoir la patrie. Il lui dit :

Cette mer qui sommeille
Est belle comme aux jours
Où, riante et vermeille,
Tu la peuplais d'amours.

Tes grasses Néréides
Et tes Tritons pansus
S'accoudaient tout humides
Sur les dauphins bossus.

L'Océan qui moutonne
Roulait dans ses flots verts
La gigantesque tonne
Du Silène d'Anvers.

Pour ta Flandre honorée,
Son nourrisson divin
A sa boisson ambrée
Donna l'odeur du vin !

Des cieux tu fis descendre
Vers ce peuple enivré,
Comme aux fêtes de Flandre,
L'Olympe en char doré.

Joie, amour et délire,
Hélas ! trop expiés !
Les rois sur le navire
Et les dieux à leurs pieds !

C'est à cette époque, M. de Rémusat étant au ministère, qu'il fut question de la croix pour Gérard de Nerval*. Les amis qui la deman-

---

* Monselet. *Les Ressuscités.*

daient pour lui voyaient là, d'abord, la juste récompense de son talent qui s'imposait assez ; ils espéraient ensuite le sauver de lui-même par cette distinction qui l'eût enlevé à bien des mauvais rêves, en fixant, pour ainsi dire, la réalité des choses. Mais Gérard était un homme qu'on ne prenait jamais sans vert, surtout lorsqu'il s'agissait de sa chère indépendance, dont il fut toujours loyalement jaloux. Cette idée l'embarrassant beaucoup plus qu'elle ne le flattait, il demanda prudemment à réfléchir. Sans doute, cette petite tache rouge orne assez bien les boutonnières, et Gérard avait pu l'admirer depuis longtemps à celle de tous ses amis ; mais elle engage aussi à des frais de costume et à un train de vie que les bohémiens ne connaissent guère. Un chevalier de la Légion d'honneur ne passe plus ses nuits à errer des Halles à Montmartre ; on ne le rencontre pas chez Paul Niquet, offrant un verjus à des chiffonnières et risquant d'être appréhendé au collet par la police ; non, il se range dans la vie comme un bourgeois devant les voitures, se fait faire un habit chez un tailleur à lui, paraît dans les salons où l'on pose, rentre chaque soir au couvre-feu, donne tous les ans des étrennes à sa concierge ; et, vraiment, est-ce la peine de s'imposer de pareilles charges et de rompre avec de vieilles et douces habitudes, tout cela « pour un honneur qu'on quitte en se déshabillant », selon le joli mot de Béranger? Gérard ne le pensa pas. Il prétexta qu'il était républicain, ayant été emprisonné pour ce fait en 1832, et l'affaire en resta là. Il n'avait donc aucune ambition; il ne désirait rien que d'errer par le monde, attentif seulement à la beauté des choses, et vivait ainsi, paisiblement, en fou, diront les uns : oui, peut-être, mais en fou qui vend la sagesse.

CHAPITRE VII

Gérard et la politique. — Henri Heine. — Gérard traducteur. — Vers à Mme Henri Heine. — Les Monténégrins. — La nuit blanche. — Gérard au banquet des bouchers de Montmartre. — *Le Chariot d'enfant.* — *Le Pruneau de Tours.* — Flandre et Allemagne. — Les Fêtes de Weimar. L'imagier de Harlem. — Montmartre. — Bizarrerie. — Rechute de Gérard. — Une lettre. — Gérard à la maison Dubois. — Sylvie. — Gérard chez le docteur Blanche, à Passy. — Vers dorés. — Dernier voyage de Gérard dans l'Allemagne du Midi. — Pandora. — Nouvelles bizarreries, nouvel internement. — Gérard s'évade. — On le retrouve à Creil. — Nouveaux projets littéraires. — Théâtre. — Le Rêve et la Vie. — Dernier portrait de Gérard.

Si Gérard dut peut-être à quelques satires d'être retenu à Sainte-Pélagie dans sa jeunesse, avouons que la politique ne l'occupa guère par la suite. Il croyait être républicain : « Les ouvrages littéraires que j'ai publiés depuis longtemps, écrit-il au *National,* ont toujours porté l'empreinte du libéralisme, avant la République comme depuis. » En réalité, il était aussi sceptique sur les gouvernements que sur les religions. Les révolutions mettent le roi à la porte, l'empire leur succède, sans que son rêve en soit troublé un moment. D'ailleurs, il ignore à peu près le nom de tous les souverains du monde civilisé; ceux de l'antiquité, de la Bible, de l'Orient, à la bonne heure! C'est ainsi qu'il possédait sur le bout du doigt tout l'arbre gé-néalogique d'un prétendant au royaume d'Abys-sinie, parce que sa lignée remontait aux amours légitimes de Salomon et de Madeka, reine de Saba*. La chute de Louis-Philippe ne l'étonna donc point. Au mois de mars 1848, tandis que la révolution gronde dans les rues qu'elle em-plit, nous le trouvons tous les jours à la barrière de la Santé, chez Henri Heine dont il traduit des poèmes. En dépit de son scepticisme et de sa raillerie qui, bien souvent, lui firent sacrifier une amitié à un bon mot, Henri Heine n'é-chappa pas à l'espèce de séduction que Gérard exerçait partout autour de lui. Il ne put même lui tenir rigueur d'avoir égaré, dans sa perpé-tuelle distraction, sept morceaux de la *Mer du Nord :* « Je me retrouve en lui, » aurait-il dit dans un jour d'expansion. Et, de fait, ces deux charmants esprits semblaient bien faits pour

* Aug. de Belloy, *Portraits et souvenirs.*

s'entendre, affligés tous deux, le physique de l'un étant aussi malade que le moral de l'autre. Heureusement, la poésie leur faisait oublier bien vite toutes ces infirmités, et ce devait être de très douces soirées que celles qu'ils passaient ainsi à travailler ensemble. Une perruche bavarde leur tenait compagnie, à la grande joie de Gérard, et j'imagine que de temps en temps Mathilde, femme de Henri Heine, venait les égayer un peu et les réconforter par son rire lumineux et sa belle santé, car on trouva plus tard sur son album ce joli sixain écrit à cette époque par Gérard :

> Vous avez des yeux noirs, et vous êtes si belle,
> Que le poète en vous voit luire l'étincelle
> Dont s'anime la force et que nous envions :
> Le Génie à son tour embrase toute chose ;
> Il vous rend sa lumière, et vous êtes la rose
>   Qui s'embellit sous ses rayons.

Plus tard, après la mort du pauvre amant d'Aurélia, Henri Heine écrivait dans une préface des *Poèmes et Légendes :* « La diction de Gérard coulait avec une pureté suave qui était inimitable et qui ne ressemblait qu'à l'incomparable douceur de son âme. C'était vraiment plutôt une âme qu'un homme, je dis une âme d'ange, quelque banal que soit le mot. Cette âme était essentiellement sympathique... Et c'était un grand artiste ; les parfums de sa pensée étaient toujours enfermés dans des cassolettes d'or merveilleusement ciselées. Pourtant rien de l'égoïsme artiste ne se trouvait en lui ; il était tout candeur enfantine ; il était d'une délicatesse de sensitive ; il était bon, il aimait tout le monde ; il ne jalousait personne ; il n'a jamais égratigné une mouche ; il haussait les épaules quand, par hasard, un roquet l'avait mordu. » Est-il plus bel éloge que celui-là ? Et, certes, Gérard le méritait à plus d'un titre. D'abord, ses excellentes traductions aidèrent beaucoup chez nous à la réputation de Henri Heine. C'était pour cette fois des pièces détachées des *Buch der Lieder,* des *Romanzen* et des *Zeitgedichte,* plus la *Mer du Nord* et l'*Intermezzo* qui parurent dans la *Revue des Deux-Mondes* des 15 juillet et 15 septembre 1848, précédés d'articles de Gérard recueillis plus tard dans les *Poèmes et Légendes.*

Cependant, tout en prêtant ainsi sa science à la réputation d'un ami, Gérard occupait les fonctions de secrétaire de la rédaction au *Journal,* feuille éphémère fondée en juillet 1848 par Alphonse Karr, et qui se vendait un sou. De plus, il n'avait pas renoncé à écrire des œuvres originales, et revenait au théâtre, objet

de ses premières et plus constantes prédilec-
tions. Le livret de *Piquillo* l'avait, paraît-il,
mis en relief parmi les compositeurs. À ce moment arrivait à Paris, avec le souci de s'y faire
une réputation, un jeune musicien belge, Limnander. Mme de Girardin, chez qui il se trouvait un jour, l'envoya à Gérard qui exécuta bien
vite, en collaboration avec Alboize de Pujol,
un poème de fantaisie presque orientale dont
les scènes se passent en Espagne au temps des
Maures. Mais des nécessités scéniques boule-
versèrent ces données, et, après avoir couru
deux théâtres, ce poème qui devait raconter la
légende de Pelage et du Cid devint les *Monténégrins**. L'intrigue en est fort simple. C'est en
1807. Andréas, le chef du peuple monténégrin,
s'est vendu à la Russie, mais un poète chanteur
de la Carinthie, Ziska, excite le peuple à reconnaître le protectorat de Napoléon, aidé par sa
fille Béatrice qui aime un jeune officier français. Toute l'action tourne pendant trois actes
autour de cet officier qui est exposé aux plus
grands dangers. Enfin, tout se termine bien,
c'est-à-dire à notre honneur. Limnander broda
sur ce poème une musique consciencieuse et
estimable que l'Opéra-Comique représenta pour
la première fois le 31 mars 1849. Ce fut un

* Georges Bell.

très grand succès qui retentit bientôt sur toutes
les scènes françaises et étrangères, et ménagea
des triomphes à Mme Ugalde qui jouait le rôle
de Béatrice. Chacun savait sa fameuse romance
de la *Croix d'honneur*. Mais la réputation de
Gérard ne pouvait guère grandir avec ce mince
livret dont tous les lauriers restèrent au com-
positeur. La *Nuit blanche*, écrite, sous le pseudonyme de *Bosquillon*, en collaboration avec
Méry, et jouée à l'Odéon le dimanche gras
de 1850, ne pouvait guère non plus le faire
sortir des rangs, malgré l'interdiction immé-
diate de la censure. Ce n'était d'ailleurs qu'un
fragment d'une revue de 1849 qui n'avait pas
été jouée et dont on utilisa un tableau représentant Soulouque et sa cour *. Mais, à cette
époque, le ministère s'inquiétait d'une simple
farce de carnaval, et, pour se faire interdire, il
suffisait d'un couplet comme celui-ci, chanté
par Bazile, ministre de l'instruction publique à
Haïti :

> De l'art d'étouffer les esprits
> Nous sommes les apôtres.
> Puisqu'on ne nous a rien appris,
> N'apprenons rien aux autres.

Par bonheur, une grande joie attendait Gérard. Le succès des *Monténégrins* s'était main-

---

* Paul de Musset. *Le National* 25, 26 février 1850.

tenu, et, le lendemain de cette interdiction stupide, il recevait la lettre d'un boucher de Montmartre, lequel, ayant voix délibérative au conseil du Bœuf gras de Montmartre, avait insisté pour qu'on prît comme costumes du cortège ceux des Monténégrins. L'honnête boucher invitait ensuite Gérard à un festin d'amis, en costumes : « Nous rirons tous ensemble tant que nous pourrons, lui écrivait-il naïvement, et rirons bien, car, comme on dit : *Tout auteur, tout farceur !* Et des musiciens ! — C'est à cinq heures le dîner. Le mot d'ordre est : *Gaîté ! et d'aplomb, faut rire !* »

Gérard, enchanté, fit insérer une réponse au *Messager des théâtres*, et le lendemain, à la fin du banquet, prononça un speech où son scepticisme politique éclate spirituellement à chaque ligne : « Vous avez pensé, messieurs, leur disait-il, que l'on pouvait encore se réunir cordialement et se livrer, même en république, à cette bonne gaîté française, qui n'est pas moins indestructible chez nous que le sentiment de l'indépendance *. » *Même en république !* c'est le coup de griffe par lequel Gérard se vengeait de son interdiction de la veille. Il faut dire, du reste, en faveur de son impartialité, que la monarchie et l'empire n'étaient pas plus épargnés.

* Champfleury. *Grandes figures.*

Et puis, que lui importait ! Sa pensée était déjà
ailleurs. Depuis longtemps il rêvait de révéler
au public français les chefs-d'œuvre du théâtre
oriental. C'est ainsi que, dès 1835, il avait traduit dans le *Monde dramatique* plusieurs scènes
du *Chariot de terre cuite*. Mais aucun théâtre
ne lui avait permis de faire jusqu'ici cette tentative toute littéraire. Par bonheur, Bocage
venait de reprendre la direction de l'Odéon
avec l'intention d'y faire de l'art pur. C'était le
moment d'y placer le beau drame du roi indien
Soudraka. Gérard l'arrangea, le mit au point
avec son ami Méry, un des plus capables de
l'adapter à la scène française, et le 13 mai 1850
l'Odéon le représentait sour le titre du *Chariot
d'Enfant*. La pièce n'eut que peu de succès
malgré les efforts de Mme Marie Laurent qui
tenait le rôle principal. Le paisible public de
l'Odéon s'égaya plus qu'il ne s'intéressa à voir
des personnages appelés *Vasantaséna* et *Tcha-
roudatta*, car ce fut certainement là une des
causes de l'insuccès ; Méry en convint lui-
même : « Il y avait trop de noms indiens sur
l'affiche, dit-il, et le titre n'offrait rien d'at-
trayant. Le titre est souvent de moitié dans les
succès de caisse. » Et puis il y avait surtout ce
lyrisme débordant d'images que les deux auteurs avaient trop bien suivi : « C'est ce mélange de grandeur et de naïveté, disait Th. Gau-

tier, cette grâce efféminée et voluptueuse, cette
langueur d'amour, cette profusion de parfums,
ces ruissellements de perles, ces bruits d'ailes
d'oiseaux, ces épanouissements de comparai-
sons fleuries, tout ce luxe indien délicat et barbare, qui font du drame de Méry et Gérard une
pagode sculptée en vers. » Méry se consola de
l'insuccès avec de l'ironie : « Ce drame fut imprimé, disait-il, et obtint un grand succès de
lecture, *dans l'Inde surtout.* » Mais Gérard, qui
comptait sur les revenus de son drame pour
faire un voyage au pays du roi Soudraka, re-
tomba encore une fois du haut de son rêve.
Moins d'un mois plus tard, on jouait le *Pruneau de Tours.* Cette espèce de vaudeville ne
nous intéresse guère ici, puisqu'il devint la
propriété des frères Cognard, qui le remaniè-
rent au point de n'y rien laisser de Gérard.
C'était primitivement une comédie en un acte
sur les inconvénients du nom ridicule. Elle
était faite depuis longtemps et Gérard la gardait
dans ses tiroirs lorsqu'un jour de 1848, il
s'aperçut qu'il n'avait plus d'argent. Il allait sur
le boulevard, dans l'espoir d'y trouver un ami
qui pût lui prêter une certaine somme, quand
il rencontra Porcher, le fameux agent théâtral
avec qui tous les auteurs dramatiques traitent
de leurs billets. « Pourriez-vous m'avancer dix
pistoles? lui dit Gérard. — Hum! les affaires

sont mortes et l'argent n'abonde pas! Avez-vous une pièce reçue quelque part? — Pas la moindre pour l'instant, mais prenez mon *ours*, je vous le livre en toute propriété. (On appelle *ours* un manuscrit dont on n'est pas satisfait et dont on n'a pas le placement.) — J'y consens, dit Porcher, apportez-le demain. » Le lendemain, Gérard avait ses cent francs *. C'est ainsi que le manuscrit refait, retouché, agrémenté de couplets vulgaires, devint le *Pruneau de Tours,* et obtint un succès de rire deux ans après. Mais Gérard refusa sa part de gloire; le goût des pérégrinations l'avait repris et il était déjà sur la route d'Allemagne. Il suivit le chemin des écoliers, passa par Bruxelles, par Anvers où il revit les Rubens, par Rotterdam, la Haye et surtout Amsterdam où il assista aux fêtes de Rembrandt. Il était parti avec l'idée d'un grand drame sur la découverte de l'imprimerie, et en accumulait chemin faisant les matériaux. Au mois d'août 1850, nous le retrouvons à Francfort où, dix ans auparavant, il travaillait avec Dumas à un autre drame, *Léo Burckart.* Il tombe au milieu des fêtes données en l'honneur de Gœthe, entend *Faust* avec la musique de Spohr, et se rend ensuite à Weimar, au centenaire de Herder, l'ami de Gœthe. Il est

* Paul de Musset. *Le National,* 10 juin 1850.

arrivé trop tard pour entendre la musique de Listz sur le *Prométhée délivré,* mais le jour suivant le grand pianiste dirige lui-même la première représentation de *Lohengrin* de Richard Wagner, et Gérard apprécie beaucoup cet opéra nouveau qui soulèvera chez nous tant d'orages. Le lendemain, la tête encore bourdonnante d'harmonie, il va visiter la maison de Gœthe. La voilà bien, l'Allemagne de ses rêves ! Tout est repos, clarté : la maison paisible et princière du grand homme est pleine de gravures, de médailles, de marbres, que Gérard admire, moins cependant que cette jeune princesse qui vient voir, elle aussi, et passe, auguste et gracieuse, « comme l'image divine de Psyché représentant la vie sur la pierre d'un tombeau ». Il visite ensuite les autres demeures illustres de la ville, celles de Cranach, de Wieland, de Schiller. Une mauvaise épinette est là dans la chambre du grand dramaturge, mais Listz, qui accompagne Gérard, effleure à peine de ses doigts l'instrument, et voici que l'âme de Schubert y chante délicieusement les *Plaintes de la jeune fille.* Comme il sort de là, un inconnu lui propose de lui faire voir l'intérieur du palais grand-ducal ; Gérard accepte avec empressement de visiter ces belles salles consacrées au culte des grands hommes. De retour à Paris, publiant dans *la Presse* et dans *l'Artiste*[*] la description des fêtes auxquelles il vient d'assister, il n'oublie pas la jeune princesse dont la robe blanche et le manteau d'hermine frôlaient, çà et là, les bas-reliefs et les marbres, et son article lui vaut une récompense aussi poétique qu'inattendue. C'est un quatrain autographe de Gœthe écrit pour cette princesse, et que lui envoie, en remercîment, l'inconnu du palais grand-ducal qui n'était autre que le grand-duc Charles-Alexandre lui-même. A Paris, Gérard passe l'hiver en collaborations diverses ; il reprend son feuilleton à *la Presse* (23 septembre-24 novembre 1850) ; nargue spirituellement la loi Tinguy et l'amendement Riancey en publiant au *National* les *Faux-Saulniers,* qui le ramènent dans le Valois à la recherche de l'abbé de Bucquoy et d'Angélique de Longueval, et travaille à *l'Imagier de Harlem* en compagnie de Méry et d'un certain Bernard Lopez dont le nom disparaîtra à la deuxième édition. C'est le 27 décembre 1851 que la Porte-Saint-Martin, alors sous la direction de Marc Fournier, représente ce drame-légende en cinq actes et dix tableaux. L'analyse en serait fastidieuse. Quoique Gérard l'ait fait en collaboration, la donnée paraît lui revenir plus par-

* *La Presse*, 8, 18 et 19 septembre 1850. *L'Artiste*, 1er octobre 1850.

ticulièrement, car nous y trouvons toutes les influences qu'il est seul à avoir subies avec le *Second Faust* si obscur de Gœthe, les *Aventures de Faust et sa descente aux enfers* de Klinger, et la légende de Laurent Coster, l'imagier, recueillie en Hollande. Rien d'ailleurs de très original, si ce n'est d'avoir écrit la pièce à la manière shakespearienne, c'est-à-dire entremêlée de prose et de vers. A part cela, Aspasie apparaît à Coster comme Hélène apparaît à Faust, et l'action traîne ainsi en France, en Autriche, en Hollande, en Italie, en Espagne, sans que rien la relève jamais. Néanmoins, il y avait là un gros effort qui ne fut pas absolument perdu. La pièce eut du succès, fut réimprimée, les amis de Gérard vantèrent « la portée philosophique » de ce drame qui, venu à un autre moment, pouvait, disaient-ils, révolutionner le théâtre, et un certain Landrot, étudiant en médecine, qui se disait « acteur de droit, si ce n'est encore de fait », adressa même à Gérard, le 2 février 1852, une pièce de vers où il vantait fort naïvement ce drame qu'il trouvait à la fois « grotesque, colossal, religieux, instructif, touchant, sentimental... ». Mais ce n'était là qu'un succès platonique, et le drame ne tint pas longtemps l'affiche. Ce fut une grosse déception pour Gérard, et certainement une des causes qui déterminèrent une brusque rechute.

Elle le prit un soir, pendant qu'on jouait encore *l'Imagier*. Gérard était chez son ami Eugène de Stadler*, un archiviste de l'Intérieur, qui avait pour lui une tendresse et une sollicitude toutes fraternelles, quand il se sentit atteint de douleurs de tête si violentes que tous craignirent pour sa vie. Heureusement, on fut quitte pour la peur, mais il lui resta de cette crise une lourdeur d'esprit qui l'inquiétait encore plus que la maladie**. Depuis longtemps d'ailleurs, et sans en rien révéler, il se sentait repris par ses douleurs anciennes, et son genre de vie en disait assez sur l'état de son esprit. En mars 1849, au moment où l'on répétait les *Monténégrins*, Champfleury le rencontrait aux bureaux de *l'Artiste* où il avouait n'avoir pas dépensé cinquante francs en deux mois. Une flûte d'un sou suffisait à son déjeuner, et, pour le dîner, son

* *Stadler (Eugène, baron de)* amateur distingué ; il n'a laissé dans les lettres qu'une vague physionomie, due en partie au *Bois de Daphné*, curieuse étude antique où il mettait en scène un philosophe paresseux qui fait jouer toutes ses passions par des esclaves. Sous le second Empire, son cousin, M. de Persigny le fit nommer inspecteur général des Archives, place qu'il perdit après la guerre pour s'en aller mourir à Saint-Cyr, à peu près en même temps que Théophile Gautier. Arsène Houssaye, qui lui a consacré une notice dans ses *Confessions*, a dit : « Les historiens lui doivent un petit monument, car il a sauvé cent mille pièces précieuses des archives de France et de Navarre. »

** Georges Bell.

ordinaire n'excédait pas douze sous. Et ce n'était pas là par manque d'argent, non, mais il prétendait que cette frugalité lui donnait un bon sommeil, des rêves agréables, et que la nuit lui servait de jour. La question du linge n'était guère plus compliquée : il se composait en tout de deux chemises; la blanchisseuse lavait l'une tandis qu'il portait l'autre, et, le moment venu d'en changer, Gérard passait dans l'arrière boutique pour mettre la seconde, laquelle ressemblait à la première par l'absence de col et par les déchirures : « Comment, tu donnes *ça* à la blanchisseuse? » disaient ses amis qui assistaient parfois à cette opération. — « Oh! répondait Gérard avec candeur, cette chemise *a l'air* en mauvais état. Eh bien! la blanchisseuse me respecte beaucoup à cause de cette chemise... elle est en toile... J'aurais une douzaine de chemises en calicot neuf qu'on n'aurait pas les mêmes égards pour moi. » Cette existence, il la passait dans les mêmes lieux, c'est-à-dire dans tout Paris; mais Montmartre, qu'il aima toujours, qu'il habita même longtemps, paraissait décidément lui sourire davantage et, avec les Halles, c'était l'endroit où l'on était le plus sûr de le rencontrer. De fait, pour un ami du pittoresque comme il l'était, cette région était des plus attrayantes. Sans doute, dès cette époque, les maisons commençaient déjà à envahir les retraites où s'étaient réfugiés les animaux antédiluviens, et les âpres montées étaient sans cesse aplanies par les rues qu'on y traçait, mais, malgré cela, le vieux mont de Mars montrait encore un front superbe que décoraient les frondaisons nouvelles, et, du pied de la tour du télégraphe, on y découvrait dans l'air pur des horizons magnifiques. Comme il faisait bon rêver là, dans les ruelles silencieuses bordées de chaumières et de jardins touffus, et comme on semblait loin du Paris stupide et affairé dans cette petite commune qui le dominait, que ne troublaient ni passants ni voitures, et où les chèvres broutaient l'acanthe suspendue aux rochers. Çà et là, des sources filtraient dans la terre ocreuse, et les laveuses bavardes battaient en plein air leur linge qu'elles allaient étendre ensuite sur les haies bordées d'épine-vinette. Il y avait aussi une vigne, la dernière de ce cru antique célèbre au même titre qu'Argenteuil et Suresnes, et Gérard rêvait de l'acquérir: Il y aurait fait faire une construction si légère, « une petite villa dans le goût de Pompéi avec un impluvium et une cella, quelque chose comme la maison du poète tragique ». Depuis, il avait dû renoncer à ce désir, mais la rêverie n'en était pas moins délicieuse. De temps en temps des grisettes passaient, un bonnet

fleuri sur la tête et des chansons et des rires
plein les lèvres ; elles allaient dans les bals publics, au château des Brouillards ou au Moulin
de la Galette, dont les ailes tournaient dans le
vent, et Gérard les suivait. Il connaissait maintenant tout le monde dans ces coins familiers,
et aimait à tout observer, car rien ne lui plaisait autant que les mœurs populaires. Il remar-
quait les grands yeux des enfants mordant à
belles dents leurs tartines, les haillons pittoresques sur les épaules des travailleurs, et il
avait de longues conversations avec les carriers
qui exploitaient alors la Butte. Pendant ce
temps, la nuit montante s'étendait sur Paris,
et il ne restait bientôt plus que les voleurs dont
Gérard ne craignait pas la rencontre qui eût
ajouté aux aventures de sa vie d'humoriste.
Cela cependant n'était pas sans danger, et on
faillit un jour lui faire mauvais parti dans un
cabaret étrange où il avait l'habitude d'aller,
et où son habit noir, son chapeau rond et sa
mine attentive le firent prendre pour un mou-
chard. Ce cabaret était situé sur le boulevard
extérieur, entre la barrière des Martyrs et la
barrière Rochechouart, et Gérard l'affection-
nait à cause des cannes extravagantes en racines
tordues, pleines de nœuds et de bosses, que le
cabaretier fabriquait et qui ornaient la devan-
ture avec d'étranges dessins de buveurs rece-

vant des jets de boissons singulières par la figure et se cassant des bouteilles sur la tête. L'intérieur du cabaret était noir et éclairait à peine les ouvriers et les filous buvant au milieu des tonneaux ventrus et frappant du pied sur la terre battue. Gérard y venait très souvent. Ce n'était pas le mauvais *tafia* qui l'attirait, mais bien une certaine canne dont la poignée en racine de mandragore représentait un Apollon tordu dans le feu, et à qui il rendait hommage, comme à une idole*. Enfin, un de ses amis parvint, pour sa sûreté, à le tirer de ce mauvais bouge, mais nul ne put le guérir de sa passion de courir les endroits mal famés. On n'était même pas bien sûr qu'il n'y couchât point en compagnie des rôdeurs de toute espèce. C'était là plus qu'il n'en fallait pour ramener cette crise qui venait d'alarmer si fort tous ses amis. Cependant, il n'en était encore qu'aux bizarreries inoffensives ; c'étaient les paradoxes dont il fut toujours coutumier et qui allaient chercher les solutions les plus compliquées pour résoudre les problèmes les plus simples. Il disait, par exemple, que le meilleur moyen de placer son argent serait d'acheter de temps en temps, quand on recevrait quelque somme, un poisson de plomb. On louerait

* Champfleury. *Grandes figures.*

une cave, un hangar, pour l'y déposer, et, à la fin de l'année, on se verrait à la tête d'une certaine quantité de poissons de plomb*. Il prétendait aussi que la meilleure manière de se faire rembourser des billets à ordre avec lesquels un libraire lui avait acheté *Lorely* serait de les faire présenter par un fort de la Halle, « parce que ces gros hommes ont une façon terrible de présenter les billets à ordre, qui fait qu'on n'ose pas les prier de repasser, et que, bon gré mal gré, on les paie immédiatement** ».

Il voulait aussi être le fils de quelque personnage illustre. Les romantiques aimaient ce genre de mystifications; n'a-t-on pas été jusqu'à dire que Beethoven était le fils de Frédéric II***, et Delacroix le fils de Talleyrand? Dès l'impasse du Doyenné, à cause du médaillon de Jehan Duseigneur, on avait fait de Gérard un fils de Napoléon. « Toi qui es le fils de Napoléon, lui disait à cette époque le fou Lassailly, tu devrais bien revenir de l'Ile d'Elbe, monter sur le trône et me prendre pour premier ministre. — N'est-ce pas que j'ai le profil napoléonien? » répétait maintenant Gérard. Et cependant il prétendait être, non plus le fils de l'empereur lui-même, mais seulement

---

*, ** Champfleury. *Grandes figures.*
*** Victor Wilder. *Beethoven.*

de son frère aîné Joseph; puis, il remontait plus loin, et, sachant que sa famille possédait depuis des siècles une petite propriété sise dans le Périgord et désignée dans les contrats sous le titre de *Nervalis campus*, d'où il tira son nom, il se faisait descendre de l'empereur Nerva, autre César[*]. Il est vrai que Restif de la Bretonne, une de ses grandes admirations, se flattait de descendre de l'empereur Pertinax. Cette idée en tête, Gérard courait les quais et les brocanteurs, achetait toutes les monnaies à l'effigie de Nerva qu'il pouvait trouver et en faisait cadeau à ses amis. Autre manie de Gérard que celle des cadeaux, et manie touchante que celle-là. Chacun avait sa part : celui-ci un bouquet, celui-là un homard vivant ou une perruche qu'il laissait chez la concierge. Pendant un temps, Auguste de Châtillon reçut tous les jours soit une branche d'if ou de cyprès, soit une couronne de sureau ou d'immortelles. Mais le plus plaisant arriva à Alfred Busquet. Il possédait alors un petit chien noir. Un matin, il était encore couché, quand Gérard sonne et entre, suivi d'un grand chien : « Vous aimez les chiens, dit-il. En voici un d'une espèce rare et qui se perd : c'est un danois. Il a des taches noires comme un léopard et le canon

[*] Ph. Audebrand.

double sous le nez; ce canon double est sans prix pour le chasseur, c'est le signe d'une grande acuité dans le flair. Je suis heureux de vous l'offrir. »

Le lendemain, au jour levant, nouvelle visite de Gérard, suivi d'un barbet noir. « Celui-ci, c'est le barbet du docteur Faust. Il appartenait à un chiffonnier qui me l'a cédé à grand'peine pour vingt francs. Aimez-le, Gœthe vous en sera reconnaissant et votre serviteur aussi; peut-être vous apprendra-t-il à lire dans le microcosme. »

A quelques jours de là, Gérard tombe encore chez Busquet, à l'aube naissante, nécessairement accompagné d'un chien, un caniche immaculé de blancheur, cette fois : « Oh! dit-il, celui-là, je ne l'ai pas eu sans peine, je l'ai presque volé. Il était tenu en laisse par un grand laquais, rue Vaneau. J'ai corrompu le larbin, et vous voilà propriétaire d'un caniche blanc, doux et laineux comme un mouton. Il hantait le noble faubourg, et de beaux yeux de duchesse doivent pleurer à l'heure présente. »

Busquet finit par se plaindre de cette meute. Gérard, ému, la mit en pension. Le danois fut placé chez un charcutier, à cause de la zébrure de son pelage rappelant assez la galantine truffée; le barbet chez un savetier, et le caniche chez un marchand de vin qui offrit sans façon une tournée sur le zinc.

C'est aussi dans ces jours de bizarrerie et d'exaltation qu'on trouvait Gérard chez Maxime du Camp, où il conversait avec les esprits logés dans une ménagère. Il appelait Adam, Adam tombé et désespéré, afin d'obtenir de lui la dictée de ce livre de Kabbale perdu, à l'aide duquel tous les prophètes et Jésus lui-même ont fait leurs miracles. Cela n'était pas tout simple, car il fallait auparavant chasser les esprits inférieurs : « Va-t'en, Lilith ! Laisse-nous, Nahéma ! Non, Moloch ! non tu n'auras pas nos enfants à dévorer ! » criait Gérard d'une voix lamentable. Quand cet exorcisme ne suffisait pas, il apportait de l'*assa fœtida* qui empestait toute la maison, puis dansait le pas de la déesse Dercéto à Tanit ; mais un jour, dans ces ébats, il se heurta violemment la tête contre un angle, ce qui le calma un peu[*].

Cette vie décousue et errante alarmait tous les amis, mais qu'y pouvait-on faire? Essayer de retenir, de fixer Gérard? « Qui de nous, disait Gautier, n'a arrangé dix fois une chambre avec l'espoir qu'il y viendrait passer quelques jours? » Arsène Houssaye, dans son hôtel de la rue de Chateaubriand, avait même, au fond du

* Maxime du Camp. *Souvenirs littéraires.*

jardin, un petit pavillon qu'il lui avait dédié;
mais Gérard était toujours cette hirondelle
insaisissable à laquelle on le comparait. Où
allait-il? Que faisait-il? On l'ignorait. En
août 1852, nous le trouvons tout à coup à
Gand. Pourquoi? Sans doute pour fuir la folie
qui le suivait comme une meute hurlante.
Hélas! il était trop tard. Un jour d'automne, à
son retour, se promenant dans la campagne de
Montmartre, il entendit, en passant devant une
maison, un oiseau apprivoisé dont le bavardage
le fit frissonner. Il continua sa route cependant, plus assombri. Un peu plus loin, il rencontra un ami qu'il n'avait pas vu depuis longtemps et qui voulut lui faire visiter sa nouvelle
habitation, située vers la butte. Dans cette maison était une terrasse élevée à l'italienne, d'où
l'on découvrait un vaste horizon, plus beau
encore sous les rayons du soleil couchant. Là,
Gérard fit-il simplement un faux pas en descen-
dant l'escalier, comme il le dit lui-même? Eut-
il, comme le prétend Maxime du Camp, une
hallucination dans laquelle une femme l'appelait? Cela doit être, car la vue qu'il admirait de
la terrasse donnait justement sur le cimetière
Montmartre, où se trouve, nous nous en souvenons, le tombeau d'Aurélia. C'est elle qui l'appelait, et Gérard, se précipitant pour la suivre,
mit les pieds dans le vide et tomba évanoui

dans le jardin. Revenu à lui, il eut cependant la force de regagner sa demeure et de se mettre au lit, tout exalté par la fièvre. Combien il regrettait de n'être pas mort sur le coup ! La mort l'eût réuni pour jamais à elle. Mais non ! il n'en était plus digne maintenant ! Il avait trop outragé sa mémoire en de faciles amours ! Jamais plus sa douce image ne viendrait enchanter ses rêves. Il se voyait lui-même idéalisé et grandi, vêtu en prince d'Orient. Cela l'effrayait et le persuadait de plus en plus qu'il avait son double. Il avait beau lutter contre lui de toute sa force ; cet être hostile et redoutable avait pris sa place dans le monde des âmes, lui ravissant Aurélia qui était à jamais perdue pour lui. Ainsi égaré, pauvre être affaibli et délaissé, il arrivait à douter de lui-même, de sa propre existence, pareil à Sosie tremblant devant Mercure. Cette obsession le réduisit peu à peu au désespoir et lui fit désirer ardemment la mort. Mais à quoi bon, puisque la mort n'était pas le néant ! Pour la première fois depuis bien longtemps, lui qui admirait également toutes les religions parce qu'il ne croyait à aucune, lui le sceptique, se prit à songer au Dieu des chrétiens. S'il pouvait y croire encore ! Aurélia y croyait, elle ; une fois même, Gérard surprit le nom de Jésus sur ses lèvres, et ce nom en coula si doucement qu'il se mit à pleurer. Oh ! cette larme !

cette larme séchée depuis si longtemps, que
Dieu lui rende avec la foi! Mais quoi, l'ignorance ne s'apprend pas! Dieu n'est plus avec
lui, d'ailleurs, il l'a chassé de son cœur, il l'a
menacé, maudit; il lui a préféré la créature pé-
rissable qu'il déifiait selon les rites païens.
Cependant, ce Dieu des chrétiens est la toute
bonté qui peut lui pardonner encore. Eh bien,
Gérard priera, il s'humiliera, car il est trop
malheureux pour avoir encore de l'orgueil. La
seule chose qui reste maintenant en lui, c'est le
sentiment d'avoir commis des fautes qui deviennent d'autant plus graves et plus nombreuses à ses yeux qu'il les examine davantage.
Au moins, s'il pouvait confesser ces prétendues
fautes à quelqu'un qui le calmerait! mais le respect humain et un reste d'éducation libertine
l'empêchent de se présenter au confessionnal.
Rien ne peut le distraire de ses sombres pensées. Le travail, la lecture? Il ne peut comprendre clairement ni écrire dix lignes! Les
voyages, les bibelots, les plus belles choses ne
le tentent plus : « Qu'importe! cela n'existe
plus pour moi, » dit-il, poursuivi sans cesse par
la même idée fixe, et ses meilleurs, ses plus
vieux amis eux-mêmes n'apportent qu'une distraction vague à sa détresse. L'un d'eux,
Georges Bell, entreprit cependant de vaincre
cet état. Il emmenait Gérard dans diverses con-

trées des environs de Paris, celles qu'il aimait le plus : à Meudon, Sèvres, Saint-Cloud, Versailles, Saint-Germain, presque toujours à travers bois, et là consentait à parler seul au malheureux qui ne répondait que par phrases décousues. Cette touchante patience le calma peu à peu. Dès lors, un grand désir de perfection le prit, et il résolut de se corriger de ses prétendus défauts et de réparer toutes ses fautes imaginaires. Cela lui donnait un nouveau motif de vivre et d'agir, et il reprenait intérêt au monde. C'est à cette époque qu'il écrivit à Mme de Solms cette lettre qu'il faut citer tout entière, parce qu'elle est un chef-d'œuvre de grâce et d'émotion. Elle est datée du 2 janvier 1853 :

« Ne me donnez pas, chère fée bienfaisante, le beau livre que vous m'avez promis pour mes étrennes; je les convoitais depuis bien longtemps, ces beaux volumes dorés sur tranche, cette édition unique. Mais ils coûteront très cher, et j'ai quelque chose de mieux à vous proposer : une bonne action. Je vous sens tressaillir de joie, vous dont le cœur est si chercheur! Eh bien! voici, ma belle amie, de quoi l'occuper pendant toute une semaine! Rue Saint-Jacques, n° 7, au cinquième étage, croupissent dans une affreuse misère — une misère sans nom — le père, la mère, sept enfants sans travail, sans feu, sans pain, sans lumière !

« Deux des enfants sont à moitié morts de faim. Un de ces hasards qui me conduisent souvent m'a porté là hier. Je leur ai donné tout ce que je possédais : mon manteau et quarante centimes. O misère ! Puis, je leur ai dit qu'une grande dame, une fée, une reine de dix-sept ans, viendrait dans leur taudis avec tout plein de pièces d'or, de couvertures, de pains pour les enfants. Ils m'ont regardé comme un fou. Je crois vraiment que je leur ai promis des rubis et des diamants, et ces pauvres gens n'ont pas bien compris, mais ils se sont mis à sourire et à pleurer.

« Ah ! si vous aviez vu ! Vite donc, accourez, avec vos grands yeux si doux qui leur feront croire à l'apparition d'un ange, réaliser ce que votre pauvre poète a promis en votre nom. Donnez à cette bonne œuvre le prix de mes étrennes, car je veux absolument y concourir, ou plutôt remettez à D... les quatre-vingts francs que devait coûter le chef-d'œuvre auquel je ne veux plus penser, et je cours au Temple et chez le père Verdureau acheter tout un aménagement de prince russe en vacances.

« Ce sera beau, vous verrez ! Vous serez éblouie ! Je cours quêter chez Béranger. Au revoir, petite reine, à bientôt, au grenier de *nos*

pauvres. Nos pauvres! Je suis fier en écrivant
ces mots. Il y a donc quelqu'un de plus pauvre
que moi — de par le monde! N'oubliez pas le
numéro. Au cinquième, second couloir, la
porte à gauche.

« Adieu, Mignon, chère Mignon, douce Mignon, providence des affligés, mignonne Mignon, si douce et si fine, si peu fière et si gen-
tille! Mettez votre robe à grande queue et vos
souliers à talons. Je leur ai promis, gros comme
le bras, une grande princesse plus puissante
que tous les puissants de la terre. Ils n'y croi-
ront plus quand ils verront vos dix-sept ans et
votre frais sourire. Mais je bavarde, je bavarde.
Adieu, mignonne, encore adieu. — Pardon,
Madame*. »

Est-il quelque chose de plus charmant? On
croirait lire une lettre adressée à quelque fée
poudrée qui, d'un coup de baguette, transfor-
mera les mansardes en palais. Quel malheur
que cette même fée ne puisse du même coup
aplanir les difficultés qui s'élèvent autour de
Gérard. Depuis longtemps, il s'était engagé à
livrer des travaux que la maladie ne lui laissait
pas le loisir d'exécuter. C'étaient les *Illuminés,*
dans lesquels il faisait entrer divers articles, publiés d'abord dans les Revues, sur Restif de la

---

* *La Petite Presse,* 26 octobre 1866.

Bretonne, Cazotte, Cagliostro, etc., plus *Lorely*, suivi de nouvelles notes de voyage. Cela devait former deux volumes qu'il avait encore à mettre au point. Le croyant revenu à la santé, on était plus exigeant. Ces gens pressés ne savaient donc pas que le moindre accident pouvait occasionner une rechute! Elle ne tarda pas. La mort d'un de ses amis, le poète Charles Reynaud, enlevé à trente-deux ans par une fluxion de poitrine, rejeta Gérard dans le plus sombre découragement. Il voulut absolument lui rendre les derniers devoirs, mais la vue de la chambre mortuaire, le cercueil près duquel il passa pendant qu'on y couchait son ami, ébranlèrent de nouveau et plus gravement sa pauvre tête. Ses scrupules le reprirent, plus violents. Se souvenant que Henri Heine lui avait avancé une certaine somme sur des traductions qu'il ne pouvait faire, il prit le chemin de sa maison afin de lui rendre l'argent. Le jeûne et la douleur avaient encore exalté ses nerfs, et rien n'avait plus pour lui son aspect ordinaire. Un ouvrier qui portait un bambin sur son épaule lui sembla saint Christophe portant l'enfant Jésus. Sa tête vide bourdonnait et tournait; il ne savait plus où il allait, et trébuchait sans fin à travers les terrains vagues, épuisé, perdu, le regard fou, les vêtements en désordre. Rue de la Victoire, il eut cependant la force d'aborder un prêtre qui passait et de lui demander la confession ; mais celui-ci était pressé d'aller en soirée ; d'ailleurs il n'était pas de la paroisse, Gérard le trouverait demain, quand il voudrait, à Notre-Dame. Ainsi, Dieu ne voulait pas l'absoudre ! Pauvre être, il pleurait en marchant, ivre et désespéré. L'église Notre-Dame-de-Lorette se trouvait sur sa route, il y entra et alla se jeter au pied de l'autel de la Vierge, repoussant l'esprit mauvais qui lui disait : « La Vierge est morte, et tes prières sont inutiles ! » On commençait justement un office, et les cierges s'allumaient dans le chœur. Gérard tenta de s'unir en esprit aux prières, mais il ne savait plus l'*Ave Maria*. Alors, il laissa tout se terminer, les voix se taire, les cierges s'éteindre un à un et accroître la nuit dans la nef, et reprit sa course vers les Champs-Élysées. Arrivé place de la Concorde, la vue de la Seine coulant sous les ponts dans la nuit lui donna la pensée d'en finir, et il se dirigea plusieurs fois vers le fleuve, mais chaque fois quelque chose le ramenait à la vie. Était-ce la peine d'en finir, d'ailleurs, puisque le monde lui-même allait finir ? C'étaient les temps prédits par l'Apocalypse. Les étoiles ne s'éteignaient-elles pas déjà au ciel comme tout à l'heure les cierges à l'église ? Un grand soleil noir nageait dans l'éther : c'était le soleil de la Mélancolie que Gérard, ténébreux et veuf, portait partout à son luth constellé; plus loin, un globe d'un rouge de sang montait de la grande allée des Tuileries. C'est là, vers le septième ou huitième arbre à gauche, qu'est enfoui un trésor du temps des Médicis; personne n'y veut croire, mais les enfants le savent bien, et les petits poissons rouges du grand bassin aussi, eux qui, un jour, sortirent leur tête de l'eau pour dire à Gérard, avec mille politesses, que la reine de Saba l'attendait*. Cependant, les gens ne semblaient pas se douter de la catastrophe, et tous allaient, joyeux, à leurs plaisirs ou à leurs affaires. Enfin, Gérard rentra chez lui, brisé de fatigue, et dormit lourdement. Le jour brillait quand il se réveilla, et des voix enfantines, celles de son rêve d'hier qui continuait, lui apportèrent encore le nom du Christ : « Mais le Christ n'est plus, se disait-il, ils ne le savent pas encore. » Il se leva néanmoins et alla sous les galeries du Palais-Royal. La pensée de Henri Heine ne l'avait pas quitté, et il se rendit chez lui, achetant en chemin un petit gâteau pour se donner des forces. « Tout est fini, dit-il en entrant, il faut nous préparer à mourir. » Henri Heine appela sa femme : « Qu'avez-vous ? dit-elle. — Je ne sais pas, répondit Gérard, je suis perdu. » On envoya chercher un fiacre, et

---

* Champfleury. *Grandes figures.*

une jeune fille le conduisit à la maison Dubois.

Là, il fut soigné pour un transport au cerveau. Au bout d'un mois, il était rétabli, et put reprendre ses lentes et douces promenades autour de Paris. Une fois seulement il s'éloigna davantage pour aller jusqu'à Reims visiter la cathédrale. Le calme revenu avec la belle saison lui permit de se remettre au travail et de composer *Sylvie*. C'était le fruit de ses dernières flâneries dans le Valois où il revenait toujours, comme une hirondelle fatiguée revient au nid après l'orage. Il y allait souvent par Senlis, Creil ou Dammartin, dormant avec bonheur dans de vieilles auberges qu'il connaissait, et ouvrant toute grande au matin sa fenêtre encadrée de vigne et de roses. Devant lui, à perte de vue, Othis, Montagny, Chaâlis, Ermenonville, tous les villages qu'il avait parcourus enfant se doraient peu à peu dans le soleil levant ; mais, hélas ! rien n'y restait d'autrefois, et ce n'était plus que le charme des souvenirs et du regret qu'il y trouvait. Sylvie, elle-même, avait changé ! Non ! non, ce n'était plus Sylvie ! La jolie dentellière avait fait place en elle à la femme du pâtissier, *du grand frisé*, et des petits enfants grandissaient autour d'elle. Les enfants de Sylvie ! Comme cela le vieillissait, le petit Parisien d'autrefois ! Lui aussi avait rêvé un foyer aux jours d'amertume. Aujourd'hui, quand le hasard le ramenait à Dammartin, il demandait encore un déjeuner à ses amis, et, tandis que le pâtissier préparait quelque plat de sa façon, allait avec Sylvie promener les enfants ou faire quelque lecture ; mais les illusions de la jeunesse étaient mortes depuis longtemps, et Gérard sentait bien le ridicule qu'il y aurait à jouer les Werther auprès de cette bonne et sage ménagère.

L'exquise nouvelle qui sortit de ces souvenirs, et qui comme eux coule paisiblement, avec un murmure de source entre les fleurs, fut composée, le croirait-on, avec une peine extrême, et presque toujours au crayon, sur des feuilles détachées, suivant les hasards de la promenade. La *Revue des Deux-Mondes* la prit immédiatement, et elle y parut le 15 août 1853. Mais un tel travail n'était pas sans danger pour Gérard. Les corrections d'épreuves, par scrupules, recherches d'artiste, l'agitèrent au moins autant que l'œuvre elle-même ; et puis, Sylvie conduisait fatalement à Aurélia, et l'insomnie revint, persistante. Pour la vaincre ou pour s'oublier, il errait nuit et jour, de Montmartre aux Halles, des Tuileries au Luxembourg, déjeunant et couchant parfois chez des amis, plus souvent ne mangeant pas plus qu'il ne dormait. La surexcitation le poussait aux choses les plus extravagantes. Tantôt, dans les restaurants de nuit, il s'amusait à jeter en l'air tout l'argent qu'il avait sur lui; tantôt il s'en prenait aux passants qu'il arrêtait, et l'on se demande même comment il ne fut pas égorgé aux Halles, certaine nuit où il souffleta un inconnu avec qui il s'était pris de querelle. Une fois, admirant l'hippopotame du Jardin des Plantes, il lui jeta son chapeau dans un mouvement d'enthousiasme[*]. Au milieu de toutes ces incohérences, le besoin de trouver quelque part un secours que rien d'humain ne pouvait plus lui donner le ramenait encore au pied des autels de la Vierge. Enfin, un jour, ayant dormi un instant chez son ami Georges Bell, il se réveilla et sortit en sa compagnie. La migration des âmes l'occupait, et il croyait avoir en lui celle de Napoléon. De plus, persuadé, selon le système de Cagliostro, qu'il n'y avait plus de morts, entrant au café Foy, il crut y reconnaître des hommes de toute époque et, parmi eux, le père Bertin des *Débats*. Déjà on s'apercevait de son allure bizarre; tout le monde le regardait quand il sortit du café pour admirer dans le jardin les rondes des petites filles. Bientôt la foule commença à le suivre, et elle était si compacte devant le marchand de tabac de la rue Saint-Honoré, où il entra pour acheter un ci-

* Champfleury. *Grandes figures.*

gare, que c'est seulement en répondant de lui que trois de ses amis arrivèrent à le dégager et à le mettre en fiacre pour le conduire à l'hospice de la Charité (26 août 1853).

Là, son délire augmenta au point qu'il fallut lui mettre la camisole de force, dont il parvint à se débarrasser vers le matin. Alors, il se promena à travers les salles. Il pensait être devenu un dieu et imposait les mains, pour le guérir, à chaque malade qu'il rencontrait. Voyant une statue de la Vierge, il lui enleva même sa couronne de fleurs afin d'appuyer le pouvoir qu'il se croyait. Et il marchait à grands pas, parlant avec animation de la vanité de la science. Un flacon d'éther se trouvait sur une table, il l'avala d'une gorgée, prêt à renverser l'interne qui voulait l'en empêcher, et l'accusant de ne pas comprendre sa mission. Puis, insoucieux des médecins, il descendit dans le jardin, pieds nus, et se mit à cueillir des fleurs dans les parterres. Enfin, aidé d'un de ses amis, on parvint à le ressaisir, et, l'enveloppant à nouveau de la camisole de force, on le fit monter dans un fiacre qui le conduisit à la maison Blanche.

Depuis 1847, la maison Blanche s'était transportée à Passy, dans l'ancien domaine de la princesse de Lamballe, et Émile Blanche y succédait à son père, mort en 1852. La partie de la maison où se trouvait Gérard donnait sur

15.

un vaste promenoir ombragé de noyers, et, toute la journée, il le parcourait avec d'autres malades. Il se figurait maintenant que toutes les personnes réunies là avaient une influence sur les astres. L'une d'elles, tournant toujours dans le même cercle réglait la marche du soleil; un vieillard qui faisait des nœuds en consultant sa montre constatait la régularité des heures, et, quant à Gérard, il avait lui-même une influence sur la marche de la lune, et son rôle était de « rétablir l'harmonie universelle par art cabalistique, et de chercher une solution en évoquant les formes occultes des diverses religions ». L'illusion l'accompagnait au bain, où il se croyait servi par les Walkyries. Les objets sans forme et sans vie se groupaient pour lui en harmonies jusqu'alors ignorées; le caillou, le métal, toute chose inconnue vivait, tout lui semblait sensible; ne l'avait-il pas déjà dit en très beaux vers :

Homme, libre penseur! te crois-tu seul pensant
Dans ce monde où la vie éclate en toute chose?
Des forces que tu tiens ta liberté dispose,
Mais de tous tes conseils l'univers est absent.

Respecte dans la bête un esprit agissant :
Chaque fleur est une âme à la nature éclose;
Un mystère d'amour dans le métal repose;
« Tout est sensible! » Et tout sur ton être est puissant.

Crains, dans le mur aveugle, un regard qui t'épie :
A la matière même un verbe est attaché...
Ne la fais pas servir à quelque usage impie !

Souvent dans l'être obscur habite un dieu caché ;
Et, comme un œil naissant couvert par ses paupières,
Un pur esprit s'accroît sous l'écorce des pierres !

Le temps aussi devenait à ses yeux une illusion ; chaque journée lui paraissait augmentée de deux heures, de sorte qu'il croyait passer la différence dans l'empire des ombres où ses compagnons lui semblaient des fantômes. Mais qu'importe ! puisqu'il avait la certitude d'être soumis aux épreuves d'une initiation sacrée ! Il reportait sa pensée à l'éternelle Isis, épouse et mère, et se sentait revivre en elle. Cela lui rendait un peu de force et de calme pendant lesquels il pouvait écrire à son père pour le tranquilliser, ou à des amis auxquels il avouait enfin avoir fait des folies. Il les pressait de venir le voir, écrivait à Théophile Gautier qui revenait des courses de taureaux de Bayonne, traitait fort raisonnablement des questions d'argent, se rappelait les moindres détails : « N'ai-je pas laissé chez vous mon gilet ? écrivait-il à l'un d'eux, probablement à Georges Bell ; je ne sais ce qu'est devenu mon argent, du moins ce qui m'en restait. Mais tout se retrouve, — comme tout se paie, — suivant

le mot que Balzac attribuait au grand homme.
Venez vite. »

Cependant, le docteur Blanche, qui permettait ces visites, engageait tous les amis à ne pas venir ensemble, par précaution. Gérard allait mieux, mais on le gardait encore à cause de certaines bizarreries qu'il explique assez sagement à son père (22 octobre 1853) tout en les agrémentant de dessins incohérents : « Fils de *maçon* et simple *louveteau*, je m'amusais à couvrir les murs de figures cabalistiques et à prononcer ou à chanter des choses interdites aux profanes ; mais on ignore ici que je suis compagnon égyptien *(refik)*. Enfin, j'en suis sorti, et je ne souhaite à personne de passer par les mêmes épreuves. »

Le calme était donc à peu près revenu dans l'esprit de Gérard. Blanche s'était occupé de son déménagement, afin de l'installer dans ses meubles, à la maison, et le malade jouissait de tout le repos qu'on peut désirer dans cet hiver 1853-54 ; outre ses nombreux amis qui le venaient voir, il avait pour compagnon, à la maison de santé, le poète Antony Deschamps. L'après-midi, il avait le droit de sortir. Blanche recommandait seulement à ceux qui venaient le chercher, de l'empêcher de boire ; mais Gérard, toujours malin, achetait chez les fruitiers d'énormes grappes de raisin :

« On m'a défendu le vin, disait-il, mais on ne m'a pas interdit le raisin*. » En rentrant, il trouvait dans sa chambre les restes confondus et dépareillés de tout ce qu'il avait amassé de bibelots depuis vingt ans. Peu de temps auparavant, dans les démolitions de la place du Carrousel, il avait racheté, pour cinq cents francs**, cinq ou six panneaux écorchés et vermoulus où restaient les traces des peintures de leur fameuse fête de l'impasse du Doyenné. Les livres aussi s'amassaient autour de lui, « la tour de Babel en deux cents volumes », disait-il. Notes, correspondances, avec quelles délices il classait toutes ces reliques, mais avec quelle douleur aussi! car là se trouvaient, brouillons effacés et jaunis, lettres à demi froissées, le trésor de son seul amour! Cependant, il se remettait à travailler, mais, avec les idées lui venait aussi l'inquiétude quant au placement de la copie, et il avait besoin d'être tranquillisé. « Ne m'abandonnez pas, écrivait-il à Georges Bell, j'ai à vous parler beaucoup. Ce que j'écris en ce moment tourne dans un cercle trop restreint. Je me nourris de ma propre substance et ne me renouvelle pas. » En effet, à vivre ainsi, sur lui-même, il se

* Champfleury, *Grandes figures.*
** Eugène de Mirecourt.

persuadait à nouveau n'avoir jamais été fou.
C'étaient les médecins qui se trompaient, par
ignorance, faute d'être initiés comme lui.
« C'est aimable à vous de venir, disait-il à
Maxime du Camp qui lui rendait visite. Ce
pauvre Blanche est fou ; il croit qu'il est à la
tête d'une maison de santé, et nous faisons
semblant d'être des aliénés pour lui être
agréables ; vous allez me remplacer, parce qu'il
faut que j'aille demain à Chantilly pour épouser
Mme de Feuchères. » De plus, il avait trouvé
un être qui l'impressionnait beaucoup. C'était
un ancien soldat d'Afrique, jeune encore, ne
prononçant jamais une parole et se refusant
absolument à prendre aucune nourriture. Le
docteur Blanche y remédiait au moyen d'une
sonde introduite dans sa narine. Gérard pensait
que ce malheureux avait été gelé au passage de
la Bérézina, et, pendant des heures, lui frot-
tait le nez et lui soufflait son haleine au visage :
« Blanche m'a chargé de le dégeler, » disait-
il[*]. Cette comédie continua jusqu'au jour où
le patient voulut étrangler Gérard, qui n'in-
sista plus. Cependant, le mal céda de plus en
plus, et, le 27 mai 1854, Gérard put quitter la
maison de santé. Il prit à peine le temps de
faire un tour dans Paris, et partit de suite pour

[*] Maxime du Camp.

l'Allemagne. Le 3o mai, il est à Strasbourg, à
l'*hôtel de la Fleur*.

Le voyage et l'air de la montagne lui ont fait
du bien, et il se croit remonté pour longtemps :
« Dieu merci, écrit-il à Busquet, je ne suis
plus l'être aplati que vous avez vu dernièrement;... je travaille, je fais de jolies choses. »
Malheureusement, il n'a guère d'argent, et
est forcé d'emprunter pour s'acheter un manteau. Mais l'air du Taunus est moins vif qu'il
n'aurait cru, et il y renonce. Strasbourg le rajeunit. Chose curieuse, il y pense au soufflet
donné aux Halles, neuf mois auparavant, à cet
inconnu qu'il querellait : « Faites mes excuses
à ce malheureux quidam, écrit-il à Georges
Bell. Je lui offrirais bien une réparation, mais
j'ai pour principe qu'il ne faut pas se battre
quand on a tort, surtout avec un inconnu nocturne. Autrement, vous croiriez que je fais le
gascon sur la lisière de l'Allemagne. » Il est
tourmenté aussi par certain portrait qui vient
de paraître en tête de sa biographie par Eugène
de Mirecourt. Un bibliophile de Strasbourg,
M. Charles Mehl, lui a communiqué la bro-
chure que Gérard lui a rendue le lendemain*,
agrémentée de croquis et de signes cabalistiques. Il a été désagréablement impressionné

* Maurice Tourneux.

par l'expression que l'artiste a donnée à son visage : « Je tremble de rencontrer ici aux étalages, écrit-il au même Georges Bell, un certain portrait pour lequel on m'a fait poser, lorsque j'étais malade, sous prétexte de biographie nécrologique. L'artiste est un homme de talent, mais il fait trop vrai ! Dites partout que c'est un portrait ressemblant, mais posthume, ou bien encore que Mercure a pris les traits de Sosie et posé à ma place. Je veux me débarbouiller avec de l'ambroisie, si les dieux m'en accordent un demi-verre seulement. »

Cependant, le séjour de Strasbourg n'est pas sans danger pour lui. Les réceptions et les invitations ont fait revenir à de certaines heures l'exaltation qu'il fuyait. Au bal des Savetiers par exemple, histoire de tenir tête aux étudiants qu'il aime, il a bu par crânerie de nombreuses chopes de bière, et a fait tant de bruit à l'*hôtel de la Fleur* que des clients sont partis. « Vous ne vous rendez peut-être pas bien compte de l'heure. » lui ont simplement dit les garçons, fort poliment. « Mais je n'ai pas de montre, a répondu Gérard, et le jour paraît de bonne heure ; aurais-je dérangé quelqu'un ? il fallait me le dire. — Monsieur sait bien ce qu'il fait. — Pas toujours. »

En quittant Strasbourg, il emploie un mois à visiter l'Allemagne du Midi. Le 20 juin, il est à Donauwerth d'où il écrit à son père. Munich et Nuremberg lui plaisent particulièrement, ainsi que Bamberg. Il voit Leipsick et Dresde, travaille beaucoup, a même de la copie qu'il ne veut pas envoyer légèrement : « Je suis content et plein de ressources pour l'avenir, écrit-il à Georges Bell, de Neunmark, le 27 juin. Du résultat de ce mois seul, il y a de quoi travailler un an. Je me suis découvert des dispositions nouvelles. Et vous savez que l'inquiétude sur mes facultés créatrices était mon plus grand sujet d'abattement... J'ai recueilli beaucoup de choses à faire sur Nuremberg ; c'est décidément la plus jolie ville de l'Allemagne... J'ai fait route hier soir, dans un wagon, avec sept ou huit paysannes bohémiennes qui avaient des costumes d'opéra et qui dormaient sur les bancs et sur le plancher du wagon dans le désordre le plus pittoresque. Cet intérieur ressemblait à un foyer de marcheuses, endormies comme les bacchantes de Boucher. Tout cela est court-vêtu, avec les jambes nues, des corsets pailletés, et des tresses blondes s'échappant de leurs mouchoirs rouges à festons qui les coiffent comme des sphinx. Que la vie est amusante dans ce pays-ci !... » En effet, « ce que c'est que de changer de latitude, dit-il, en Allemagne nul ne songe à me trouver fou ». Cependant, sous ces apparences de bonne santé morale et physique, le mal irrémédiable couve toujours, plus sourd et plus profond, et ce que Gérard rapporte cette fois de son voyage, c'est une fantaisie irréelle et hallucinante, c'est *Pandora*, créature impossible, « ni homme, ni femme, ni androgyne, ni fille, ni vieille, ni jeune, ni chaste, ni folle ». Rien n'est plus insensé, dans l'œuvre entier de Gérard, que cette nouvelle, dont le *Mousquetaire* du 31 octobre 1854 a publié la première partie sans oser publier la seconde[*]. Engoncée dans un col de dentelles gaufrées et dans les plis d'une robe de brocart, *Pandora* danse, affublée d'un énorme panache et de deux cornes d'argent ciselé. On croirait voir un Goya retouché par un fou, par Gérard lui-même, qui d'ailleurs est devenu le Prince de Ligne. Quoi d'étonnant dans cette transformation? n'a-t-il pas traversé deux fois l'Achéron, et, toujours habité par quelque âme étrangère, ne l'interroge-t-il pas sans cesse en lui :

> Suis-je Amour ou Phœbus, Lusignan ou Biron?
> Mon front est rouge encor du baiser de la reine.

Malgré cela, il insiste beaucoup sur le bon état de sa santé; à l'en croire, il est frais comme une rose et a la figure culottée par le grand air,

---

[*] Elle se trouve dans la collection de M. de Spœlberch de Lovenjoul, et Mlle Julia Cartier en a cité un fragment.

l'exercice et le soleil. Il a d'ailleurs vu fort peu de monde depuis Strasbourg, et la solitude et le silence des champs où passe le souffle vivifiant des forêts et des montagnes l'ont rendu à lui-même et à la réflexion.

C'est dans ces bonnes dispositions qu'il rentra à Paris le 19 juillet. Il venait de Forbach où on lui délivra son bon de passe. Mais la vieille ville ne lui réussissait vraiment plus, et, dans son atmosphère excitante, la folie ne tarda pas à éclater de nouveau. Un soir, il arriva chez Théophile Gautier, qui finissait par en avoir très peur, coléreux, l'œil perdu :

« Adieu, dit-il, je pars pour Guernesey et je vais dire son fait à Hugo ; il nous a tous déshonorés, et je viens de m'en apercevoir. Hier, j'ai relu le *Pas d'armes du roi Jean*, il y dit :

> Force aïeules,
> Portant gueules
> Sur azur.

Ne sait-il donc pas qu'en blason il est interdit de placer émail sur émail, métal sur métal, fourrure sur fourrure, si ce n'est dans les armes à enquérir. C'est une honte pour l'école romantique, il m'appartient de la venger. Dès que j'aurai réuni trois cents francs je m'embarque pour Granville et je vais provoquer cet Olympio[*]. » Rien ne put l'apaiser, et il fallut le reconduire à Passy (8 août). Ce n'était plus le bon Gérard d'autrefois ; il était agressif, irrité, presque dangereux. Le docteur Blanche, qu'il aimait tant naguère, lui ayant interdit les sorties, ne lui paraissait plus qu'un geôlier dont il se méfiait et qu'il détestait, plein de menaces. Il écrivait à tout le monde pour s'en plaindre, pour affirmer qu'il n'avait jamais été fou, ni même halluciné, et cherchant sans cesse de nouvelles raisons à ce qu'il prenait pour une injuste incarcération, il accusait maintenant Blanche de le garder par une lointaine jalousie : « Je vous ai vu si jeune chez votre père, lui écrivait-il, que j'abusais même de quelques avantages et de mon état présumé de folie pour aspirer à l'amitié d'une jeune dame dont le chat qu'elle portait toujours dans un panier m'attirait invinciblement. Un jour que je l'avais embrassée par surprise, elle m'a dit comme le général Barthélemy en pareille occasion : Aspetta ! traduction française : Nous n'en sommes pas encore là ! Voulez-vous que je pense et laisse penser que dès cette époque une sourde jalousie vous a rendu injuste à mon égard[**]... »

Et il cherche à effrayer Blanche en le mena-

* Maxime du Camp. *Souvenirs littéraires.*
** Lettres citées par Champfleury. *Grandes figures.*

çant des protections dont il dispose parmi les magistrats, les voleurs et les francs-maçons. Ceci est de la folie pure : « J'ai peut-être plus de protections à faire mouvoir que vous n'en rencontrerez contre moi. Je ne sais si vous avez *trois ans* ou *cinq ans*, mais j'en ai *plus de sept* et j'ai des *métaux* cachés dans Paris. Si vous avez pour vous-même le Gr∴ O∴ je vous dirai que je m'appelle le *frère terrible*. Je serais même la *sœur terrible* au besoin. Appartenant en secret à *l'Ordre des Nopces*, qui est d'Allemagne, mon rang me permet de jouer carte sur table... Dites-le à vos chefs, car je ne suppose pas qu'on ait confié les grands secrets à un simple (?) qui devrait me trouver *très Respectable* (X). Mais je suis assuré que vous êtes plus que cela. Si vous avez le droit de prononcer le mot de... (cela veut dire *Mac-Benac* et je l'écris à l'orientale), si vous dites *Jachin*, je dis *Boaz*, si vous dites *Boaz*, je dis *Jéhova*, ou même *Machenac*... Mais je vois bien que nous ne faisons que rire [*]. »

Lui, en tout cas, ne riait plus. Les soins, les douches surtout l'exaspéraient, mais ne l'empêchaient pas d'assurer à Maxime du Camp que les garçons qui le mettaient au bain s'arrêtaient, émerveillés, devant la beauté de son

---

[*] Lettres citées par Champfleury. *Grandes figures.*

corps. C'était l'orgueil, la monomanie des
grandeurs, qui l'atteignaient et allaient le conduire à la paralysie générale. Il parlait maintenant d'opérations de Bourse, d'affaires com-
merciales : « Je serai heureux de mettre à votre
service quelques idées ou inventions que j'ai
conçues [*], » écrivait-il à un de ses cousins
établi à Agen. En poète, il prenait au sérieux sa
descendance de Jupiter et d'Apollon ; n'ayant
pas un sou vaillant, il s'enquérait du prix du
domaine de Mortefontaine, et rêvait les plans
des châteaux qu'il se ferait construire à Ermenonville [**]. Enfin, huit jours s'étaient à peine
écoulés depuis son entrée à Passy, qu'il s'échappait. Ce jour-là, vers quatre heures de l'après-
midi, il tomba chez Busquet, rue Neuve-des-
Martyrs. Il était pâle, défait, sa figure était
boursouflée et ses paupières plus battues que
d'ordinaire : « Ah ! c'est trop horrible, gémit-il,
ils m'ont trop fait souffrir ! voyez mes poignets :
ils sont meurtris ; voyez mes pieds : les chevilles
sont ankylosées ; si Blanche le savait !... on m'a
torturé !... je me suis enfui. » Et de grosses
larmes coulaient sur la face du malheureux.
Enfin, il se pencha sur l'appui de la croisée, et,
regardant dans le gouffre, fixement : « Je

* Lettres citées par Champfleury. *Grandes figures.*
** Maxime du Camp.

songeais, dit-il, que de votre sixième étage la
mort serait prompte en arrivant en bas. L'i-
dée m'est venue plusieurs fois de me jeter
par votre fenêtre. » C'est certainement cette
fois-là qu'il disparut pendant deux semaines.
On ne put jamais savoir où il était allé. On
apprit plus tard qu'il était resté deux jours à
Creil, dans un *bouchon* fréquenté par des ouvriers. Au retour, on lui enleva un couteau à
manche en os, à lame droite, effilée, à virole,
qui était une arme dangereuse et dont il avait
menacé un de ses amis *. A ce moment le docteur Blanche prévint M. Labrunie que son fils
n'était plus en état d'être abandonné à ses propres forces; mais le vieillard se déroba sèche-
ment. Quand à Gérard, il cherchait toujours les
motifs de sa détention et suppliait ses amis de
lui faire rendre sa liberté, mais ceux-ci refu-
saient, par prudence. Alors, en désespoir de
cause, il s'adressa à la Société des gens de lettres.
Après une vive discussion, le comité se prononça, hélas! pour sa liberté, et l'avis en fut
signifié au docteur Blanche par un procès-verbal
signé d'un M. Godefroy, avocat. Libérer Gérard
au commencement de l'hiver, dans l'état où il
se trouvait, c'était l'envoyer à une mort certaine; mais Blanche dut obéir, et le 19 oc-

* Maxime du Camp.

tobre 1854, son malade se retrouva sur le pavé de Paris. Sa tête était pleine de projets. Le libraire Dutacq avait eu la pensée de donner une belle édition de ses œuvres complètes, et Gérard s'en occupait avec le bibliophile Jacob. Il s'occupait aussi de théâtre. La Comédie-Française mettait en répétitions *Misanthropie et Repentir*, pièce traduite de Kotzebue. Une espèce de drame-féerie en cinq actes, tiré avec Auguste Maquet de la *Main enchantée*, était reçu à la Gaîté. *Jodelet*, une pièce en trois actes d'après Scarron, était à l'étude. On attendait encore *Lara*, le *Prince des Sots*, reçus et non joués; *Louis de France*, quatre actes écrits; le *Citoyen marquis*, cinq actes terminés *. Hors le *Prince des Sots*, publié plus tard **, ces pièces n'ont jamais vu le jour, et une seule, *Misanthropie et Repentir*, a affronté la scène du Théâtre-Français après la mort de Gérard, le 28 juillet 1855.

Il faut signaler aussi, comme simple curiosité, *le Marquis de Fayolle*, qu'il n'eut pas le temps d'achever, et qui fut repris et publié par Édouard Georges (1856). Ce roman est le fruit d'une tournée en Bretagne, et l'idée en vint à Gérard en lisant le nom de Jean le Chouan à la porte d'un cabaret situé près de Vitré, sur la

---

* Feuille publiée par l'*Amateur d'Autographes*, 16 mars 1869.
** Chez Calmann-Lévy, 1888, préface de Louis Ulbach.

route qui mène au château des Rochers. L'intrigue en est trop compliquée pour que nous la donnions ici. Ce n'est d'ailleurs ni du plus intéressant ni du meilleur Gérard, puisque la fin n'est même pas de lui. Les faits y sont rapides comme le style et portent sur le complot du marquis de la Rouërie, dont le marquis de Fayolle est l'ami. En somme, ce n'est là qu'un roman historique pareil à tous ceux qu'on écrivait alors, à la suite de Dumas, qui les résumait tous.

Cependant, les *Filles du Feu* paraissaient chez Giraud et Dagneau ; mais Gérard, comme un malade à qui de sombres pressentiments font rédiger son testament, se mettait à écrire *Aurélia* avec les notes qu'il avait prises chez Blanche dans l'intervalle de ses crises. Pressé par la *Revue de Paris* qui l'attendait, il l'écrivait partout, mais le travail lui était devenu plus difficile, et parfois la fièvre et l'hallucination revenaient. Alors, il interrompait tout à coup son travail pour tracer, en marge ou dans le corps de la copie, des signes cabalistiques, des nombres, et jusqu'à une démonstration de l'Immaculée Conception par la géométrie. Combien de temps cet état pouvait-il durer? L'hiver approchait, et on ne connaissait pas à Gérard de domicile. Agé de quarante-six ans, il en paraissait bien soixante, usé précocement par

les soucis, les voyages et la folie. C'était maintenant un petit homme mûr, effacé, presque en
guenilles. Néanmoins, il était resté chez lui un
tel goût de la chose riche, qu'il se faisait des
épingles de cravate avec du papier doré *.
L'embonpoint l'avait envahi, ce qui serait une
conséquence de folie pour les aliénistes. Son
front très vaste semblait plus beau encore sous
la calvitie qui le dénudait, et, seuls, de petits
yeux gris et pétillants donnaient quelque distinction à sa figure pleine et pâle où pendaient une
moustache et une mouche, et qu'un collier de
barbe entourait **. On le rencontrait encore
à toute heure et partout, dans les cabarets. Il
entrait, d'un pas menu, couvert d'un manteau
un peu crotté, le cigare aux lèvres, absorbait
vite une consommation, mêlait avec ses sous,
en payant, de petites monnaies romaines qu'il
avait toujours dans sa poche, ajoutant, galam-
ment, que cela lui servait à faire la connaissance des dames de comptoir. Bientôt il sortait,
allant au hasard, fuyant la folie et courant après
son rêve, ce rêve dont il avait vécu et dont il
allait enfin mourir.

* *Journal des Goncourt.*

** Voir, en tête du volume, le portrait, exécuté d'après une
photographie que Nadar fit à cette époque.

CHAPITRE VIII

Hiver de 1854-55. — Dernière visite chez M. Buloz. — Mort de Mme Arsène Houssaye. — Visite à la Revue de Paris, au bibliophile Jacob, chez Mme Béatrix Person. — Une nuit au violon. — Le dernier jour et la dernière nuit de Gérard. — L'ancien quartier du Châtelet. — La rue de la Vieille-Lanterne. — Mort de Gérard. — Suicide ou assassinat ? — L'enterrement. — Chez le père de Gérard. — La tombe de Gérard et de Charles Coligny. — Épitaphe de Gérard.

L'hiver, d'ordinaire, est peu clément aux noctambules et aux bohémiens errants, et celui de 1854-55 fut particulièrement rigoureux. Gérard, lui, ne s'en inquiétait guère, n'étant pas de ceux qui soufflent dans leurs doigts en regardant le thermomètre de l'ingénieur Chevallier. Il n'était plus le même, cependant. Chaque jour ses amis pouvaient constater en lui quelque changement pénible. Sa parole, d'ordinaire un peu lente, devenait difficile, hésitante, et ne jetait plus dans la conversation que des incohérences, trop tristes, hélas! pour faire sourire. C'est dans cet état que Champfleury le rencontra, fin décembre, à la *Revue de Paris* où il apportait les épreuves de la première partie d'*Aurélia*; la monomanie des grandeurs, l'orgueil seuls l'occupaient; il rêvait une grande fortune, disait avoir autant de génie pour les affaires qu'Émile de Girardin, et, renchérissant encore sur Dumas qui avait fondé le *Mousquetaire*, cherchait de l'argent pour fonder à Saint-Germain un journal intitulé le *Mousquetaire noir*. Quelques jours auparavant, passant rue Saint-Benoît devant la *Revue des Deux-Mondes*, il était monté chez M. Buloz, et, lâchant tous les robinets de l'appartement, était parti furtivement, comme il était venu. Farce, dit Champfleury qui raconte le fait; non pas, mais vengeance de fou contre cet homme qui l'avait enfermé plusieurs fois pour le forcer à finir la copie attendue, et avait été jusqu'à exiger des coupures dans les *Illuminés*, sous prétexte qu'ils contenaient des germes de socialisme. Enfin, dans le courant de janvier 1855, brusquement et sans rien dire à personne, Gérard disparut après avoir donné congé à l'hôtel qu'il habitait, rue Neuve-des-Bons-Enfants. Qu'était-il devenu? Était-il encore en voyage? Chaque jour on s'interrogeait plus anxieusement. Arsène Houssaye, qui voyait alors Gérard assez souvent à la Comédie-Française, ne l'avait pas revu depuis la mort de Mme Arsène Houssaye, et se rappelait avec émotion que Gérard était entré comme on venait de mettre la morte au cercueil, et lui avait baisé la main en sanglotant, s'écriant : « Elle est partie! » Depuis lors, plus de nouvelles. Enfin, le samedi 20 janvier, par un froid et une neige lugubres, Gautier et Maxime du Camp étaient au bureau de la *Revue de Paris,* quand ils virent entrer Gérard. Il portait un habit noir si chétif que du Camp eut le frisson en le voyant : « Vous êtes bien peu vêtu pour affronter un froid pareil, lui dit-il. — Mais non! répondit Gérard avec insouciance, j'ai deux chemises, rien n'est plus chaud. » Peut-être avait-il mis l'une sur l'autre les deux chemises en loques qui alternaient jadis chez la blanchisseuse. « Il tombe des pleurésies et il souffle des angines, reprit Gautier. Il y a ici des gens qui ont plusieurs paletots et qui seraient enchantés de t'en prêter un jusqu'à ton dernier jour. — Non, répliqua Gérard, le froid est tonique; les Lapons ne sont jamais malades. » Et il se lança avec volubilité dans ses conversations favorites : il allait écrire l'histoire de Foulques Nerra dont il descendait directement. « Du reste, les mâles de sa famille étaient reconnaissables à ce fait surnaturel qu'ils naissaient avec le tétragramme de Salomon tracé sur la poitrine, à gauche, un peu au-dessous du cœur. » Puis, passant brusquement d'une idée à une autre : « J'ai acheté un objet très rare, dit-il à Maxime du Camp, mais les marchands sont si bêtes qu'ils ne savent pas ce qu'ils vendent ; je vais vous le montrer : c'est la ceinture que portait Mme de Maintenon quand elle faisait jouer Esther à Saint-Cyr. » Et il tira de sa poche un papier fripé qu'il déploya avec soin pour en tirer un cordon étroit en fil écru, assez résistant et qui paraissait neuf.

Enfin, ils sortirent tous trois. Le froid était dur ; l'essieu des voitures criait dans la neige amoncelée. « Gérard, viens dîner avec moi, dit Gautier, je te ferai manger un risotto. » Gérard refusa. « Il fait bien froid, j'ai une chambre pour vous à la maison. » dit Maxime du Camp. Gérard tira alors de sa poche une pièce de vingt francs à l'effigie de Louis XVIII, le Louis XVIII habillé de 1814. et répondit en la montrant : « Merci, je n'ai besoin de rien, j'ai ma semaine. » Puis il s'échappa comme quelqu'un qui a peur qu'on ne lui propose encore quelque chose *.

Le 23 janvier, on le retrouvait chez le bibliophile Jacob à qui il apportait le bilan de ses

* D'après Maxime du Camp, *Souvenirs littéraires.*

œuvres complètes pour l'édition entreprise par Dutacq : « Ce jour-là, dit Jacob, le pauvre garçon était presque fou, mais il n'avait jamais eu plus d'esprit et de bonne humeur. Il me quitta en me priant de lui faire donner un acompte sur le prix de ses œuvres complètes, et je ne l'ai plus revu *. »

Le lendemain, Gérard dîna et passa la soirée chez Mlle Béatrix Person, du Théâtre Historique, sœur de l'acteur Dumaine, en compagnie de deux de ses amis, Georges Bell et Philibert Audebrand. Il avait lu plusieurs scènes du *Fils nocturne* que venait de recevoir l'Ambigu, et où se trouvait un rôle pour Mlle Person. Jamais peut-être il n'avait été si gai, dit Audebrand. Il était trop gai même, un peu nerveux et forcé. Il riait, s'élançait en d'amusantes saillies, récitait des vers de Ronsard et quelques-uns de ces couplets populaires qu'il aimait tant. Les délicieuses chansons de son enfance lui revenaient toutes à la mémoire, et l'on apprécia surtout certaine ronde du Beauvoisis qu'il chanta comme un véritable picard seul eût pu le faire jadis, au fond des bois de Villers-Cotterets ou sur les bords de l'Aisne.

La soirée finie, chacun se retira de son côté. En passant rue Dauphine, Gérard acheta un

---

* *L'Amateur d'Autographes.* 16 mars 1869.

pain d'un sou à la boulangerie Cretaine, et disparut. Il alla aux Halles, puis entra dans un cabaret, chez Bordier, Baratte ou Paul Niquet peut-être, pour y attendre le jour en travaillant à *Aurélia* ou en se documentant, selon l'inspiration, sur un *Paris la Nuit* que lui avait commandé *l'Illustration*. Il était là, s'amusant pour la millième fois, comme Pierre Gringoire à la Cour des Miracles, de tous ces tableaux nocturnes du vieux Paris, lorsqu'une querelle s'alluma entre escarpes qui se reprochaient mutuellement leur honnêteté. Cela tourna bientôt en rixe, et l'on alla chercher la garde qui envoya coucher tout le monde au poste du Châtelet. En vain Gérard se récria. « Qui êtes-vous? lui dit le caporal. — Monsieur Gérard de Nerval. — Que faites-vous ici? — Je pense. — Qu'on le conduise au poste! reprit le caporal qui croyait qu'on se moquait de lui. — Je suis donc bien coupable d'étudier ici? — Avez-vous des moyens d'existence? » Et on le fouilla. « Je n'en ai plus, dit Gérard, mais j'ai payé le café que j'ai pris tout à l'heure. — Eh bien! vous allez passer la nuit au violon. » Et on l'entraîna*.

Gérard se consola facilement, car ce n'était pas la première fois, Dieu sait, que la chose lui

---

* Arsène Houssaye. *Paris qui s'en va.*

arrivait. L'autorité contrariait sans cesse ses habitudes aussi innocentes que bizarres, et, peu de temps auparavant, causant avec deux amis sur les boulevards, au coin de la rue de la Michodière, il lui avait fallu montrer ses papiers à quelque sergent de ville méfiant. Cependant, ce matin-là, il comprit que sa position de récidiviste pouvait devenir grave et le conduire droit au Dépôt, et se fit réclamer par un de ses amis, Louis Legrand, commissionnaire d'exportation, qui vint pour ce fait au bureau de police. Gérard était calme et jouait même à cache-cache avec trois enfants râflés comme lui. Son identité reconnue, on le relâcha. Une fois dehors, n'ayant plus d'argent, il emprunta cinq francs à son ami, qui, après avoir insisté inutilement pour lui faire accepter davantage, l'emmena déjeuner dans un restaurant de la rue des Prouvaires. La chaleur de la salle et du repas le ragaillardirent bien vite, mais lui rendirent aussi, avec sa mémoire, toutes ses inquiétudes et ses préoccupations : « Je suis désolé, disait-il, me voilà aventuré dans une idée où je me perds ; je passe des heures entières à me retrouver... Croyez-vous que c'est à peine si je peux écrire vingt lignes par jour, tant les ténèbres m'envahissent !... »

En vain Legrand voulut le rassurer ; Gérard, tout sombre, secouait tristement la tête, de l'air d'un homme qui en sait plus long sur l'état de son âme et de son esprit qu'il n'en a jamais laissé paraître.

Il avait besoin de se retrouver seul pour se chercher encore. Il remercia son ami, après l'avoir accompagné jusqu'à l'extrémité du passage Vero-Dodat, où celui-ci demeurait, et entra dans un café qui donne sur ce passage et sur la rue Croix-des-Petits-Champs, en face de la rue Montesquieu*. Il avait, disait-il, à lire les journaux et à écrire quelques feuillets d'*Aurélia*. Entre temps, il avait été chez Méry, rue Lamartine, et, ne le trouvant pas, avait prié le domestique de lui remettre, dès son retour, un sou sur lequel il avait fait une croix avec son canif, sans doute pour exprimer symboliquement sa détresse**. Que fit-il ensuite? Ce qui est sûr, c'est que le jeudi 25, de grand matin, il allait rue de Savoie emprunter sept sous à Asselineau, pour se rendre au cabinet de lecture où il avait coutume de travailler. Il n'avait toujours pour vêtement que le mince habit noir avec lequel Gautier et du Camp l'avaient rencontré quelques jours auparavant, et avait engagé la veille, par esprit d'ordre, un paletot marron qu'il avait l'habitude de porter en man-

* Alfred Delvau.
** Ph. Audebrand.

teau, les manches libres : « Il faisait si beau temps il y a huit jours, disait-il, que je croyais le printemps revenu ; et puis, le Mont-de-Piété garde si bien les habits en hiver ! » Cependant, ému de le voir ainsi, Asselineau lui ouvrit aussitôt sa bourse, mais Gérard s'obstina à ne prendre que strictement ce qu'il avait demandé. Il était très visiblement préoccupé, soucieux même, lui, si insoucieux d'habitude : « Je ne sais ce qui va m'arriver, disait-il, mais je suis inquiet. Depuis plusieurs jours je ne puis littéralement plus écrire une ligne. Je crains de ne pouvoir plus rien produire... Je veux *encore une fois* essayer aujourd'hui. » Ce « encore une fois » n'est-il pas, hélas ! trop significatif ? Il comprenait, en effet, que le rêve s'emparait maintenant de son esprit au point de lui enlever pour jamais tout sentiment de la réalité, et sentait, béant sous lui, dans une espèce de vertige, le gouffre où son intelligence détruite allait le précipiter au milieu des fous et des imbéciles. C'est dans ces fatales dispositions qu'il resta une partie de la journée au cabinet de lecture, griffonnant, raturant, et ne trouvant rien encore, épuisé de se chercher à tâtons dans les ténèbres envahissantes. Il sortit enfin et alla au Théâtre-Français, chez Houssaye, mais celui-ci était absent. Alors il descendit la rue Saint-Honoré et

dîna dans un cabaret des Halles. C'est du
moins ce qu'établit une enquête détruite dans
l'incendie de l'Hôtel-de-Ville, sous la Commune. Cette enquête prenait Gérard à cinq
heures et demie et le trouvait encore, durant la
soirée, dans trois maisons différentes, et pas
des meilleures. Cela le conduisait jusqu'à deux
heures du matin, heure à laquelle une ronde de
police le rencontrait et échangeait quelques
paroles avec lui, sur la petite place Baudoyer.
Le temps affreux rendait la ville lugubre à cette
heure avancée. C'était une vraie tempête de
neige durant depuis deux jours et deux nuits.
Il faisait dix-huit degrés de froid, la bise coupait le visage, et nul bruit, nul passant, ne troublaient plus les rues couvertes de neige. Gérard
errait encore cependant, et sans autre vêtement
que ceux des jours précédents ; seulement, il
sentait la fatigue l'envahir et pensait à un
lieu voisin où il irait dormir pour presque rien.
Il prit donc la rue François-Miron, et gagna le
quai de Gesvres par le parvis Saint-Gervais.
Dépassant l'Hôtel-de-Ville, il était maintenant
arrivé au Châtelet, et entendait, sous les arches
du pont au Change, la Seine charrier et briser des glaçons dans les ténèbres. Il s'éloigna
et entra place du Châtelet. Devant lui, au milieu d'un fouillis de maisons noires et lépreuses,
se ramifiait, comme des fibres dans un ventre

malade, un lacis de rues étroites et infectes dont nul ne peut avoir l'idée aujourd'hui. C'était vraiment un pays à part, évoquant par ses noms et sa physionomie bizarres, le temps de Capeluche et des Cabochiens. On y arrivait autrefois, en côtoyant la prison du Châtelet, par la rue *Trop va qui dure* ou *Qui n'y trouva si dure*, laquelle prit, en 1634, le nom sinistre de *Descente de la Vallée de Misère*.

A gauche, sur l'emplacement du théâtre actuel du Châtelet, se trouvait le restaurant du *Veau qui tette*, où déjeunaient d'habitude les huissiers et les commissaires-priseurs qui faisaient la vente sur la place. A droite débouchaient la *rue de la Joaillerie*, la *rue de la Vieille-Place-aux-Veaux*, la *rue du Pied-de-Bœuf* ou de la *Tuerie*; puis, derrière, s'ouvraient la *rue Saint-Jacques-la-Boucherie* et la *rue de la Vannerie*.

La *Tour Saint-Jacques* et la *Fontaine du Palmier* émergeaient de ce repaire d'escarpes et de prostituées, l'une élevant sa frêle architecture gothique comme pour regarder là-bas, par-dessus les toits, Notre-Dame et la Sainte-Chapelle; l'autre, élançant, au-dessus des sphinx de pierre, sa victoire aux ailes d'or, qui rappelait Bonaparte et l'Égypte où Gérard s'était jadis enivré de soleil.

De cet amas de rues fétides, la *rue de la*

Vieille-Lanterne était sans contredit la plus hideuse et la plus sinistre, et, par cela même, la plus pittoresque et la plus fidèle à son passé. Elle s'était appelée la *rue de la Tuerie* et la *rue des Lessives*, après s'être appelée, au xiii° siècle, la *rue de l'Escorcherie,* et, en tout temps, elle avait ressemblé plus à un égout qu'à une voie publique *. Elle devait avoir d'ailleurs, comme tout le quartier, de grands attraits pour Gérard, car, à son entrée, place du Châtelet, un marchand de couleurs et de vernis avait installé comme enseigne, sur le trottoir, une momie, une vraie momie venue d'Égypte **. Après l'avoir examinée, debout, noire et rigide dans son cercueil vitré posé tout droit contre le mur, on entrait donc *rue de la Vieille-Lanterne,* laissant à gauche une boutique d'épicerie, à droite une boutique de marchand de vin. La *rue de la Vieille-Tannerie* et la *rue Saint-Jérôme* la coupaient transversalement, et elle remontait par la *rue Planche Mibray* et la *rue des Arcis* vers la *rue Saint-Martin* où Gérard était né quarante-sept ans auparavant. Le passant était rare dans cette rue où campait, le jour, avec leurs femmes et leur marmaille, toute une population nomade de mariniers, de pêcheurs et de cordiers, tra-

* Alfred Delvau.
** Victorien Sardou, *La Nouvelle Revue.*

vaillant et sacrant, pêle-mêle autour de la lèche-frite. A peu près vers son milieu, au pied d'un mur sur lequel on lisait en grosses lettres : *Bain de Gèvres*, et au-dessous : *Boudet, entrepreneur de serrurerie,* la rue s'arrêtait brusquement et reprenait environ deux mètres plus bas, reliant sa différence de niveau par un escalier à rampe de fer. D'un côté, à droite, les marches touchaient au mur, surplombées par un palier de bois qui menait à une maison borgne au-dessus de laquelle on lisait, sur une grosse lanterne : *On loge à la nuit. — Café à l'eau.* De l'autre côté, un prolongement de la rue, large d'un mètre et faisant voûte, conduisait jusqu'à la boutique du serrurier, ayant pour enseigne une grosse clef peinte en jaune [*].

Après avoir descendu sept marches, on se trouvait sur un petit palier. Alors, l'escalier se brisait en équerre; on descendait encore cinq marches, et l'on avait, à hauteur de tête, un soupirail à croisillon de fer en saillie, non loin d'une porte appartenant à la même maison borgne.

A gauche, sous l'escalier, se trouvait un large égout fermé d'une grille où dévalaient, dans la puanteur, toutes les immondices du voisinage. Tout près de là, dans la muraille en

---

[*] Alexandre Dumas. *Le Mousquetaire.*

retour, un couloir d'abord à ciel ouvert, puis voûté, étroit et sombre, descendait jusqu'à la Seine qu'on voyait luire au loin. Le curieux qui osait s'aventurer dans ce boyau, en baissant un peu la tête, débouchait dans l'ombre sous les grandes voûtes en arcades qui portaient le quai de Gesvres, et là, incomparable vision du vieux Paris, voyait, près du pont au Change, la Seine se dérouler devant lui, mirant la tour carrée de l'Horloge et les hautes tours en poivrière du Palais de Justice *.

C'est au plus profond de cet affreux quartier, dans la rue de la Vieille-Lanterne même, que Gérard s'était engagé. Il avait descendu lentement les marches disjointes et toutes dégouttantes de neige, et se trouvait à la porte de cette maison borgne où on logeait à la nuit, comme le disait l'enseigne, et où il pourrait, pour deux sous, dormir chaudement dans la paille. Il était environ trois heures du matin quand il y frappa : personne ne répondit. Il frappa plus fort, s'obstina; l'hôtesse entendit cette fois, car elle le confessa le lendemain quand on l'interrogea. Mais il faisait si froid qu'elle n'eut pas le courage de quitter son lit où la bonne chaleur l'engourdissait; d'ailleurs, tout son logis était à peu près occupé. Cepen-

---

* Victorien Sardou. *Nouvelle Revue.*

dant Gérard frappait toujours, et rien n'était plus lugubre que ces appels par ce froid et dans cette obscurité : on eût dit quelque enterré vif implorant désespérément la vie à travers les planches de son cercueil. Enfin, il se découragea et l'on n'entendit plus rien.

Que fit-il alors, et que pouvait-il faire? Il était vraiment trop las pour passer le reste de la nuit dans la rue, et ses amis demeuraient trop loin pour qu'il allât leur demander l'hospitalité. L'escalier était là, à peine visible dans les ténèbres ; il se laissa choir plutôt qu'il ne s'assit sur les marches, et peut-être s'y endormit-il de cet affreux et lourd sommeil que le froid et la désespérance font monter peu à peu dans le cerveau des misérables. L'heure passait, on l'entendait tinter comme un glas aux horloges que le froid rendait plus sonores. Ce sont des heures terribles que celles qui précèdent le crépuscule du matin. Les nécromanciens et les sorciers les connaissaient bien ; c'était pour eux l'heure des incantations et des maléfices, celle où la danse macabre noue et entremêle ses rondes qu'affole un violon faux et grinçant. C'était aussi les heures redoutées des saints et des solitaires, car les assauts qu'y livre le malin sont plus dangereux à la chair qui frémit et à la pensée qui doute. Les douleurs des malades sont plus vives dans ces heures qui précèdent de si peu le réveil maussade de la nature. Les cauchemars tordent les dormeurs sur l'oreiller, les agonisants rendent le dernier soupir, et c'est à ce moment-là que ceux qui ont veillé toute la nuit se sentent découragés au point d'avoir peur de l'aurore qui va naître et ramener avec elle tous les soucis qu'il faudra traîner encore jusqu'au soir. Que devait donc être alors l'état de Gérard qui depuis plusieurs années déjà luttait chaque jour contre le découragement? Un brusque accès de folie le réveilla-t-il en sursaut? Non! Mais, pareil à l'ivrogne dégrisé qui se fait honte et s'injurie, je le vois au contraire délivré tout à coup de toutes ses chimères, et cette heure, cette heure suprême, fut peut-être la plus lucide de toute sa vie. Pour une fois, la seule, il se vit clairement tel qu'il était, c'est-à-dire fou, irrémédiablement. A quoi bon recommencer alors, et vivre encore, puisque demain serait pire? Pauvre, stérile, sans dignité, son avenir n'était-il pas plat, vide et glacé comme les rues qu'il parcourait tout à l'heure? Adrienne, Aurélia, Sylvie, toutes les belles amoureuses étaient maintenant au tombeau, dans le fond du ciel bleu, près des anges; jamais elles ne l'accompagneraient plus; il en était arrivé, lui aussi, à l'inflexible maxime druse : *La porte est fermée, l'encre est sèche, la plume est émoussée!*

Mieux valait en finir! Tout paraissait l'y inviter d'ailleurs, le nom de la rue, les ténèbres, la bise d'hiver qui sifflait et semblait lui chuchoter à l'oreille : « C'est ici! » Alors il prit dans sa poche le cordon qu'il montrait à du Camp quelques jours auparavant, l'accrocha au quatrième barreau du soupirail qu'il avait remarqué en frappant à la porte, y passa le cou, et, boutonnant son habit, enfonçant solidement son chapeau sur sa tête, s'abandonna doucement à la mort.

Il était exactement à l'endroit où s'élève aujourd'hui la scène du théâtre Sarah-Bernhardt, et les belles femmes qui s'y éventent rêveusement par les soirées ne se doutent pas qu'elles ont devant elles la place où fut trouvé pendu, le matin du 26 janvier 1855, l'amoureux d'une des belles comédiennes de ce temps-là.

C'est un apprenti qui l'aperçut le premier, en causant sur le pas de la porte du garni voisin où il avait bu le « réveil-matin » avec la patronne. Il était sept heures, et le petit jour pointait à peine sur la place du Châtelet.

« Qu'est-ce que Monsieur fait donc là-bas? » dit l'apprenti en apercevant Gérard debout, immobile et le chapeau sur la tête. — Et il alla voir, mais revint aussitôt, pâle et tout effrayé. « C'est, dit-il, un homme qui est gelé! — Mais non, répondit sans s'émouvoir l'hôtesse qui avait regardé aussi, tu vois bien que c'est un monsieur qui s'est pendu[*]. »

En effet. Le mince cordon qui avait fait l'office était, non pas un cordon de tablier, comme on l'a dit, mais un bout de lacet de corset blanc, muni de son ferret de cuivre[**], celui qu'il faisait admirer quelques jours auparavant comme la ceinture de Mme de Maintenon, et qu'il avait montré à d'autres, depuis, comme la jarretière de Mme de Longueville. Il y avait, à dix centimètres de ses pieds, une pierre qui avait dû lui servir de point d'appui, pour se hausser, et il avait les genoux ployés et contractés par un grand effort intentionnel, afin de ne pas toucher terre. Au milieu de tout cela, et comme pour ajouter encore à cette sinistre mise en scène digne des gibets et des charniers du moyen âge, un corbeau apprivoisé voletait et becquetait autour de lui, dans la fange, étoilant de ses pattes la neige souillée, et répétant parfois la seule phrase qu'on lui ait apprise : « J'ai soif! » — Cet oiseau fatidique, était-ce un souvenir que lui envoyait l'âme d'Edgar Poë, dont le corps avait été retrouvé six ans auparavant, dans des circonstances presque aussi tragiques, à la porte d'une taverne de

---

[*] Arsène Houssaye. *Paris qui s'en va.*
[**] Nadar.

Baltimore, et cette âme lui disait-elle aussi, comme dans le fameux poème : *Jamais plus! Never, o never more?*

Cependant, les voisins et les commères du quartier s'étaient déjà rassemblés curieusement autour de ce spectacle malsain et gratuit, mais nul n'avait eu assez de bon sens pour couper le cordon qui accrochait Gérard à ces misérables barreaux. Une superstition populaire veut d'ailleurs qu'on ne décroche jamais un pendu. Le corps palpitait encore pourtant, il agitait même la main droite, faiblement, comme pour implorer la fin de ses souffrances. Enfin, un chiffonnier se décida à prévenir l'autorité qui fit aussitôt détacher le corps pour le transporter à la Morgue. On trouva sur lui des brouillons raturés d'*Aurélia*, un passeport pour l'Orient, une carte de visite, une lettre, deux reçus d'un asile, et les deux sous conservés pour payer son lit. Un certain docteur Pau, qui était cette nuit-là chef du poste de la garde nationale, à l'Hôtel-de-Ville, accourut, et, sentant encore de la chaleur dans ce corps, essaya d'y ramener la vie. Après avoir fait une saignée qui réussit, il tenta à plusieurs reprises, pendant près d'une heure, de pratiquer l'insufflation buccale, mais en vain, tout était fini*!

* Nadar.

L'horrible nouvelle se répandit rapidement à travers tout le Paris lettré, y semant la stupeur. Gautier et Houssaye, prévenus les premiers, durent se rendre à la Morgue pour y reconnaître leur malheureux ami. La Morgue était alors située quai du Marché-Neuf, à l'extrémité nord-est du pont Saint-Michel; c'était un petit monument assez semblable à un tombeau grec. Par bonheur, on put éviter l'exposition publique du corps de Gérard, et il fut déposé dans la salle des morts dès l'arrivée. Il était couché nu sous un couvercle de zinc, la pointe des pieds très en dehors, la tête légèrement inclinée sur l'épaule gauche. Ses yeux étaient fermés, son visage très calme, presque souriant. Sa langue affleurait ses lèvres entr'ouvertes, les doigts des mains étaient infléchis en dedans, un léger sillon brun indiquait seul la pression du cordon sur le cou*. Aucune trace de violences, pas de blessures, pas d'ecchymoses par contusion ou compression; on était indiscutablement en présence d'un suicide, et, parmi les médecins légistes et les employés de la Morgue, très experts en ce genre de reconnaissance, personne n'en douta un instant.

L'idée de l'assassinat tourmenta cependant quelques esprits; plusieurs fois depuis on a

---

* Maxime du Camp.

essayé de la faire revivre, et, chose bizarre, c'est elle qui semblerait prévaloir aujourd'hui. Comment reprendre une pareille question dont tous les éléments ont disparu depuis long-temps et pour toujours, et pourquoi ne pas s'en tenir, en faveur du suicide, aux appa-rences et aux témoignages des contemporains qui pour la plupart sont formels? « Il ne faut pas qu'il y ait méprise, disait Gautier, *il n'est pas mort assassiné. Il n'est pas mort non plus de misère;* on recommencera pour lui les déclama-tions sur l'existence misérable des poètes, Gil-bert, Malfilâtre, H. Moreau, ce n'est pas son cas. Il ne manquait pas de ressources; Hous-saye lui avait ouvert un crédit à la caisse du Théâtre-Français, à cause du *Don Japhet d'Ar-ménie* de Scarron qu'il était chargé de refaire pour le rajuster un peu au ton de la vie mo-derne. *L'Artiste* et *l'Illustration* lui prenaient sa copie, les yeux fermés; ses amis de jeunesse étaient tout prêts à partager avec lui. »

Maxime du Camp est plus formel encore : « Gérard s'est pendu, écrit-il. Il s'est pendu parce qu'il était fou et qu'il n'est pas un fou, si tranquille, si apaisé, si gai qu'il soit, qui, à un moment donné, sous une impulsion que l'on ne peut prévoir, ne cherche à se donner la mort. C'est là un fait que la science aliéniste ne permet pas de contester. » Quel argument sé-

rieux s'élève d'ailleurs en faveur de l'assassinat?
Un seul que nous allons énoncer : Gérard, dans
sa vie bizarre, étant quelquefois raflé avec les
voleurs de nuit, ceux-ci finirent par s'étonner
de voir le commissaire lui rendre chaque fois sa
liberté avec politesse, et, le prenant pour un
faux frère, un *mouton* chargé du service de *la
rousse*, le chourinèrent en le reconnaissant.
Cela est en effet défendable, et Dumas, Roger
de Beauvoir, Busquet, d'autres encore, en restèrent les partisans ; mais, d'ordinaire, les chou-
rineurs s'y prennent autrement pour expédier
un homme, et puis, même s'il tient peu à la
vie, cet homme se défend, résiste, et on le
retrouve le visage contracté et grimaçant, les
mains crispées, les vêtements en désordre et
déchirés ; or, nous l'avons vu, rien de cela
n'était visible sur Gérard. Non, non! le malheureux s'est incontestablement tué! Sa vie,
durant laquelle il appela maintes fois la mort,
l'état d'esprit de ses derniers jours, les paroles
ambiguës dites à Legrand et à Asselineau sont
autant de preuves morales qui établissent le suicide qui, d'ailleurs, nous semble la conséquence
naturelle de cette brève et bizarre existence*.

* Depuis longtemps, il disait souvent à ses amis qu'il voulait en finir avec la vie : « Je n'aime plus le vin de la vie, »
disait-il.

« Prenez garde, lui dit un jour Houssaye, il y a en nous

Quant à la rue de la Vieille-Lanterne, déjà condamnée par Haussmann, qui allait transformer le quartier en y traçant des avenues et des boulevards, elle devint bientôt un lieu de pèlerinage pour les gens du meilleur monde. Chacun voulait voir l'endroit fatal et discuter du meurtre ou du suicide. Du matin au soir, dans chaque angle, sur les marches, partout, on trouvait quelque artiste installé, la brosse ou le crayon à la main, et Célestin Nanteuil fit même, avec sa belle et célèbre lithographie, un panneau à l'huile remarquable qu'il offrit à Alexandre Dumas*.

Peu de jours après la reconnaissance du cadavre, le 3o janvier, un service solennel réunissait tout Paris à Notre-Dame, car l'Église ne refusa pas ses prières à ce sublime inconscient. « Quelqu'un a-t-il vu ce malheureux se pendre? demanda un vicaire à qui on fournissait tous

---

un petit oiseau qui s'appelle l'âme; prenez garde de tuer l'âme, car le petit oiseau ne s'envolerait pas dans le ciel. — N'ayez pas peur, répondit Gérard, je ne me tuerai pas encore aujourd'hui, *mais quand je me tuerai*, ce ne sera pas d'un coup de pistolet, car une balle pourrait atteindre l'oiseau. »

* A signaler encore les dessins de Jules de Goncourt et de Roger de Beauvoir; une lithographie de Gustave Doré et un lavis de Legrip, reproduits dans *L'Age Romantique*; une très belle eau-forte de Léopold Flameng dans *Paris qui s'en va*, et un tableau d'A. de Beaulieu, exposé en 1859 et dont Gautier a fait une description dans *l'Artiste*.

les détails de la mort. — Non, personne, répon-
dit-on. — Alors, reprit le vicaire, notre devoir
est de supposer qu'il a été victime d'un crime. »
L'archevêque de Paris, que Houssaye alla voir
la veille de l'enterrement, y mit toute la bonne
grâce possible. Il ne demanda qu'une lettre du
docteur Blanche, « pour couvrir l'Église, » dit-
il. Voici cette lettre :

« Monseigneur,

« Gérard de Nerval s'est pendu parce qu'il a
vu sa folie face à face.

« LE DOCTEUR BLANCHE. »

La foule fut grande à l'enterrement. A midi
et demi, plus de deux cents personnes étaient
déjà réunies à la cathédrale. A une heure, on
alla prendre le corps à la Morgue. Après la
messe, un beau cortège, au nombre desquels
se trouvaient quelques femmes, se déroula longuement à travers le faubourg Saint-Antoine,
se rendant au Père-Lachaise, sous la neige. On
se montrait Théophile Gautier qui, n'ayant pas
voulu manquer, malgré un abcès à la gorge
dont il souffrait, « avait la tête enveloppée d'un
châle jaune qui faisait ressortir la pâleur mate
de son visage décomposé par la douleur* ».

* Maxime du Camp

Tous étaient émus, quelques-uns pleuraient, et les badauds parisiens se demandaient avec étonnement, sur le passage de ce corbillard de pauvre, quel pouvait être le mort que tant de gens décorés et en habit noir accompagnaient tête nue malgré la saison.

L'administration du Théâtre-Français avait payé les frais des funérailles, la société des gens de lettres acheta une concession à perpétuité à Gérard, dont le corps fut d'abord déposé dans un caveau provisoire.

Francis Wey exprima, en paroles éloquentes, les regrets de tous, et des mains pieuses firent retomber la terre, afin qu'elle lui soit légère, sur le cercueil du pauvre voyageur.

Quant au père de Gérard, il ne parut guère ému de la mort de son fils. C'est Auguste de Châtillon qui fut chargé de lui porter la triste nouvelle. Donc, après l'avoir salué fort respectueusement, il dit avoir quelque chose de très pénible à lui apprendre : « Je devine que c'est du *jeune homme* que vous voulez me parler, dit le docteur Labrunie, eh bien, qu'y a-t-il? — Il est mort! — Ah! le *jeune homme* est mort, répondit-il sans se troubler; le pauvre garçon! Je le regrette fort, c'était un bon sujet. *Pauvre jeune homme!* Il venait de temps en temps, par intervalle. Et dites-moi, monsieur, comment vont se faire ses obsèques? » Auguste de Châtillon dit alors qu'il n'avait pas à s'en préoccuper, et que les amis avaient pris ce soin. « Eh bien, monsieur, répondit le docteur Labrunie, c'est pour le mieux, car à mon âge, quatre-vingt-onze ans, et l'état de santé où je suis, il me serait difficile de veiller à ce devoir. Ah! *le pauvre jeune homme** ! » Et ce fut tout, avec ce billet qu'il écrivait aux amis du poète, le 13 mars 1855 : « Le docteur Labrunie, père de Gérard (Labrunie) de Nerval, autorise MM. Théophile Gautier et Arsène Houssaye à faire poser immédiatement le marbre destiné au tombeau de son fils. »

Cependant, avant de se clore pour jamais, ce drame devait avoir encore une dernière scène, peut-être la plus pénible de toutes, c'est l'exhumation du corps de Gérard, qui eut lieu beaucoup plus tard, quand on le transféra dans sa tombe à perpétuité.

Gautier et Houssaye assistaient seuls à cette exhumation, tels, au cimetière d'Elseneur, Hamlet et Horatio assistant à l'exhumation du crâne d'Yorick. La scène fut lamentable, dit Houssaye** : « La tête du mort, cette tête qui

---

* Ph. Audebrand. *Derniers jours de la Bohème.* Nous respectons ici le texte de Ph. Audebrand, mais le père de Gérard n'avait en réalité que 79 ans, étant né en 1776. (Voir Chapitre i.)
** Arsène Houssaye. *Confessions.*

avait été hantée par tant de pensées profondes
et tant de rêves éclatants, portait comme une
couronne je ne sais combien de grappes de
vers morts à leur travail. »

Pauvre Yorick! Hélas! tout ici-bas se termine
par le même frisson de dégoût qui fait qu'Hamlet détourna la tête en se bouchant le nez :
« *Pouah!* »

Et maintenant, dans une allée discrète du
Père-Lachaise, l'allée de Casimir Delavigne,
dont on lui prédisait la gloire dans son enfance,
devant le grand Balzac, et tout près du bon
Nodier, repose la dépouille de Gérard de Nerval.

La tombe ne se remarque guère tout d'abord.
C'est une fine colonnette de marbre que sur-
monte une urne, et qui jaillit, svelte et blanche,
d'une pierre plus grossière, toute verdie et usée,
sur laquelle se lit à peine un autre nom : Charles
Coligny.

En effet, Gérard ne repose pas seul en cette
tombe. Dix-neuf ans après, en 1874, Arsène
Houssaye faisait transporter là le corps de cet
autre bohème qui mourut aussi de trop rêver,
mais n'eut pas, comme Gérard, le bonheur de
fixer son rêve en des œuvres charmantes*.

---

* *Charles Coligny*, né à Paris en 1823, mort dans la même
ville en 1874. Capitaine de la garde mobile en 1848, il fut dé-

Aussi, est-ce l'auteur de *Sylvie* seul qui nous conduit devant cette tombe que de pieux visiteurs connaissent encore et où j'ai vu plus d'une fois se faner un petit bouquet de violettes. Et l'on se prend à songer dans ce lieu paisible où dorment tant de morts illustres. La verdure et les parfums vous environnent, l'heure passe, un oiseau chante, le soleil qui descend met tour à tour un peu de gloire sur les tombes, et, ne lisant pas d'épitaphe sous le nom du poète, on se récite tout bas celle-ci qu'il composa lui-même, dans un dernier voyage qu'il fit en Angleterre avec Gautier et Landelle* :

> Il a vécu, tantôt gai comme un sansonnet,
> Tour à tour amoureux, insoucieux et tendre,
> Tantôt sombre et rêveur, comme un triste Clitandre ;
> Un jour, il entendit qu'à sa porte on sonnait ;
>
> C'était la mort. Alors, il la pria d'attendre
> Qu'il eût posé le point à son dernier sonnet :
> Et puis, sans s'émouvoir, il s'en alla s'étendre
> Au fond du coffre froid où son corps frissonnait.

coré après les journées de juin, mais ne porta jamais sa croix parce qu'elle lui rappelait un souvenir de guerre civile. Incapable de tout travail suivi, il éparpilla son talent dans les journaux, principalement à *l'Artiste*, et mourut à l'hopital Lariboisière, sans avoir laissé aucun livre.

* Adolphe Brisson. *L'envers de la Gloire.*

Il était paresseux, à ce que dit l'histoire,
Et laissait trop sécher l'encre dans l'écritoire;
Il voulut tout savoir, mais il n'a rien connu...

Et, quand vint le moment où, las de cette vie,
Un soir d'hiver, enfin, l'âme lui fut ravie,
Il s'en alla, disant : « Pourquoi suis-je venu? »

CHAPITRE IX

L'ŒUVRE

Élevé en pleine nature, au milieu des forêts et des champs du Valois, dans cette Ile-de-France où la lumière et l'air sont si purs, où une légère brume, estompant au loin les collines, nuance et adoucit toutes choses comme dans les toiles de Watteau, Gérard n'était au début qu'un enfant bien sage, presque un petit paysan, malgré sa naissance qui le faisait appeler « petit Parisien » par ses camarades, et, s'il eût été dirigé, entouré d'un père et d'une mère attentifs, peut-être eût-il porté au plus haut degré cet esprit français qu'il respirait avec la vie même, dans ce pays où le parler était si pur, où les rois et les seigneurs de la Renaissance avaient laissé des souvenirs, et où Rousseau était mort trente ans auparavant.

Malheureusement, il était presque entièrement livré à lui-même à l'âge où l'on a le plus besoin de surveillance. Dans ces bois, pleins de légendes qui faisaient peur, les petites filles et les jeunes femmes avaient trop vite mûri, affiné sa sensibilité ; les déclarations qu'il leur faisait, les lettres qu'il leur écrivait, étaient plus ou moins calquées sur les mauvais romans, et le jour où les livres de kabbale et de mystagogie trouvés dans le grenier de l'oncle vinrent s'ajouter à toutes ces influences, quoique invisible encore, la fêlure était déjà faite. Dès lors, nous pouvons reconnaître et suivre distinctement chez Gérard ce dédoublement de personnalité qui nous le rend si tristement intéressant. Ce n'est pas que cette dualité lui soit particulière. Dès longtemps, les philosophes et les penseurs ont reconnu que l'homme était double. Corneille dit dans son *Imitation* : « O Dieu ! quelle peine cruelle, je trouve deux hommes en moi » ; et ce n'est pas par simple caprice de poète que Musset nous montre *ce jeune homme vêtu de noir* qui lui ressemble comme un frère et qui n'apparaît qu'au jour des pleurs. Tous les artistes, tous les poètes ont éprouvé et observé pareille chose, et, bien souvent, c'est du conflit de ces deux êtres qu'ont jailli leurs plus belles œuvres. Mais cet état n'est profitable qu'à la condition que le second moi soit toujours au

service du premier et ne se développe pas à ses
dépens. Or, chez Gérard, la nature était trop
délicate, trop nerveusement impressionnable
pour permettre cet équilibre. Tandis que le premier, spirituel, élégant, plein d'insouciance, de
finesse et de clarté, très français enfin, écrit
des pages charmantes, le second bat la campagne, est illuminé, inquiet, superstitieux; rêve
l'impossible en amour comme en art; en un
mot, fait tout le contraire du premier dont il
prétend cependant être le « frère mystique ».
Ce combat, cette lutte incessants auxquels
s'ajoutaient encore toutes les excitations d'une
vie errante et bohémienne, devaient nécessairement briser un être de la nature de Gérard de
Nerval. Malgré tous les efforts qu'il fit, tous les
voyages qu'il entreprit pour se calmer et pour
se sauver, le second moi emporta, terrassa de
plus en plus le premier qui n'était là que pour
assister à sa ruine, comme un médecin assiste,
impuissant, aux progrès de son propre mal qui
va le précipiter dans la folie et dans la mort.

*
* *

Ce second moi, c'est à l'Allemagne et au Romantisme qu'il dut son complet développement.

En 1827-28, époque à laquelle Gérard faisait son entrée dans les lettres, la littérature étrangère était très à la mode. Mme de Staël avait publié en 1810 son livre de *l'Allemagne*, et depuis lors l'influence des races du nord n'avait cessé de se faire sentir et de pénétrer chez nous. Gérard, tout frais émoulu du collège, voulut, lui aussi, payer son tribut au goût du jour et, comme il savait assez bien l'allemand, l'ayant étudié et approfondi sous la conduite de son père, il mit toute sa science d'écolier à traduire le *Faust* de Gœthe.

Le volume, un in-18 de neuf feuilles, avec planche, parut chez Dondey-Dupré fils, en novembre 1827, quoique la première édition ne soit datée que de 1828.

Nous n'avons pas à juger ici de la valeur de cette traduction, et nous ne la comparerons pas à ses aînées, celle d'Albert Stapfer (1823) dont Delacroix illustra une réimpression, et celle de Saint-Aulaire. Tout dernièrement, Mlle Julia Cartier l'a fait dans une judicieuse thèse qu'on ne saurait trop consulter*. Bornons-nous à reconnaître après elle que Gérard a au moins eu, pour la première fois, ce mérite d'être fidèle et

* Julia Cartier. *Un intermédiaire entre la France et l'Allemagne.* — *Gérard de Nerval.* — *Genève.* Société générale d'imprimerie, 1904.

complet, et d'avoir fait là un louable effort qui ne fut pas perdu.

En effet, c'est par lui que *Faust* pénétra chez les romantiques. La traduction sèche de Stapfer les rebutait, et l'interprétation peu scrupuleuse de Saint-Aulaire, pleine de coupures et d'à-peu-près ne pouvait leur suffire. Aussi, avec quel enthousiasme ils accueillirent cette traduction qui, en dépit de quelques formules pseudo-classiques, rend avec bonheur, très souvent, la richesse et la couleur de l'original. Les monologues de Faust, la scène devant les portes de la ville, la promenade de Faust et de Wagner au milieu des paysans, la scène finale de la prison ; tout le côté puissamment lyrique du poème leur fut enfin révélé, et, quand ils connurent, par Eckermann, le cas que Gœthe faisait lui-même de cette traduction, ils n'en voulurent plus connaître d'autre. Désormais, c'est elle qui traîne nuit et jour sur leur table, et toutes les citations lui sont emprun-tées. Mais ce n'est pas assez encore. Constam-ment avec les jeunes gens de la nouvelle école qui l'admirent pour son érudition et pour l'es-pèce de consécration que Gœthe en a faite, Gérard leur parle sans cesse de l'Allemagne et leur découvre chaque jour davantage les beautés de sa poésie. C'est ainsi qu'ils connaissent et apprécient, après Gœthe, Schiller, Klopstock,

Burger, Kœrner, Uhland, Jean-Paul Richter, Hoffmann, Schubart, tant d'autres poètes qu'ils n'eussent jamais lus et dont Gérard publiait, depuis plusieurs années, dans *le Mercure de France*, des morceaux choisis qu'il réunit en volume en 1830. C'est lui qui popularise auprès d'eux le *Roi des Aulnes*, et rend plus vif le goût de la ballade en traduisant *Lénore*, la fameuse ballade de Burger, si tragique en son galop macabre et précipité : *Les morts vont vite, les morts vont vite. — Ah! laisse en paix les morts!* Et voilà non seulement la poésie, mais la peinture, la musique, tous les arts renaissants qui s'emparent de toutes ces richesses éparses. Sans doute, faute de les avoir bien comprises et assimilées, nos artistes les déforment, les gâtent trop souvent, et n'en tirent que des œuvres ridicules comme, par exemple, le *Champavert* de Pétrus Borel; mais qu'importe! l'impulsion est donnée. Dans sa *Revue fantastique*, Musset lui-même cite à tout propos du Jean-Paul; en passant, Gautier s'amuse à écrire sa plaisante et exquise *Larme du Diable*, et là-bas, nerveux et diabolique, Berlioz rêve la *Damnation de Faust*. Peut-être même pourrait-on dire, sans trop s'avancer ou jouer au paradoxe, que c'est à Gérard qu'est due cette dernière œuvre. En effet, quand Berlioz crie d'admiration en lisant *Faust*, et, le 16 septembre 1828, écrit de Grenoble à son ami Humbert Ferrand : « J'ai fait avant-hier, en voiture, la ballade du *roi de Thulé* en style gothique, je vous la donnerai pour mettre dans votre *Faust*, si vous en avez un », c'est du *Faust* de Gérard qu'il parle et c'est sur les vers mêmes du traducteur qu'il a noté cette admirable et troublante musique que tout le monde sait par cœur aujourd'hui. Je sais bien, après cela, que Berlioz eût lu *Faust* ailleurs, mais l'impression eût-elle été égale à celle qu'il ressentit dans cette chaude et vibrante traduction d'un poète? Le fait est que les traductions antérieures, parues depuis cinq ans, ne lui avaient produit aucun effet. Le texte froid et terne, les vers gauches et prosaïques de Stapfer ne pouvaient lui inspirer ces cinq chansons originales[*] qu'il publia d'abord en recueil avant de les reprendre plus tard dans sa légende musicale. Or, il n'en fallait pas davantage, peut-être, pour pousser dans son cerveau enflammé les germes de cette immense symphonie où chante, pleure, palpite, hurle et flambe à jamais tout le Romantisme.

Mais la bienfaisante influence de Gérard ne se borne pas là. De plus en plus, grâce à de fréquents voyages en Allemagne, il devient un in-

---

[*] *Ronde des paysans sous les tilleuls. — Chanson du Rat et de la Puce. — Ballade du roi de Thulé. — Sérénade de Méphistophélès.*

termédiaire entre elle et nous. En 1840, il essaye d'analyser et de nous faire comprendre le *Second Faust*, si obscur ; en 1854-55, il tentera de faire apprécier sur notre scène *Misanthropie et Repentir* de Kotzebue ; mais, surtout, il nous aide à connaître et à aimer davantage ce délicieux Henri Heine dont il fut l'ami aussi bien que le fidèle traducteur.

Malheureusement, encore qu'il les aimât, ces études développaient en Gérard tous les germes maladifs que les livres de kabbale et de mystagogie avaient semé dans son esprit, et l'Allemagne fut pour lui le chemin de la folie. Ce n'est pas impunément qu'on hante les tavernes germaniques, le cabinet des sorcières, l'antre des nixes et des elfes ; il faut avoir la tête forte et les reins solides pour suivre Faust et Méphistophélès sur le Brocken, par une nuit de sabbat, et Gérard était, hélas ! bien délicat. On peut presque lui appliquer la comparaison de Gœthe sur Hamlet : une plante vigoureuse est mise dans un vase trop fragile pour la contenir ; la plante se développe et le vase est brisé. C'est le vieux chêne germanique qui brisa le pauvre Gérard de Nerval. Lui, pourtant, n'y prenait pas garde et s'égarait de plus en plus dans des chemins qui n'étaient pas tracés pour lui. Oubliant qu'il était essentiellement français de race et de génie, il empruntait aux peuples du nord leurs brumes et leur imprécision. Tout le monde faisait du théâtre à la suite de Hugo et de Dumas, il en fit aussi et rêva de réussir par là. Nous avons donné, en passant, pour ce qu'elles valaient, toutes ces pièces qui furent son plus vif souci et une des causes de sa tristesse et de sa maladie. L'influence allemande est sensible dans chacune d'elles, depuis ce *Nicolas Flamel* qu'il ne termina jamais, jusqu'à cet *Imagier de Harlem* inspiré du roman de Klinger. Mais il en rêvait beaucoup d'autres encore*; cependant, aucune d'elles n'avait pleinement réussi, pas même *Léo Burckart* qui est cependant une tentative fort intéressante**. C'est que Gérard, malgré tout son talent, n'avait aucune des qualités de l'homme de théâtre. Comme le fait remarquer justement Champfleury, l'invention lui manque. C'est un humoriste qui se complaît dans un monde idéal et chimérique qui nous enchante, et dont il n'eût jamais essayé de sortir si le second moi à qui l'Allemagne donnait toutes ses forces n'eût été là pour l'entraîner dans la folie.

* Monselet nous a laissé, dans les *Ressuscités*, la donnée historique de l'une d'entre elles : *La Forêt Noire*.

** Je ne sais pourquoi personne n'a jamais parlé de *Corilla*, un petit acte charmant qui dut être écrit vers 1835, au retour d'Italie, et qui a quelque chose de la grâce des comédies de Musset.

*·
·

Gérard fut donc, en quelque sorte, une victime du romantisme, car, ne nous y trompons pas, il ne fut jamais un romantique au fond de lui-même, pas plus que Vigny, le seul peut-être avec lequel il eût sympathisé, comme le fait remarquer très judicieusement Henri de Régnier[*]. En effet, il a beau s'unir aux orgies innocentes de ses camarades, chanter, rire et boire avec eux, les accompagner dans leurs promenades archéologiques à travers le vieux Paris, et, à la suite de Victor Hugo, chanter Notre-Dame, comme tout le monde :

> Notre–Dame est bien vieille, on la verra peut-être
> Enterrer cependant Paris qu'elle a vu naître...

son esprit et son cœur ne sont pas là ; comme à Musset, la foi lui manque. Il n'appartient pas

[*] Henri de Régnier : *Figures et Caractères* :

« Ils aiment tous deux la netteté brillante du xvııı[e] siècle. Vigny est plus laconique, plus grave, Gérard plus souple, plus intime. L'un semble conter pour le roi Salomon, l'autre pour la reine de Saba. »

plus aux cénacles que l'oiseau n'appartient à la
branche sur laquelle il se pose; et les autres
sont encore en train d'admirer un pan de mur,
un soleil couchant, un clair de lune, qu'il s'est
déjà envolé, on ne sait où, du côté de l'azur et
du soleil.

Quel rôle ont donc joué alors, dans la for-
mation de son esprit, et le Romantisme qu'il
traversa, et l'Allemagne qu'il aimait? Au premier, il doit d'avoir compris et aimé Ronsard
et les poètes de la Pléiade qu'on venait de remettre à la mode, et sur lesquels il fit une étude
que nous avons vue échouer à l'académie. Jusqu'alors, s'il avait rimé précocement, ce n'était,
à l'exemple de la plupart des collégiens, que des
vers d'album pour ses cousines ou ses petites
amies, un peu des devoirs de vacances où il accumulait confusément le fruit de ses présentes
études. La corde satirique y vibrait bien, mais
ce n'étaient là que des essais à la Béranger, à la
Casimir Delavigne, et un peu aussi à la Barthélemy et Méry. Les vers en étaient poncifs, plats
et sans images, et ses camarades de cénacle devaient les lui faire payer cher plus tard par des
plaisanteries nullement malveillantes d'ailleurs.
Les poètes de la Renaissance lus et compris,
tout un monde nouveau lui apparut, et il fut
sans doute des premiers à sentir le charme de
tel sonnet à Marie, à Hélène ou à Cassandre, et

plus encore peut-être de certaines chansons,
odelettes et villanelles, telles que cette délicieuse chanson d'un *Vanneur de blé aux vents*,
qui devait satisfaire son idéal de poésie populaire.

C'est ici que l'Allemagne intervient. Étudiant Gœthe, Burger, Uhland, Gérard avait eu
mille fois l'occasion de constater combien la
poésie allemande est intimement liée à l'esprit
et aux légendes populaires, et, se rappelant,
avec leurs airs si simples, ces chansons du Valois qu'il avait entendu chanter aux aïeules et
aux petites filles qu'il aimait, il regrettait de les
voir périr, faute d'être reprises et enchâssées
dans une forme parfaite, comme le sont le *Roi
de Thulé* et le *Roi des Aulnes,* par exemple.
C'est pour protester contre cet oubli qu'il publia plus tard (1842) les *Chansons et Légendes
du Valois :* « Avant d'écrire, disait-il, tout
peuple a chanté; toute peine s'inspire à ces
sources naïves, et l'Espagne, l'Allemagne,
l'Angleterre, citent chacune avec orgueil leur
romancero national. Pourquoi la France n'a-
t-elle pas le sien ? On publie aujourd'hui les
chansons patoises de Bretagne et d'Aquitaine,
mais aucun chant des vieilles provinces où s'est
toujours parlée la vraie langue française ne
nous sera conservé... C'est qu'on n'a jamais
voulu admettre dans les livres des vers com-

posés sans souci de la rime, de la prosodie et
de la syntaxe ; la langue du berger, du mari-
nier, du charretier qui passe, est bien la nôtre,
à quelques élisions près, avec des tournures
douteuses, des mots hasardés, des terminaisons
et des liaisons de fantaisie ; mais elle porte un
cachet d'ignorance qui révolte l'homme du
monde bien plus que ne le fait le patois. » Et
Gérard nous montre combien on a tort de dé-
daigner ces vieilles chansons qui firent la joie et
qui sont l'âme même des ancêtres *. Il nous les
cite, nous les commente avec un esprit doucement malicieux qui charme, et a ainsi ce mérite particulier d'être un des premiers folklo-
ristes français. Des premiers en effet, il nous a
conservé ces productions de poètes anonymes,
aux hardiesses ingénues, aux assonances
exquises, dont quelques-unes ont un parfum
d'aromates de la Bible, et toutes celui de la
bonne terre féconde où le paysan les chantait
en traçant ses sillons.

Malheureusement, Gérard n'était qu'un
« essayiste », et il ne lui appartenait pas de réaliser cet idéal de poésie populaire ; mais d'autres

---

* Dans son amour des vieilles chansons, il s'amusait à les
parfaire et à les compléter, et il insistait auprès de Nadar
pour qu'il n'oubliât pas de le citer comme étant l'auteur de
deux des couplets de la fameuse complainte de *Cadet-Roussel*.
(Nadar. *Le Musée Français-Anglais*, 31 janvier 1855.)

l'ont fait pour lui : l'exquis Gabriel Vicaire qui mène sa muse toute française au *Bois joli* et dans le *Clos des Fées*, et Jean Richepin qui fit si bien chanter aux gueux et aux chemineaux ces vers clairs et frais comme l'eau vive où l'on se désaltère en plein été.

Cela nous conduit tout naturellement à étudier d'abord le poète en Gérard de Nerval. Remarquons son indépendance à une époque où tout le monde subit plus ou moins l'influence de Victor Hugo. Distraite et comme intimidée devant les altiers coups d'aile du Maître, sa muse se replie discrètement sur elle-même ; elle est bien peu féconde, sans doute, mais chaque jour plus affinée, et, quand chacun cherche la couleur, Gérard, un des premiers, cherche la nuance. Les tons fins, les gammes tendres lui plaisent ; il écrit un peu comme peignent Watteau et Prudhon, et il faut voir en lui non un disciple, mais un précurseur.

Relisons d'abord certaines *Odelettes* de sa première manière, qui nous ont été conservées dans la *Bohème galante*. Parmi elles se trouve cette délicieuse *Fantaisie* citée ailleurs et qui a sa place dans toutes les anthologies :

> Il est un air pour qui je donnerais
> Tout Rossini, tout Mozart et tout Weber,
> Un air très vieux, languissant et funèbre,
> Qui pour moi seul a des charmes secrets...

Cela, sans doute, n'est pas sans gaucherie, et sans hardiesse aussi, avec cette fausse rime uniquement basée sur la prononciation allemande ; mais cette gaucherie même est un charme de plus, et c'est bien un rayon de la Renaissance, un de ces rayons qui faisaient flamber les vitres de Chambord et de Fontainebleau, qui, à sa haute fenêtre, éclaire cette dame : *Blonde aux yeux noirs, en ses habits anciens.*

C'est aussi un rayon de la Renaissance qui colore cet *Avril* :

> Déjà les beaux jours, la poussière,
> Un ciel d'azur et de lumière,
> Les murs enflammés, les longs soirs ;
> Et rien de vert : à peine encore
> Un reflet rougeâtre décore
> Les grands arbres aux rameaux noirs.
>
> Ce beau temps me pèse et m'ennuie,
> Ce n'est qu'après des jours de pluie
> Qu'on voit surgir, en un tableau,
> Le printemps verdissant et rose,
> *Comme une nymphe fraîche éclose,*
> Qui, souriante, sort de l'eau.

Est-il quelque chose de plus joli que cette *nymphe fraîche éclose* ? Elle est sortie, bien sûr, de quelque étang du Valois, ceux de Chaâlis ou de Commelle, pour aller poser devant Jean

Goujon, et cela est frais comme un petit poème de la Pléiade. Mais il y a autre chose aussi, c'est à du Bellay et à Ronsard ce que le pastel est à la couleur, et, à travers ces strophes, nous sentons venir doucement, en sourdine, avec un bruit de fête et de tambourin, tout l'imprécis troublant des *Fêtes galantes*.

L'expression en est plus parfaite encore dans ces *Cydalises* :

> Où sont nos amoureuses?
> Elles sont au tombeau !
> Elles sont plus heureuses
> Dans un séjour plus beau.
>
> Elles sont près des anges
> Dans le fond du ciel bleu,
> Et chantent les louanges
> De la mère de Dieu.
>
> O pâle fiancée,
> O jeune vierge en fleur,
> Amante délaissée
> Que flétrit la douleur...
>
> L'Éternité profonde
> Souriait dans vos yeux :
> Flambeaux éteints du monde,
> Rallumez-vous aux cieux.

Cette petite odelette, sans manière et sans artifice, naïve comme un acte de foi, et si sim-

plement faite, est encore plus près de Verlaine,
du Verlaine qui, dans la *Bonne chanson*, dans
les *Romances sans paroles*, et même dans *Sagesse*, garde, dans certains vers mystiques, un
peu de la poudre et du rouge qui ont servi à
parer ses bergères.

Nous ne saurions résister en passant au plaisir de citer une petite pièce dans la manière de
Sainte-Beuve, et qui semble servir d'intermédiaire entre lui et Coppée. C'est la *Cousine* :

> L'hiver a ses plaisirs : et souvent, le dimanche,
> Quand un peu de soleil jaunit la terre blanche,
> Avec une cousine on sort se promener...
> Et ne vous faites pas attendre pour dîner,
> Dit la mère.
>   Et quand on a bien, aux Tuileries,
> Vu sous les arbres noirs les toilettes fleuries,
> La jeune fille a froid... et vous fait observer
> Que le brouillard du soir commence à se lever.
>
> Et l'on revient, parlant du beau jour qu'on regrette,
> Qui s'est passé si vite... et de flamme discrète :
> Et l'on sent en rentrant, avec grand appétit,
> Du bas de l'escalier, le dindon qui rôtit.

La muse de *Joseph Delorme* a sans doute
passé là, et voici une de ces petites élégies
domestiques et familières comme Sainte-Beuve
les rêvait. Mais ne trouvez-vous pas celle-ci
moins pénible en sa forme et sa concision? Rien

n'y manque, voyez : les recommandations de la mère, les observations de la jeune fille, un peu d'amour, de regrets, oh ! bien discrets, et puis la bonne odeur du dîner sur tout cela. Et ce n'est pas ridicule, en somme ; le vers n'est pas plat, il marche, il a même du pittoresque quand il parle des toilettes fleuries et du soleil d'hiver qui jaunit la terre blanche. On dirait presque un pastiche de Coppée, celui des *Promenades et Intérieurs*, et la touche n'est pas moins franche en sa sobriété.

Cependant, peut-être eût-il été inutile d'insister sur Gérard poète, s'il n'avait une seconde manière, tout inattendue celle-là, et qui fait de lui un frère aîné de Baudelaire et de Verlaine. Cette dernière manière, c'est à la folie qu'il l'a doit, car c'est au milieu de ses accès les plus violents qu'il en donna l'expression : « La Muse est entrée dans mon cœur comme une déesse aux paroles dorées, disait-il, elle s'en est échappée comme une Pythie, en jetant des cris de douleur. » Ce sont ces cris de douleur qui forment les magnifiques sonnets des *Chimères*. Aucune influence, même lointaine, ne s'y fait plus sentir ; la forme en est parfaite et serrée, imprécise et pourtant rigoureuse, et demain Verlaine, et surtout Baudelaire, pourront seuls donner une telle intensité d'impression dans le raccourci d'un seul vers. Tout

le monde connaît *El Desdichado* (le Malheureux).

> Je suis le ténébreux, le veuf, l'inconsolé,
> Le Prince d'Aquitaine à la tour abolie;
> Ma seule *étoile* est morte, et mon luth constellé
> Porte le Soleil noir de la Mélancolie.
>
> Dans la nuit du tombeau, toi qui m'as consolé,
> Rends-moi le Pausilippe et la mer d'Italie,
> La *fleur* qui plaisait tant à mon cœur désolé,
> Et la treille où le pampre à la rose s'allie.
>
> Suis-je Amour ou Phébus?... Lusignan ou Biron?
> Mon front est rouge encor du baiser de la reine;
> J'ai rêvé dans la grotte où nage la syrène...
>
> Et j'ai deux fois vainqueur traversé l'Achéron :
> Modulant tour à tour sur la lyre d'Orphée
> Les soupirs de la sainte et les cris de la fée.

Sans doute, ce sont là des sonnets à clef, et,
malheureusement pour nous, les pensées de
Gérard sont un peu dans sa cervelle :

> Comme dans un caveau dont la clef est perdue.

Ce premier sonnet est cependant assez facile
à traduire pour qui connaît la vie du poète.
Voyez, tout y gravite autour d'Aurélia, la *seule
étoile*, celle qui l'a laissé pour jamais veuf et
seul dans la vie, pareille pour lui à la nuit du

tombeau. Ah! qu'on lui rende sa jeunesse heureuse, le temps où, voyageant en Italie, il rencontrait Octavie, la blonde Anglaise, et cueillait des raisins noirs aux treilles des villas, sur la route de Pompéi et d'Herculanum! Qu'est-il, maintenant? Quel être bizarre est en lui? Est-ce Biron, si populaire dans le Valois, sous Henri IV, que les petites filles chantaient encore, au temps de Gérard, une ronde sur son nom? *Quand Biron voulut danser.* — Est-ce Lusignan, qui fut roi de Chypre et l'époux de la fée Mélusine, dont il a entendu les cris? — Ce baiser dont son front est rouge encore, c'est celui de la reine de Saba. Ne nous étonnons pas qu'il ait traversé deux fois l'Achéron, qui pourtant ne lâche jamais sa proie; le rêve n'a-t-il pas été pour lui une seconde vie plus réelle et plus intense que la première? C'est en elle qu'il a vu tout cela et l'a noté sur sa lyre qui est celle sur laquelle Orphée pleurait Eurydice comme il pleure aujourd'hui Aurélia.

Chose curieuse, dans ce sonnet et dans les suivants, la pensée de l'Italie l'obsède encore à presque vingt ans de distance. Il pense

> Au Pausilippe altier, de mille feux brillant...

A ce souvenir vient tout naturellement se mêler celui d'Octavie, la belle jeune fille anglaise, un peu languissante, un peu pâle sous ses cheveux trop blonds, mais si charmante à bord de ce navire où Gérard l'avait rencontrée en vue de Naples : « Elle était sur le pont qu'elle parcourait à grands pas, et, impatiente de la lenteur du navire, elle imprimait ses dents d'ivoire dans l'écorce d'un citron. » Le lendemain, Gérard l'avait conduite à Pompéi où elle avait joué le personnage d'Isis dans le temple même de la déesse. C'est à elle qu'il s'adresse dans le sonnet intitulé *Delfica;* une ancienne romance l'obsède, peut-être celle qui le rajeunit de deux cents ans et pour laquelle il donnerait *tout Rossini, tout Mozart et tout Weber,* et il la fredonne encore en pensant à Octavie, qui, naturellement, ne s'appelle plus Octavie :

La connais-tu, Dafné, cette ancienne romance,
Au pied du sycomore, ou sous les lauriers blancs,
Sous l'olivier, le myrthe ou les saules tremblants,
Cette chanson d'amour... qui toujours recommence !

Reconnais-tu le Temple, au péristyle immense,
Et les citrons amers où s'imprimaient tes dents,
Et la grotte, fatale aux hôtes imprudents,
Où du dragon vaincu dort l'antique semence ?

Ils reviendront, ces dieux que tu pleures toujours !
Le temps va ramener l'ordre des anciens jours ;
La terre a tressailli d'un souffle prophétique...

Cependant la sibylle au visage latin
Est endormie encor sous l'arc de Constantin :
Et rien n'a dérangé le sévère portique.

Henri Fouquier comparait fort joliment les sonnets des *Chimères* à des inscriptions antiques en partie rongées par le temps, et dont parfois une lettre, un fragment, subsiste et charme encore. Malheureusement, tous les sonnets sont loin d'avoir cette clarté relative, et il en est d'absolument incompréhensibles, comme celui d'*Artémis,* par exemple :

La Treizième revient... C'est encor la première ;
Et c'est toujours la seule, ou c'est le seul moment :
Car es-tu reine, ô toi ! la première ou dernière ?
Es-tu roi, toi le seul ou le dernier amant ?...

Aimez qui vous aima du berceau dans la bière ;
Celle que j'aimai seul m'aime encor tendrement :
C'est la mort, ou la morte... O délice ! ô tourment !
La rose qu'elle tient, c'est la *Rose trémière*.

Cependant, il est facile de démêler que la pensée d'Aurélia est le centre fixe, le motif principal de toutes ces divagations. Dans tout ce qu'il voit, regarde ou rencontre ; dans un tableau, une statue ; sur un vitrail d'église, chez une femme inconnue qui passe, Gérard obsédé cherche et retrouve Aurélia ; pauvre amoureux qui substitue inconsciemment à toute chose l'image et le souvenir de la bien-aimée.

Et nous nous laissons aller au charme étrange de cette poésie, comme à une musique dont nous ne suivons pas toujours les développements obscurs ou trop subtils, et qui cependant nous berce délicieusement. Les vers en sont si beaux, si troublants, si expressifs! — Il faut admirer tout entier un sonnet comme *Horus : l'enfant bien-aimé d'Hermès et d'Osiris.* Dans tels autres sonnets, plus incomplets, à quoi comparer, pour l'ineffable, des vers tels que ceux-ci?

> Sainte napolitaine aux mains pleines de feux,
> Rose au cœur violet, fleur de sainte Gudule...

C'est là un admirable vitrail gothique qui ne le cède en rien, comme impression et comme expression, aux plus beaux vers de Baudelaire, pas plus que ce quatrain d'un sonnet déjà cité et digne de la gravure sur cuivre d'Albert Dürer qu'il évoque :

> Je suis le ténébreux, le veuf, l'inconsolé,
> Le prince d'Aquitaine à la tour abolie :
> Ma seule étoile est morte, et mon luth constellé
> *Porte le Soleil noir de la Mélancolie.*

Pour Gérard, ces petits poèmes de forme impeccable deviennent l'expression de sentiments abstraits, de rapports, ou mieux, de *correspondances* entre le visible et l'invisible; mais l'image intermédiaire n'existe pas, et nous n'avons plus que des vers isolés, d'une beauté énigmatique, où les mots en italique, les tirets, les signes répondent, comme dans le langage musical, à des pauses et à des soupirs. Ce sont là, nous le voyons, des éléments dits de décadence avec lesquels on peut, en passant par Mallarmé, aller jusqu'aux dernières écoles, jusqu'aux symbolistes et aux verslibristes dont Gérard eût été sans doute partisan. Et effet, c'est avant tout un rythmiste, et quoiqu'il la respecte toujours, la rime ne lui paraît pas absolument nécessaire. L'assonance, même lointaine, lui suffit, et il donne en exemple ses chansons populaires auxquelles il aime toujours à revenir et qui obtiennent, il est vrai, de charmants effets en rimant par la seule assonance, ou même en ne rimant pas du tout. Mais c'était encore là un idéal que Gérard ne devait pas réaliser, et que la forme impeccable de ses vers semble au contraire démentir. Nous avons cité ailleurs * le beau sonnet intitulé *Vers Dorés*. Une de ses dernières et plus intéressantes manifestations comme poète est dans le *Christ aux Oliviers*, cinq sonnets où l'idée se

---

* Page 262.

poursuit sans faiblir, et qui forment ensemble un admirable poème. Ils datent, comme les *Chimères,* de cette période de tourmente où Gérard sentait le scepticisme combattre en lui la foi où il eût voulu cependant se réfugier. Un souvenir de Jean-Paul Richter a inspiré le poète; les philosophes allemands, Hegel en tête, ont fait le reste, et Gérard nous entraîne vers des abîmes où Dieu n'est plus et où toute la nature s'engloutit et se dévore elle-même.

> Partout le sol désert côtoyé par des ondes,
> Des tourbillons confus d'océans agités...
> Un souffle vague émeut les sphères vagabondes,
> Mais nul esprit n'existe en ces immensités.
>
> En cherchant l'œil de Dieu, je n'ai vu qu'une orbite
> Vaste, noire et sans fond, d'où la nuit qui l'habite
> Rayonne sur le monde et s'épaissit toujours;
>
> Un arc-en-ciel étrange entoure ce puits sombre,
> Seuil de l'ancien chaos dont le néant est l'ombre,
> Spirale engloutissant les Mondes et les Jours!

Rien n'est plus poignant d'expression que ce poème dans lequel, redevenu homme et doutant de la foi qu'il a enseignée, le Christ jette à la nuit un immense cri d'athéisme et implore la mort comme une délivrance. Les beaux vers qu'on trouve là remettent aussitôt en mémoire le souvenir de deux autres poèmes presque semblables : l'admirable *Mont des Oliviers*, d'Alfred de Vigny, et *la Bête écarlate*, de Leconte de Lisle. A notre avis, le poème de Gérard dépasse ce dernier, et on peut presque le rapprocher de l'autre qu'il égale du moins en beautés poétiques.

Voilà le poète, si intéressant, bien qu'il tienne tout entier en quelques pages ; car nous ne parlons pas ici des mauvaises satires de jeunesse, des couplets d'opéra et des vers de drame, faux bijoux creux et sonores empruntés au Romantisme, et justement oubliés. Mais le prosateur est tout autre en Gérard de Nerval, et c'est lui qui nous reste à étudier.

* *
*

Celui-là, c'est le vrai Gérard, et il ne doit rien au « frère mystique », au second moi, si ce n'est *Aurélia* dont nous reparlerons. Non, il est bien français de race et de tempérament, parisien même: il en a toutes les qualités primesautières : esprit clair, finesse parfois trempée de larmes, *qui rit en pleurs*, comme dirait l'ancêtre Villon. Il est français et lettré comme on savait l'être au xviii° siècle, et, pour écrire, la langue de cette époque lui suffit. Il est objec-

tif, sans doute, mais pas trop, et l'image toujours discrète et nuancée ne l'occupe qu'autant
qu'elle correspond absolument à l'idée dont il
s'occupe davantage. Et cela donne un style
limpide, doux et fondu sans mollesse, précis
sans lourdeur, habile à noter chaque détail, et
voltigeant à fleur de terre avec aisance et légè-
reté. Toutes ces qualités, dont il trouva pour la
première fois l'expression dans les *Amours de
Vienne*, l'avaient fait surnommer le *Sterne français*; mais en réalité n'est-il pas plus artiste et
n'a-t-il pas plus de pittoresque que l'auteur du
Voyage sentimental? « J'ai appris le style, dit
Gérard, en écrivant des lettres de tendresse et
d'amitié, et, quand je relis celles qui ont été
conservées, j'y retrouve fortement tracée l'empreinte de mes lectures d'alors, surtout de Diderot, de Rousseau et de Sénancourt. » Laissons
Sénancourt, dont l'influence est nulle, du moins
sur son œuvre; il est certain que Rousseau et
Diderot ont eu sur lui la plus salutaire et durable influence. C'est à la façon de Jean-Jacques,
du Jean-Jacques des *Confessions* et des *Rêveries
d'un promeneur solitaire*, que Gérard aime et
comprend la nature. Rappelons-nous, au
Livre IV des *Confessions*, cette nuit délicieuse
passée à la belle étoile, près de Lyon, « dans
un chemin qui côtoyait le Rhône ou la Saône ».
En Gérard, non seulement l'écrivain, mais

l'homme, semblent sortis de pages semblables.
Même esprit doucement aventureux qui voltige
au hasard, insoucieux de l'auberge et du gîte,
se promène en chantant de vieilles chansons, et
livre ses sens et son cœur à la jouissance de
tout ce qui l'entoure, plein d'extase pour un
rien, pour une feuille qui tombe, une fille qui
passe, un rossignol qui chante. Et ces charmantes qualités ne l'abandonnent jamais au
cours de sa vie errante. Qu'il aille en Allemagne, en Autriche, dans les Flandres, en
Orient même ; en s'adaptant aux divers milieux
jusqu'à prendre leur costume, il garde son originalité toute française, ne demandant l'effet
qu'à la réalité dont il nous donne l'impression
par la succession de menus détails toujours à
leur place. C'est en cela d'ailleurs qu'il se dis-
tingue de tous ces écrivains du xviii° siècle dont
il procède si directement. Il ne se borne pas à
dire comme eux qu'il a passé par telle ville.
Rousseau ne nous dit pas un mot d'une ville
curieuse comme Venise où il a cependant vécu ;
Gérard, lui, sait voir, et il s'intéresse à tout,
car il a toutes les qualités du voyageur accompli, et, sur ce point, nul ne le surpasse à son
époque. L'art, l'archéologie, l'histoire, le pas-
sionnent ; voyez par exemple sa nouvelle d'*Isis*
écrite à propos d'un voyage à Pompéi, et son
journal de voyage dans l'Archipel Grec (la

Messe de Vénus, le songe de Polyphile, les trois Vénus). S'il insiste moins sur les détails que Théophile Gautier qui les dénombre et les décrit de très près, comme un myope, il nous donne du moins une impression bien plus vivante des pays qu'il parcourt, grâce à son amour des mœurs populaires. Pour Gautier, les habitants d'un pays n'ont aucune importance : « Mais, Théo, il n'y a donc pas d'Espagnols en Espagne? » disait Mme de Girardin après avoir lu *Tra los Montes*. Gérard, lui, connaît tous les habitants; aucun détail, même trivial, même risqué, ne l'arrête. Il va partout, à l'auberge, à la table d'hôte, dans un bouge, aussi bien qu'aux palais ou dans les musées. S'il admire la rivère, il ne dédaigne pas cette blanchisseuse qui y bat son linge; une ruine antique lui semble plus belle si un paysan y fume sa pipe, et il le met bravement dans son tableau avec une bonne foi charmante. Et partout les détails plaisants côtoient ainsi les aperçus les plus élevés, comme dans ce chef-d'œuvre de sa manière qui s'appelle le *Voyage en Orient*. Tout est parfait, là; le style lui-même est plus chaud, plus étincelant, comme s'il ajoutait encore à ses qualités naturelles l'éclat et la couleur des beaux ciels qu'il reflète. « Il est inutile de se déranger pour voir le Caire, disait Gautier, puisque Gérard de

Nerval y est allé. » En effet, les descriptions sont admirables de simplicité classique, et jamais l'ennui ne nous prend, comme à la lecture de beaucoup de voyages, car la vie est là toute fourmillante de bruits et de couleurs, avec ses trivialités, ses beautés et ses laideurs pêle-mêle. Et puis Gérard, qui a étudié et qui connaît profondément toutes les religions, nous initie sans peine à toutes les croyances populaires qu'il partagerait volontiers. Sous sa plume savante, les mythes oubliés ressuscitent, et, d'un esprit libre, il nous les montre se rattachant aux autres religions. Comme il n'a pas de préjugés, il s'ingénie à nous faire revenir sur les nôtres ; la société turque, qu'il connaît et qu'il pénètre, n'a plus après lui son aspect farouche, et les mœurs, relativement aux femmes et à la polygamie, par exemple, ne sont plus ce que nous avions cru sur la foi des romans.

Tout cela est d'un grand mérite sur lequel on n'a pas assez insisté, ce me semble, car Gérard est un grand écrivain. Si des voyages comme ceux d'Allemagne, de Flandre, sont moins importants, ils ne sont pas moins savoureux. Il a emprunté aux Flamands leur amour des mœurs particulières, et il décrit les nôtres, comme les Téniers, les Brauwer, les Van Ostade peignaient les leurs. Quelles charmantes pages, à ce point de vue, que les *Nuits d'Octobre*.

C'est là que se manifeste ce Gérard « essayiste »
qui, sans reculer devant aucun détail, ne prend
à la réalité que ce qui est nécessaire pour l'effet.
Il peut descendre dans tous les bas-fonds parisiens, côtoyer le dernier filou, la plus affreuse
fille, partager avec eux des écrevisses et des
« petits verjus »; il ne perd pas un pouce de son
élégance, et apporte dans ses descriptions une
bonne foi si parfaite, une curiosité de si bon
aloi, que nous ne pouvons pas trouver malsaines
un seul instant ces études où l'historien a le
dessus.

En sortant de ces milieux, Gérard, toujours
errant, nous promène dans Paris et dans la
banlieue qu'il aime et qu'il peint des premiers.
Et nous voyons passer, en de fines descriptions,
Montmartre, ses moulins et ses vignes; Saint-
Germain et son château; Chantilly et ses étangs;
et insensiblement, porté par des souvenirs, Gérard revient à ce Valois qu'il aime tant et
qui va si bien à son génie. C'est ainsi qu'il
écrit *les Filles de Feu,* et, parmi elles, *Sylvie,*
ce chef-d'œuvre d'un autre genre. De tous les
menus chefs-d'œuvre, celui-là est certainement
le plus parfait; il suffit pour faire vivre un
nom, et ne périra pas. Gautier pensait en le
lisant « à Daphnis et Chloé, à Paul et Virginie,
à ces chastes couples d'amants qui baignent
leurs pieds blancs dans les fontaines ou restent

assis sur les mousses aux lisières des forêts d'Arcadie ». Et il le comparait délicatement à « un marbre grec légèrement teinté de pastel aux joues et aux lèvres par un caprice du sculpteur ». C'est bien cela. Cette légère teinte de pastel a été prise dans la boîte des artistes du XVIIIe siècle, et les bergères galantes l'avaient sur le visage quand elles posaient devant Watteau et Fragonard. De temps en temps, une note mélancolique, frêle comme un son d'épinette, s'échappe de cette petite nouvelle, et l'on pense aussi, involontairement, à la cueillette des cerises faite par Rousseau et les demoiselles Galley, et au début si frais et si lumineux de *Werther,* quand le héros rêveur aide à poser sur la tête d'une jolie servante la cruche qu'elle vient d'emplir à la fontaine.

Dans tout cela il y a de l'autobiographie, car Gérard se raconte toujours tout entier dans ses œuvres ; mais, loin de nous en lasser, nous l'aimons davantage de nous parler toujours de lui. Il a si peu d'orgueil, il est si sincère et si touchant dans ses naïves confessions, il est si discret aussi ! L'idole qui règne sur sa vie est comme ces astres invisibles qu'on ne pressent qu'à la lumière qu'ils dégagent ; jamais il ne la nomme, et parfois, s'il laisse échapper un cri ou un sanglot en y pensant, c'est involontairement, parce que la souffrance est trop forte. Et aussitôt le sourire reparaît, plus charmant, et c'est toujours ainsi, même quand plus tard la folie obscurcit sa pensée, comme des nuages traversent un ciel pur. Cette fois encore il se raconte lui-même en son dédoublement, et nous avons les *Illuminés*, livre étrange et subtil où le frère mystique pose devant le moi conscient, toujours le même, car les personnages qu'il analyse là ne sont que des prétextes, des masques derrière lesquels il nous dérobe plus aisément sa propre personnalité. C'est lui, ce Raoul Spifame, roi de Bicêtre et sosie de Henri II qu'il croit être ; c'est lui ce Restif de la Bretonne, toujours amoureux, et dont il nous confie l'amour éperdu et dangereux pour la belle Mlle Guéant, une femme de théâtre comme Jenny Colon. Dans Cazotte, Cagliostro, Quintus Aucler, l'abbé de Bucquoy, il se retrouve encore, et jusque dans Archytas, Cyrano de Bergerac et le marquis de Bacqueville, tous ces *successeurs d'Icare* épris comme lui de l'impossible et s'élevant au ciel d'où ils retombent pour se briser. Dans ce livre, comme partout, Gérard conte délicieusement. Est-il vraiment fou lui-même ? On ne le saurait dire, tant il apporte d'exquis langage, d'esprit et d'érudition au récit de toutes ces folies. Le voilà cependant fou, vraiment fou, cette fois ! Dans ses aspirations aux révélations divines, il a tendu dans toute sa longueur la chaîne qui le retenait à la terre, et maintenant la chaîne s'est cassée et il écrit *Aurélia*.

Rien peut-être n'est pareil dans la littérature à cette œuvre qui ne peut se classer dans aucun genre et déroute toute espèce d'analyse. Gautier l'a définie fort justement : « la Raison écrivant les mémoires de la Folie sous sa dictée. » En effet, le second moi seul l'a conçue et dictée, mais c'est toujours le vrai Gérard, le Gérard raisonnable qui tient la plume et écrit, impassible, sans jamais s'en défendre ou les démentir, les visions qui le troublent ou l'enchantent. Et nous assistons à la marche ascendante, à l'envahissement de cette folie dont aucun fil, aucune phase ne nous échappe. Comme cet autre fou d'Antony Deschamps qui s'était égaré dans les cercles dantesques, Gérard aime à citer Dante, et *Aurélia,* toute proportion gardée avec Béatrice, mais idole comme elle, est un peu conçue à la façon de la *Vita Nuova*. Aucun ordre n'y préside cependant, c'est presque un journal où toutes les sciences occultes s'entassent confusément, et où le malade s'observe et prend des notes sur sa propre maladie. Où va-t-on ainsi? Où Gérard allait-il lui-même avec ce manuscrit qu'il traînait partout et ne pouvait jamais finir? Hélas! une telle œuvre ne pouvait avoir de dénouement que dans la fin de son auteur. La mort lui fit signe, chose bizarre, après l'avoir laissé écrire, pour derniers mots de ce testament : « L'idée d'une descente aux enfers... »

Et maintenant, la postérité a commencé pour Gérard de Nerval. Dans les carillons qui sonnent, à de brefs intervalles, tous les anniversaires romantiques; parmi le bourdon retentissant de Victor Hugo et la cloche de cristal de Vigny, Henri de Régnier a écouté, d'une oreille délicate, la note discrète et timide, mais si juste, de Gérard de Nerval, et il la compare à des clochettes d'argent, « pareilles à celles que la Chimère de Flaubert suspendit au tombeau de Porsenna [*] ». Sans doute, l'œuvre de Gérard, trop subtile, toute en nuances et en impressions, ne pouvait et ne pourra jamais s'imposer au grand public; mais les vrais lettrés, ceux qui assurent et maintiennent une réputation, la connaissent bien, et c'est encore elle qu'ils prennent de temps en temps, le soir, sur un rayon choisi de leur bibliothèque, où elle doit côtoyer quelque auteur bien français, que l'amour des beaux rêves et du pur langage défendront à jamais contre l'oubli.

[*] Henri de Régnier; *Figures et Caractères.*

OUVRAGES CONSULTÉS

GÉRARD DE NERVAL . . . Œuvres complètes.

THÉOPHILE GAUTIER . . Histoire du Romantisme.

ARSÈNE HOUSSAYE . . . Les Confessions.

—   —   Article dans Paris qui s'en va.

ALPHONSE KARR . . . . Le Livre de Bord.

MAXIME DU CAMP . . . Souvenirs littéraires.

MONSELET . . . . Les Ressuscités.

CHAMPFLEURY . . . . . Grandes Figures d'hier et d'aujourd'hui.

HIPPOLYTE LUCAS . . . Portraits et Souvenirs littéraires.

MAURICE TOURNEUX . . Gérard de Nerval, prosateur et poète. L'Age du Romantisme.

EUGÈNE DE MIRECOURT. Gérard de Nerval.

GEORGES BELL . . . . Gérard de Nerval.

ALFRED DELVAU . . . . Vie de Gérard de Nerval.

AUGUSTE DE BELLOY . . Portraits et Souvenirs.

PHILIBERT AUDEBRAND . Petits Mémoires du xixᵉ siècle.

—   —   Lauriers et Cyprès.

—   —   Derniers Jours de la Bohème.

PHILOTHÉE O. NEDDY . Lettre d'Asselineau.

ADOLPHE JULLIEN . . . Le Romantisme et l'Éditeur Renduel.

ARVÈDE BARINE . . . . Névrosés.

JULIA CARTIER . . . . Un intermédiaire entre la France et l'Allemagne. Gérard de Nerval.

CONSULTÉS ÉGALEMENT

Des articles de JULES JANIN dans les Débats (1ᵉʳ mars 1841-5 février 1855); de THÉOPHILE GAUTIER dans la Presse (1855) et d'ARSÈNE HOUSSAYE dans l'Artiste (1855), reproduits dans le Rêve et la Vie, édition Lecou; de PAUL DE MUSSET dans le National; d'ALEXANDRE DUMAS dans le Mousquetaire; d'ALFRED BUSQUET dans le Temps; de VICTORIEN SARDOU dans la Nouvelle Revue, etc., etc.

TABLE

TABLE

CHAPITRE PREMIER. — Le Valois. — Naissance de Gérard. — Ses parents, son grand-père, son oncle. — Montagny. — Antiquités romaines et celtiques. — Occultisme et mystagogie. — La mère de Gérard. — Souvenirs de la Ligue. — Musique et légendes. La Fête du Bouquet Provincial. — Le Voyage à Cythère de Watteau. — Les jeunes filles. — Idylles et pastorales. — 1815 : le retour du père; Napoléon entrevu. — Les études de Gérard : il entre au lycée Charlemagne. — Vacances à Montagny. — Nouvelles idylles. — Sylvie. — Visite chez la tante à Othys. — Adrienne. — Le rêve et la réalité. — Poésie. . . .   1

CHAPITRE II. — Le Collège Charlemagne. — Théophile Gautier. — Premiers vers et premiers succès de Gérard. Le libraire Touquet. — La traduction de *Faust*. Un billet de Gœthe. — Berlioz. — Le *Mercure de France*. — Jules Janin, Harel : essais dramatiques. Sciences occultes. — Poètes allemands et poètes de la Pléiade. — Le père de Gérard; ses mécontentements. — Entrée de Gérard dans la Bohème. — Son portrait par Th. Gautier. — Bataille d'Hernani. — Le *Petit Moulin Rouge*. — Bouzingo et bouzingots. — Gérard à Sainte-Pélagie. — Fantaisies. .   33

CHAPITRE III. — Jenny Colon. — Voyage en Italie. — Rencontre d'une jeune Anglaise. — Une nuit à Naples. — Herculanum et Pompéi. — Retour à Paris. — Amour. — Souvenir d'Adrienne. — Sylvie. — Le bal de Loisy. — L'impasse du Doyenné. — La Bohème Galante. — Gérard est présenté à Jenny Colon. Leurs amours. — Lettres. — Jenny Colon dans le Valois. — Le monde Dramatique. — La Reine de Saba. — La Fête de l'impasse du Doyenné. — Hyménée. — Voyage en Belgique. — Piquillo. — Rupture. — Mariage de Jenny Colon. — Embarras de Gérard 63

CHAPITRE IV. — Premier voyage en Allemagne. — Tableau de l'Allemagne. — Léo Burckart. — Nouveau voyage en Allemagne. — Ses péripéties. — Bade, Francfort, Heidelberg, Mannheim. — Gérard et la Censure. — Représentation de Léo Burckart. — Voyage à Vienne. — Les amours de Vienne. — Nouvelle passion. — Gérard et Jenny Colon à Bruxelles. — Premier accès de folie. — Ses phases. — Gérard guéri. — Il repart pour Vienne. — Lettre à son père. — Retour à Paris. — Mort de Jenny Colon. — Départ de Gérard pour l'Orient 102

CHAPITRE V. — Voyage en Orient. — Malte, Cérigo. — L'archipel grec. — Alexandrie. — Séjour au Caire. — Une noce aux flambeaux. — Inconvénients du célibat. — Gérard cherche une femme. — Bons et mauvais partis. — Les almées... mâles. — Le bazar des esclaves. — Gérard prend le costume arabe. — Retour des pèlerins de la Mecque. — Zeynab. — Madame Bonhomme. — Les Afrites. — Visite aux Pyramides. — Départ du Caire. — Le Nil. — Choubrah. — Damiette. — La Bombarde Santa Barbara. — Incidents. — Les côtes de Syrie. — Beyrouth. — Madame Carlès. — Séjour dans la montagne. — Druses et Maronites. —. Un combat. — Retour à Beyrouth. — Saléma. — Le cheik Eschérazy. — De Beyrouth à Saint-Jean-d'Acre. — Visite au pacha d'Acre. — Fiançailles. — De Beyrouth à Constantinople. — Les nuits du Ramazan. — Gérard et les religions. — Retour en France   149

CHAPITRE VI. — Retour d'Orient. — Désabusement. — Petits voyages autour de Paris. — Incidents. — Portrait de Gérard. — Nocturnes. — Cabarets et cafés. — Les Halles. — Domiciles. — Les oiseaux de la cour du Louvre. — Comment Gérard travaillait. — Monsieur Buloz. — Un tour dans le Nord : Angleterre et Flandre. — Gérard et la Légion d'honneur.   195

CHAPITRE VII. — Gérard et la politique. — Henri Heine. — Gérard traducteur. — Vers à Mᵐᵉ Henri Heine. — Les Monténégrins. — La nuit blanche. — Gérard au banquet des bouchers de Montmartre. — *Le Chariot d'enfant.* — *Le Pruneau de Tours.* — Flandre et Allemagne. — Les Fêtes de Weimar. L'imagier de Harlem. — Montmartre. — Bizarrerie. — Rechute de Gérard. — Une lettre. — Gérard à la maison Dubois. — Sylvie. — Gérard chez le docteur Blanche, à Passy. — Vers dorés. — Dernier voyage de Gérard dans l'Allemagne du Midi. — Pandora. — Nouvelles bizarreries, nouvel internement. — Gérard s'évade. — On le retrouve à Creil. — Nouveaux projets littéraires. — Théâtre. — Le Rêve et la Vie. — Dernier portrait de Gérard . . .   227

CHAPITRE VIII. — Hiver de 1854-55. — Dernière visite chez M. Buloz. — Mort de Mᵐᵉ Arsène Houssaye. — Visite à la Revue de Paris, au bibliophile Jacob, chez Mᵐᵉ Béatrix Person. — Une nuit au violon. — Le dernier jour et la dernière nuit de Gérard. — L'ancien quartier du Châtelet. — La rue de la Vieille-Lanterne. — Mort de Gérard. — Suicide ou assassinat ? — L'enterrement. — Chez le père de Gérard. — La tombe de Gérard et de Charles Coligny. — Épitaphe de Gérard   279

CHAPITRE IX. — L'Œuvre   308

Achevé d'imprimer

le dix-neuf octobre mil neuf cent six

PAR

ALPHONSE LEMERRE

6, RUE DES BERGERS, 6

A PARIS